Kompetenzbeschränkungen der Gesellschaftsorgane in der Insolvenz der GmbH

Europäische Hochschulschriften
Publications Universitaires Européennes
European University Studies

Reihe II
Rechtswissenschaft

Série II Series II
Droit
Law

Bd./Vol. 4456

PETER LANG
Frankfurt am Main · Berlin · Bern · Bruxelles · New York · Oxford · Wien

Carsten Rödder

Kompetenzbeschränkungen der Gesellschaftsorgane in der Insolvenz der GmbH

PETER LANG
Europäischer Verlag der Wissenschaften

Bibliografische Information der Deutschen Nationalbibliothek
Die Deutsche Nationalbibliothek verzeichnet diese Publikation in der Deutschen Nationalbibliografie; detaillierte bibliografische Daten sind im Internet über <http://www.d-nb.de> abrufbar.

Zugl.: Mainz, Univ., Diss., 2006

D 77
ISSN 0531-7312
ISBN 978-3-631-55923-9

www.peterlang.de

Vorwort

Die vorliegende Arbeit wurde vom Fachbereich Rechts- und Wirtschaftswissenschaften der Johannes Gutenberg-Universität Mainz im Sommersemester 2006 als Dissertation angenommen.

Zu danken habe ich zunächst meinem Doktorvater, Herrn Prof. Dr. Ulrich Haas für die Unterstützung bei der Erstellung dieser Arbeit. Weiterhin danke ich Herrn Prof. Dr. Curt Wolfgang Hergenröder für die zügige Erstellung des Zweitgutachtens.

Meiner Mutter danke ich für die finanzielle Unterstützung, die sie mir während meines Studiums hat zukommen lassen. Besonders danken möchte ich auch Herrn Rechtsanwalt Dr. Bernd Schlüter, der die Entstehung der Arbeit mit anregenden Gesprächen bei „Lutter & Wegner" in Berlin begleitet hat.

Schließlich möchte ich auch Frau Rechtsanwältin Susanne Bittler danken für ihre Geduld und aufmunternden Worte sowie die stete Bereitschaft, die in der Arbeit aufgeworfenen Fragen zu diskutieren.

Heidelberg, im September 2006 Carsten Rödder

Inhaltsverzeichnis

1. Teil: Die dogmatische Einordnung der Rechtsstellung des Insolvenzverwalters und Kriterien zur Kompetenzabgrenzung

Die Kompetenzverteilung zwischen den einzelnen Organen einer werbenden GmbH ist im GmbHG ausführlich geregelt. Die Gesellschaft wird gerichtlich und außergerichtlich durch ihre Geschäftsführer vertreten (§ 35 GmbHG). Die Rechte der Gesellschafter werden regelmäßig im Gesellschaftsvertrag festgelegt. Im übrigen bestimmt sich ihr Aufgabenkreis nach den §§ 46 ff. GmbHG. Hinsichtlich der Befugnisse des fakultativen Aufsichtsrats finden gemäß § 52 GmbHG aktienrechtliche Normen entsprechende Anwendung. Bereits mit der Stellung des Insolvenzantrags wird dieses gesellschaftsrechtliche Kompetenzgefüge empfindlich gestört. Das Insolvenzgericht bestellt in der Regel einen vorläufigen Insolvenzverwalter, der im Rahmen der ihm zugewiesenen Aufgaben die Funktionen der Gesellschaftsorgane wahrnimmt. Mit der Eröffnung des Insolvenzverfahrens manifestiert sich dann die Kompetenzverschiebung zu Gunsten des (endgültigen) Insolvenzverwalters.

Insolvenzspezifische Rechte und Pflichten des Verwalters – etwa die Sammlung und Verteilung der Insolvenzmasse oder die Anfechtung von Rechtshandlungen des Schuldners – hat der Gesetzgeber zum großen Teil ausführlich in der Insolvenzordnung normiert. Nicht geregelt ist hingegen, in welchem Umfang die Gesellschaftsorgane durch den Verwalter kompetenzrechtlich aus ihrer angestammten Position verdrängt werden, oder allgemeiner gesprochen: inwieweit wird das Gesellschaftsrecht nach der Eröffnung des Insolvenzverfahrens durch das Insolvenzrecht überlagert? Der Gesetzgeber hat darauf verzichtet, im Rahmen der Insolvenzrechtsreform ein selbständiges Insolvenzrecht der Unternehmen zu schaffen und die Klärung dieser Fragen – wie schon unter der Konkursordnung – damit weitgehend der Praxis überlassen. Mit der vorliegenden Arbeit soll deshalb zunächst versucht werden, verbindliche Kriterien zur Kompetenzabgrenzung zwischen Insolvenzverwalter und den Gesellschaftsorganen zu entwikkeln.

Im Anschluß daran soll anhand der gefundenen Kriterien die Reichweite des Kompetenzverlustes auf seiten der einzelnen Gesellschaftsorgane untersucht werden. Dabei ist die Relevanz der den Organen gesellschaftsrechtlich übertragenen Einzelkompetenzen im eröffneten Insolvenzverfahren zu erörtern und zu klären, ob und gegebenenfalls in welchem Umfang die Gesellschaftsorgane vom Insolvenzverwalter im Rahmen der Verwertung des Gesellschaftsvermögens eingebunden werden müssen. Werden die Gesellschaftsorgane durch die mit der

Verfahrenseröffnung verbundene Bestellung des Insolvenzverwalters unwiderruflich zu dessen Erfüllungsgehilfen oder haben sie auf Grund eines unangreifbaren Kernbereichs gesellschaftsrechtlicher Kompetenzen weiterhin die Möglichkeit, maßgeblich auf die Geschicke der Gesellschaft Einfluß zu nehmen?

Für die Beantwortung dieser Frage kann unter anderem von Bedeutung sein, welcher Verfahrensausgang von den Verfahrensbeteiligten angestrebt wird: Erhaltung oder Liquidation der insolventen Gesellschaft. Soweit diese Unterscheidung erforderlich ist, wird die Untersuchung deshalb entsprechend strukturiert. Als besondere Form der Verfahrensbewältigung sollen schließlich auch die Kompetenzverschiebungen bei Anordnung der Eigenverwaltung untersucht werden.

A. Dogmatische Einordnung der Verwalterstellung

I. Die Insolvenzverwaltertheorien

Seit jeher besteht Streit über die dogmatisch korrekte Einordnung der Rechtsposition des Insolvenzverwalters. Heute werden dazu im wesentlichen vier Theorien vertreten.[1] Die von der Rechtsprechung und der herrschenden Lehre vertretene Amtstheorie[2] sieht den Insolvenzverwalter als Träger eines privaten Amtes, der in eigenem Namen mit unmittelbarer Wirkung für und gegen den Schuldner handelt. Im Prozeß ist der Insolvenzverwalter danach Partei kraft Amtes. Die Vertretertheorie[3] geht davon aus, daß der Insolvenzverwalter als gesetzlicher Vertreter des Schuldners in bezug auf das zur Insolvenzmasse gehörige Vermögen tätig wird. Die Organtheorie[4] anerkennt die Insolvenzmasse als ein Rechtssubjekt, für das der Insolvenzverwalter als Organ handelt. Schließlich hat *K. Schmidt*[5] die so-

---

1 Umfassende Darstellungen finden sich bei Jaeger/Henckel, KO § 6 Rn. 5 ff. und Hess/Weis/Wienberg, InsO § 80 Rn. 25 ff.; ausführlich auf die Stärken und Schwächen der einzelnen Theorien eingehend auch K. Schmidt, KTS 1984, 345 (350 ff.).

2 Ständige Rspr. seit RGZ 29, 29 (36); vgl. nur BGHZ 32, 114 (118); BGHZ 44, 1 (4); BGHZ 88, 331 (334); BGHZ 100, 346 (351); für die h. L. Jauernig, BGB § 164 Rn. 13; Palandt/Heinrichs, BGB vor § 164 Rn. 9; Baumbach/Lauterbach/Hartmann, ZPO vor § 50 Rn. 11; Zöller/Vollkommer, ZPO § 51 Rn. 7; Kuhn/W. Uhlenbruck, KO § 6 Rn. 17; Jaeger/Henckel, KO § 6 Rn. 168; Grüneberg, S. 40; Smid, InsO § 80 Rn. 17; Pohlmann, Rn. 548; Bork, Rn. 68; Häsemeyer, Rn. 15.06 ff.

3 Medicus, Rn. 925; weitere Nachweise bei Kilger/K. Schmidt, KO § 6 Anm. 2a.

4 Bötticher, ZZP 77 (1964), 55; Erdmann, KTS 1967, 87 (94 ff.); Stürner, ZZP 94 (1981), 263 (287 ff.).

5 K. Schmidt, KTS 1984, 345 (360 ff.); ihm folgend MüKo-ZPO/Lindacher, vor § 50 Rn. 36 f.; Rosenberg/Schwab/Gottwald, § 40 Rn. 16; Putzo in Thomas/Putzo, ZPO

genannte modifizierte Organ- bzw. Vertretertheorie entwickelt. Als einzige der genannten Theorien unterscheidet sie zwischen der Insolvenz einer natürlichen Person und der Unternehmensinsolvenz. Danach soll der Verwalter in der Insolvenz natürlicher Personen als deren gesetzlicher Vertreter (mit Beschränkung auf das zur Masse gehörige Vermögen) fungieren. Dagegen sei der Verwalter im Insolvenzverfahren über Handelsgesellschaften als obligatorischer Fremdliquidator deren Organ.[6]

II. Die Bedeutung der dogmatischen Einordnung für die Untersuchung

Die praktische Bedeutung dieses Theorienstreits ist ebenso umstritten wie die Rechtsstellung des Insolvenzverwalters. Teilweise wird vertreten, der Streit habe so gut wie keine praktische Bedeutung, da alle Theorien – vernünftig angewandt – zu den gleichen, als praktisch notwendig erkannten Ergebnissen führten.[7] Dagegen wird eingewandt, daß in der Rechtswissenschaft eine Systematisierung durch Theorienbildung unerläßlich sei, um die Richtigkeit von Einzelfallösungen an einem Modell überprüfen zu können.[8] Folglich sei es auch sinnvoll, die Grundfigur zu suchen, die der Stellung des Verwalters am ehesten gerecht werde. Weitgehende Einigkeit besteht allerdings darin, daß aus den verschiedenen Theorien Lösungen für einzelne Sachfragen der Praxis nicht abgeleitet werden können.[9] Deshalb kann auch die Frage nach der Kompetenzabgrenzung zwischen dem Insolvenzverwalter und den Organen der GmbH nicht beantwortet werden, indem eine der oben genannten Theorien zur einzig richtigen erkoren wird, nach deren Vorgaben die einzelnen Probleme zu lösen wären. Es verhält sich vielmehr umgekehrt: durch die Bildung einer Insolvenzverwaltertheorie werden die anhand anderer Kriterien gefundenen Lösungen einzelner Sachprobleme lediglich zusammenfassend abstrahiert. Die oben angeführten Theorien können daher allenfalls Ergebnis, nicht aber Ausgangspunkt der Kompetenzabgrenzung sein.

---

§ 51 Rn. 29; Wimmer/App, InsO § 80 Rn. 26; Berscheid, in Festschrift für Hanau, S. 701 (714).

6 Kilger/K. Schmidt, KO § 6 Anm. 2a.

7 Vgl. nur Jauernig, Zwangsvollstreckungs- und Insolvenzrecht, § 43 VIII; ders., Zivilprozeßrecht, § 18 V 4.

8 Baur/Stürner, Insolvenzrecht, § 10 I 2 a; Stürner, ZZP 94 (1981), 263 (286); K. Schmidt, KTS 1984, 345 (348); Smid, InsO § 80 Rn. 16 sprechen der Frage nach der dogmatischen Einordnung der Verwalterstellung auch praktische Bedeutung zu.

9 Vgl. Rosenberg/Schwab/Gottwald, § 40 Rn. 16; K. Schmidt, KTS 1988, 1 (11); MüKo-BGB/Schramm, vor § 164 Rn. 12; Jauernig, Zwangsvollstreckungs- und Insolvenzrecht, § 43 VIII; ders., Zivilprozeßrecht, § 18 V 4; Jaeger/Henckel, KO § 6 Rn. 4; Pohlmann, Rn. 546; Bork, Rn. 64.

Mit Inkrafttreten der Insolvenzordnung ist eine einheitliche dogmatische Einordnung der Rechtsstellung des Insolvenzverwalters noch schwieriger geworden. Denn zum einen hat der Gesetzgeber mit dem Institut der Eigenverwaltung eine neue Verfahrensart geschaffen, die von einem Regelinsolvenzverfahren in so gravierendem Maße abweicht, daß auch die Rechtsposition des Verwalters eine völlig andere ist. Zum anderen ist das Regelinsolvenzverfahren unabhängig von seinem Ausgang vereinheitlicht worden, obwohl die Aufgaben des Verwalters bei Liquidation und Sanierung der Gesellschaft erheblich divergieren können.

Nachstehend soll für die Rechtsstellung des Insolvenzverwalters im eröffneten Verfahren im Anschluß an *K. Schmidt* die modifizierte Organtheorie zugrunde gelegt werden. Wie sich zeigen wird, verdrängt der Verwalter die Geschäftsführer noch weitgehender aus ihrer Rechtsposition als unter der Konkursordnung. Da er ihre Kompetenzen nahezu uneingeschränkt übernimmt, ist es durchaus gerechtfertigt, seine Rechtsposition als organähnlich zu bezeichnen. Soweit die modifizierte Organtheorie im Einzelfall zu einem anderen Ergebnis als die herrschende Amtstheorie gelangt, wird darauf hingewiesen.

B. Kritierien zur Kompetenzabgrenzung

I. Ermittlung von Kriterien zur Kompetenzabgrenzung anhand der Ziele des Insolvenzverfahrens

Die Insolvenzordnung trifft keine konkreten Aussagen über die Kompetenzverteilung zwischen Gesellschaftsorganen und Insolvenzverwalter, sondern beschränkt sich in § 80 Abs.1 InsO ganz allgemein auf die Feststellung, daß die Verwaltungs- und Verfügungsmacht des Schuldners mit Verfahrenseröffnung auf den Insolvenzverwalter übergeht. Anhaltspunkte zur Konkretisierung der Kompetenzbeschränkung auf seiten der Gesellschaftsorgane ergeben sich daher in erster Linie aus dem dem Insolvenzverfahren vom Gesetzgeber zugewiesenen Zweck.[10] Im Folgenden ist deshalb näher auf die hier relevanten Verfahrensziele einzugehen und deren Auswirkung auf die Kompetenzen der Gesellschaftsorgane zu untersuchen.

10 Vgl. Smid, InsO § 80 Rn. 16 sowie zur Konkursordnung Jaeger/Henckel, KO § 6 Rn. 4; vgl. zur Bedeutung des Verfahrenszwecks auch Smid, DZWir 1997, 309 sowie Dorndorf, in Festschrift für Merz, S. 31.

1. Die bestmögliche Gläubigerbefriedigung als übergeordnetes Verfahrensziel

In § 1 S.1 InsO hat der Gesetzgeber das Hauptziel des Insolvenzverfahrens, die bestmögliche gemeinschaftliche Befriedigung der Gläubiger, präambelartig niedergelegt und dabei zugleich beschrieben, wie dieses Ziel zu erreichen ist: indem das Vermögen des Schuldners verwertet und der Erlös verteilt oder in einem Insolvenzplan eine abweichende Regelung insbesondere zum Erhalt des Unternehmens getroffen wird. Diese Formulierung verdeutlicht, daß die Insolvenzordnung den Ausgang des Insolvenzverfahrens nicht präjudiziert. Gemäß § 157 InsO obliegt es vielmehr den Gläubigern, im Rahmen der ihnen gewährten Verfahrensautonomie über die Art der Haftungsverwirklichung zu entscheiden. Dabei stehen ihnen drei Wege offen: Sie können entweder die Sanierung des Unternehmensträgers betreiben mit dem Ziel, ihre Forderungen aus den zukünftigen Erträgen der Gesellschaft zu befriedigen oder aber für die Zerschlagung der schuldnerischen Gesellschaft optieren. Die dritte Möglichkeit besteht in einer sogenannten übertragenden Sanierung, wobei der Unternehmensträger liquidiert, das sanierungsfähige Unternehmen bzw. Teile davon jedoch auf einen anderen Unternehmensträger übertragen werden. Die Gläubiger werden dann aus dem Verkaufserlös oder aus den Erträgen des Käufers befriedigt. Die drei genannten Arten der Haftungsrealisierung stehen grundsätzlich gleichberechtigt nebeneinander,[11] so daß die unter der Konkursordnung bestehende Dominanz der Liquidation als Verwertungsart jedenfalls formell beseitigt ist.[12]

Für die Kompetenzabgrenzung läßt sich aus diesem ersten Befund ableiten, daß dem Insolvenzverwalter, als dem von seiten des Staates zur Durchführung der optimalen Haftungsverwirklichung eingesetzten Organ, die zur Wahrnehmung seiner Aufgaben notwendigen Kompetenzen gegenüber den Gesellschaftsorganen zustehen müssen. Im Hinblick auf die den Gläubigern eingeräumte Verfahrensautonomie bedeutet dies zunächst zweierlei: Solange die Gläubiger noch nicht über die Art der Haftungsrealisierung entschieden haben, muß der Insolvenzverwalter befugt sein, alle Maßnahmen zu treffen, die erforderlich sind, um den Gläubigern ihre Wahlmöglichkeit zu erhalten. Steht die Entscheidung der Gläubiger fest, müssen die Kompetenzen des Verwalters ihn in die Lage versetzen, die bestmögliche Gläubigerbefriedigung auch auf dem vorgegebenen Weg zu erreichen. Es sei aber schon hier darauf hingewiesen, daß der Gesetzgeber die Gläubigerautonomie bezüglich der Verfahrenswahl insoweit beschränkt hat, als

---

11 Allg. Begr. zum RegE Anm. 3 a bb, (BR-Drucks. 1/92), abgedruckt in W. Uhlenbruck, Das neue Insolvenzrecht, S. 232 f.; Kirchhof in HK-InsO, § 1 Rn. 6; Smid, InsO § 1 Rn. 47; Wimmer/Schmerbach, InsO vor § 1 Rn. 27.

12 Allg. Begründung zum RegE Anm. 4 a cc (BR-Drucks. 1/92), abgedruckt in W. Uhlenbruck, Das neue Insolvenzrecht, S. 241 f.

rein gesellschaftsrechtliche Maßnahmen, welche zwar zur Sanierung des Unternehmensträgers erforderlich sind, die aber zugleich die verbandsrechtliche Organisation der Gesellschaft berühren, nicht gegen den Willen der betroffenen Organe durchgesetzt werden können.[13] Konsequenterweise wird dadurch auch die kompetenzrechtliche Stellung des Insolvenzverwalters entsprechend geschwächt.

2. Die Vollabwicklung insolventer Gesellschaften als Aufgabe des Insolvenzverfahrens

§ 1 Abs.2 S.3 RegE[14] stellte noch ausdrücklich klar, daß bei juristischen Personen und Gesellschaften ohne Rechtspersönlichkeit das Insolvenzverfahren an die Stelle der gesellschafts- oder organisationsrechtlichen Abwicklung tritt. Der Rechtsausschuß strich die Vorschrift, um den Gesetzentwurf redaktionell zu straffen.[15] Das gesetzgeberische Ziel sollte damit allerdings nicht in Frage gestellt werden.[16] Dies ergibt sich daraus, daß der Rechtsausschuß die entsprechenden Begründungen zu den einschlägigen Normen unbeanstandet ließ. So wurde die Vorschrift des § 227 RegE in unveränderter Form als § 199 in die InsO übernommen. Die in § 199 S.2 InsO normierte Pflicht des Verwalters, in der Unternehmensinsolvenz Überschüsse bei der Schlußverteilung an die *Gesellschafter* herauszugeben, wird damit begründet, daß auf diese Weise eine gesellschaftsrechtliche Liquidation im Anschluß an das Insolvenzverfahren vermieden werde.[17] Dasselbe Argument findet sich in der Begründung zu Art. 22 Nr.1 EGInsO (= § 141a FGG)[18], welcher die amtswegige Löschung von Gesellschaften anordnet, wenn über deren Vermögen das Insolvenzverfahren durchgeführt worden ist und keine Anhaltspunkte dafür bestehen, daß die Gesellschaft noch Vermögen

---

13 Allg. Begründung zum RegE Anm. 4 a cc (BR-Drucks. 1/92), abgedruckt in W. Uhlenbruck, Das neue Insolvenzrecht, S. 241 f.; eingehend dazu unten, 2.Teil D. I. 2. b).

14 Abgedruckt in W. Uhlenbruck, Das neue Insolvenzrecht, S. 295.

15 Beschl.-Empfehlung des RechtsA zu § 1 RegE (BT-Drucks. 12/7302), abgedruckt in W. Uhlenbruck, Das neue Insolvenzrecht, S. 297.

16 K. Schmidt, GmbHR 1994, 829 (831); ders., in Kölner Schrift zur Insolvenzordnung, S. 911 Rn. 20; Bork, Rn. 135; Lüke, in Kölner Schrift zur Insolvenzordnung, S. 683 Rn. 46; Westpfahl, Rn. 320; U. Noack, Gesellschaftsrecht, Rn. 86; Hirte, ZinsO 2000, 127 (133); W. Uhlenbruck in W. Uhlenbruck, InsO § 1 Rn. 11; a. A. offenbar OLG Rostock, ZInsO 2000, 604 (605), kritisch auch Hess/Pape, Rn. 34, die in der Insolvenzordnung keine Vorschriften ausmachen können, die den Vollabwicklungszweck widerspiegeln.

17 Begr. zu § 227 RegE = § 199 InsO (BR-Drucks. 1/92 S. 187), abgedruckt in W. Uhlenbruck, Das neue Insolvenzrecht, S. 564.

18 Begr. zu Art. 22 Nr.1 RegE = § 141a FGG (BT-Drucks. 12/3803 S. 70/71), abgedruckt in W. Uhlenbruck, Das neue Insolvenzrecht, S. 903 f.

besitzt. Es sei Ziel des neuen Insolvenzverfahrens, das Vermögen des Schuldners vollständig abzuwickeln. Eine Gesellschaft solle, sofern kein Sanierungsplan zustande komme, bis zur Löschungsreife abgewickelt werden. Mag das Insolvenzverfahren auch weiterhin primär durch typisch gesamtvollstreckungsrechtliche Elemente geprägt sein, so kann hiernach jedoch kein Zweifel mehr daran bestehen, daß es in der Unternehmensinsolvenz daneben auch der gesellschaftsrechtlichen Liquidation dient. Die Insolvenzordnung schützt demnach auch das Interesse des Rechtsverkehrs an einer geordneten und zügigen Vollbeendigung vermögensloser Gesellschaften.[19]

Dem kann nicht entgegengehalten werden, daß die Liquidation im Rahmen des Insolvenzverfahrens die Masse mit zusätzlichen Kosten belaste und deshalb gegen den Grundsatz der bestmöglichen Gläubigerbefriedigung verstoße.[20] Denn soweit der Verwalter nach der Befriedigung aller Gläubiger tatsächlich einen Überschuß an die Gesellschafter zu verteilen hat, ist eine Kostentragung seitens der Masse keineswegs zwingend. Die Kosten der gesellschaftsrechtlichen Liquidation können dann nämlich aus dem noch zu verteilenden Vermögen beglichen werden. Dies ergibt sich aus einer analogen Anwendung des § 269 InsO.[21] Sowohl die Überwachung der Planerfüllung (§§ 260 ff. InsO), als auch die gesellschaftsrechtliche Abwicklung kommen als Verwalteraufgaben erst nach der Aufhebung des Insolvenzverfahrens zum Tragen und stellen dabei die logische Konsequenz des jeweiligen Verfahrensausgangs dar. Es erscheint daher sachgemäß, die Kosten der gesellschaftsrechtlichen Liquidation entsprechend § 269 InsO der Gesellschaft und damit letztlich den Gesellschaftern aufzuerlegen.[22] Reicht die Insolvenzmasse hingegen – wie in den allermeisten Verfahren – nicht aus, die Insolvenzgläubiger zu befriedigen, fällt auch das zeit- und kostenintensive Verteilungsverfahren weg.[23] In diesem Fall genügt der Verwalter seiner Vollbeendi-

---

19 Allg. Begr. zum RegE Anm. 4 a dd, (BR-Drucks. 1/92), abgedruckt in W. Uhlenbruck, Das neue Insolvenzrecht, S. 242.

20 In diesem Sinne argumentiert jedoch Lüke in Kübler/Prütting, InsO § 80 Rn. 9; vgl. auch die Nachweise bei Bork, Rn. 134.

21 U. Noack, Gesellschaftsrecht, Rn. 89, der allerdings in dem Fall, daß das zu verteilende Restvermögen nicht zur Kostendeckung ausreicht, davon ausgeht, daß der Verwalter seine Tätigkeit einstellen und das insoweit unzulängliche Endvermögen an die Gesellschafter freigeben könne.

22 Im Ergebnis ebenso Smid, InsO § 199 Rn. 2; Hirte, ZInsO 2000, 127 (133).

23 Die Begr. zu § 227 RegE = § 199 InsO (BR-Drucks. 1/92, S. 187), abgedruckt in W. Uhlenbruck, Das neue Insolvenzrecht, S. 564, bestimmt ausdrücklich, daß die Verteilung des Restvermögens nach den einschlägigen gesellschaftsvertraglichen Vorschriften zu erfolgen habe. Zu Recht weist U. Noack, Gesellschaftsrecht, Rn. 89 darauf hin, daß Streit über deren Auslegung den Verwalter in langwierige und kostenträchtige Rechtsstreitigkeiten verwickeln kann.

gungspflicht dadurch, daß er die endgültige Vermögenslosigkeit der Gesellschaft sicherstellt und ihre Löschung im Handelsregister beantragt.

Damit ist freilich noch nicht geklärt, wie sich der Vollbeendigungszweck im Konfliktfall zum Verfahrensziel der bestmöglichen Gläubigerbefriedigung verhält. Denkbar ist einerseits, daß eines der beiden Verfahrensziele stets den Vorrang vor dem anderen genießt, andererseits, daß jeweils im Einzelfall zwischen beiden nach noch zu bestimmenden Kriterien abzuwägen ist.

Festzuhalten ist zunächst, daß aus der Anerkennung der bestmöglichen Gläubigerbefriedigung als übergeordnetem Hauptzweck nicht zugleich gefolgert werden kann, daß daneben keine weiteren Verfahrensziele existieren, die diesen Zweck begrenzen oder modifizieren. So dient z. B. die nunmehr vorgesehene Restschuldbefreiung vor allem den Interessen des Schuldners und kann daher zu einer eingeschränkten Gläubigerbefriedigung führen.

Allerdings muß zur Kenntnis genommen werden, daß der BGH offensichtlich eine Lösung befürwortet, die der Gläubigerbefriedigung uneingeschränkt den Vorrang vor dem Vollbeendigungszweck einräumen will.[24] Diese Entscheidung aus dem Jahr 2001 erging zur Gesamtvollstreckungsordnung, so daß die Ausführungen zur Insolvenzordnung die Entscheidung nicht tragen. Da sich der BGH aber ohne Not dazu äußerte, muß davon ausgegangen werden, daß der BGH frühzeitig andeuten wollte, wie er diese Frage zukünftig im Rahmen der Insolvenzordnung entscheiden werde. Als Argument für den uneingeschränkten Vorrang der Gläubigerbefriedigung vor dem Vollbeendigungszweck führt der BGH an, daß der in § 1 Abs.2 S.3 RegE vorgesehene Zweck, für die Abwicklung juristischer Personen und Gesellschaften ohne Rechtspersönlichkeiten zu sorgen, nicht Gesetz geworden sei. Selbst wenn man davon ausgehe, daß es sich hierbei um eine redaktionelle Straffung zu Gunsten der wesentlichen Elemente des Insolvenzverfahrens gehandelt habe, sei die Abwicklung juristischer Personen dem als „wesentlich" hervorgehobenen Hauptzweck jedenfalls untergeordnet, wenn anderenfalls die Gläubigerbefriedigung verkürzt werde.[25] Die Vorschrift des § 199 S.2 InsO stehe dem nicht entgegen, da sie voraussetze, daß bei der Schlußverteilung ein Überschuß verbleibe und sie lediglich dessen Verteilung regele.

Die Argumentation des BGH gründet also letztlich darauf, daß der Vollbeendigungszweck – anders als die bestmögliche Gläubigerbefriedigung – nicht mehr ausdrücklich als Verfahrenszweck in § 1 InsO aufgenommen wurde. Dabei erscheint es zweifelhaft, ob die allseits als rein redaktionell anerkannte Streichung als entscheidendes Kriterium für den stets uneingeschränkten Vorrang des Hauptzwecks vor dem Nebenzweck dienen kann. Es darf nämlich nicht außer

24 BGH NJW 2001, 2966 (2967).
25 BGH NJW 2001, 2966 (2967).

acht gelassen werden, daß die beiden Verfahrensziele im Hinblick auf die vielen denkbaren Verfahrensabläufe eines Insolvenzverfahrens ganz verschiedene Reichweiten haben. So kann die Vollbeendigung insolventer Rechtsträger als Verfahrenszweck nur bei Verfahren über das Vermögen juristischer Personen oder Gesellschaften ohne Rechtsperönlichkeit eine Rolle spielen, und dies auch nur dann, wenn die Gesellschaft liquidiert und nicht saniert werden soll.[26] Dagegen durchzieht die bestmögliche Gläubigerbefriedigung als Verfahrensziel jede Verfahrensart, gleichgültig welche Rechtsnatur der Schuldner hat und wie das Verfahren endet. Aus diesem Grund ist es „übergeordnet“ und als „wesentlich“ hervorgehoben. Daß es gegenüber weiteren Verfahrenszielen in jedem Konfliktfall den uneingeschränkten Vorrang erhielte, kann daraus deshalb nicht geschlossen werden.[27] Vielmehr ließe sich umgekehrt anführen, daß der Vollbeendigungszweck auf Grund seiner durch seine von vornherein eingeschränkte Anwendbarkeit begründete Spezialität dem allgemeinen Verfahrensziel bestmöglicher Gläubigerbefriedigung durchweg vorgehe.

Allerdings erscheint auch ein uneingeschränkter Vorrang des Vollbeendigungszwecks vor dem Verfahrensziel der bestmöglichen Gläubigerbefriedigung[28] im Hinblick auf die zahlreichen denkbaren Verfahrenskonstellationen nicht sachgerecht. Dagegen könnte ein praktikabler Ausgleich zwischen den Verfahrenszielen erreicht werden, wenn man das speziellere Verfahrensziel der Vollabwicklung in den allgemeineren Verfahrenszweck der bestmöglichen Gläubigerbefriedigung eingebettet begreift; ersteres ist ohne letzteren dann nicht denkbar. Dies bedeutet, daß der Vollbeendigungszweck dem Verfahrensziel der bestmöglichen Gläubigerbefriedigung auf Grund seiner Spezialität zwar vorgeht, dies aber nur insoweit, wie er die Gläubigerbefriedigung erwiesenermaßen nicht völlig vereitelt. Letzteres wäre z.B. dann denkbar, wenn das Verfahren auf Grund des Vorrangs der Vollabwicklung nach den §§ 207 ff. InsO vorzeitig eingestellt werden müßte. Gleichwohl wird eine Prüfung, ob Hinweise dafür bestehen, daß der Gesetzgeber im Einzelfall möglicherweise auch diese Folge gebilligt hat, hierdurch nicht obsolet.

26 Die Relevanz der Restschuldbefreiung als Verfahrensziel ist durch den Bezug allein auf natürliche Personen in vergleichbarer Weise von vornherein beschränkt.

27 Vgl. Vallender in W. Uhlenbruck, InsO vor § 286 Rn. 21 m.w.N.

28 Dafür wohl Müller, S. 40.

a) *Auswirkungen des Vollbeendigungszwecks auf die Kompetenzen der Geschäftsführer*

Die heute herrschende Ansicht sieht die GmbH erst als beendet an, wenn diese sowohl vermögenslos als auch im Handelsregister gelöscht ist.[29] Dementsprechend hat der Insolvenzverwalter dafür zu sorgen, daß die Gesellschaft im Zeitpunkt der Aufhebung des Verfahrens kein Vermögen mehr besitzt, da anderenfalls deren Löschung im Handelsregister gefährdet wäre. Voraussetzung dafür ist jedoch, daß Vermögen, über welches die Geschäftsführer der GmbH verfügen können, nicht existiert. Mit anderen Worten: es darf neben der Insolvenzmasse keine zweite Vermögensmasse geben, die der alleinigen Verfügungsmacht des Verwalters entzogen ist, oder kurz gesagt: es darf kein insolvenzfreies Vermögen geben. Folgt man diesem Postulat, führt dies im Vergleich zur Konkursordnung zu einer nicht unerheblichen Kompetenzeinbuße auf seiten der Geschäftsführer, da diesen die uneingeschränkte Verwaltung insolvenzfreien Vermögens als Betätigungsfeld nunmehr genommen ist.

Die Behauptung, es könne in der Insolvenz über das Vermögen einer GmbH kein insolvenzfreies Vermögen mehr geben,[30] ist freilich nicht unumstritten. Hiergegen wird insbesondere vorgebracht, die Insolvenzordnung setze in einigen Vorschriften die Zulässigkeit der Existenz insolvenzfreien Vermögens voraus.[31] Im Folgenden ist deshalb der Frage nachzugehen, ob die aus dem Vollbeendigungszweck resultierende Ablehnung insolvenzfreien Vermögens mit den übrigen Regelungen der Insolvenzordnung vereinbar ist.

aa) *Konkursfreies Vermögen nach der Konkursordnung*

Die ganz herrschende Meinung erkannte unter der Konkursordnung sowohl in der Insolvenz natürlicher Personen als auch in der Unternehmensinsolvenz die Existenz konkursfreien Vermögens an.[32] Dazu sollte das vom Konkursbeschlag nicht

29 Vgl. zur sogenannten Lehre vom Doppeltatbestand nur OLG Stuttgart, ZIP 1986, 647 (648); K. Schmidt, Gesellschaftsrecht, § 11 V 6 a; Schulze-Osterloh in Baumbach/Hueck, GmbHG § 60 Rn. 6; Roth/Altmeppen, GmbHG § 65 Rn. 19; Hachenburg/Hohner, GmbHG § 74 Rn. 26, jeweils m.w.N.

30 So vor allem K. Schmidt, GmbHR 1994, 829 (831); ders., in Kölner Schrift zur Insolvenzordnung, S. 911 Rn. 17; ders., ZIP 2000, 1913 (1917); ihm folgend Pech, S. 64 ff.

31 Vgl. dazu eingehend unten, 1. Teil B. II. 2. a) bb) ccc).

32 BGH ZIP 1996, 842; für das Schrifttum statt aller nur Kuhn/W. Uhlenbruck, KO § 1 Rn. 4 ff., m.w.N.; a. A. lediglich K. Schmidt/W. Schulz, ZIP 1982, 1015 (1016 f.); K. Schmidt, Wege zum Insolvenzrecht der Unternehmen, S. 70 ff.; ders., KTS 1994, 309 (310). Danach sollte es in der Insolvenz von Handelsgesellschaften kein kon-

erfaßte pfändungsfreie Vermögen ebenso gehören wie das vom Gemeinschuldner während des Verfahrens neu hinzuerworbene Vermögen. Begründet wurde dies mit § 1 KO, wonach die Konkursmasse lediglich das pfändbare, dem Gemeinschuldner zur Zeit der Verfahrenseröffnung gehörende Vermögen umfaßte. Darüber hinaus gestand die herrschende Auffassung dem Verwalter auch ein aus seiner Verwaltungs- und Verfügungsbefugnis resultierendes Recht zur Freigabe zu. Unverwertbare Gegenstände sowie solche, bei denen wegen ihrer Belastung ein Reinertrag für die Masse nicht zu erwarten war, sollte der Verwalter auf diese Weise aus der Haftungsmasse herauslösen und wieder der Verfügungsmacht des Gemeinschuldners unterstellen können.[33]

bb) Insolvenzfreies Vermögen in der GmbH – Insolvenz nach geltendem Recht?

aaa) Nach Verfahrenseröffnung hinzuerworbenes Vermögen

Soweit nach der Konkursordnung konkursfreies Vermögen durch Neuerwerb hätte entstehen können, ist die Frage durch den erweiterten Massebegriff des § 35 InsO geklärt. Der Gesetzgeber hat entschieden, daß Vermögen, welches der Schuldner während des Insolvenzverfahrens erwirbt, in die Insolvenzmasse fällt.[34] Dagegen wendet sich lediglich *W. Uhlenbruck*[35], der befürchtet, daß viele Sanierungsbemühungen zum Scheitern verurteilt wären, wenn auch die Mittel aus einer während des Verfahrens beschlossenen Kapitalerhöhung sowie freiwillige Nachschüsse der Gesellschafter ohne weiteres der Masse zugeschlagen würden. Da diese Mittel der Sanierung der Gesellschaft und nicht der Gläubigerbefriedigung dienten, müßten sie dem insolvenzfreien Bereich zugeordnet werden. Der

---

kursfreies Vermögen geben. Unternehmen, Gesellschaftsvermögen und Masse seien vielmehr deckungsgleich. Der h. M. wurde insoweit entgegengehalten, daß § 1 KO auf die Insolvenz natürlicher Personen zugeschnitten sei und dabei von einem rein exekutorischen Zweck des Verfahrens ausgehe. Die Vorschrift passe daher nicht auf die Insolvenz von Handelsgesellschaften. In bezug auf eine Handelsgesellschaft sei das Konkursverfahren nämlich zugleich ein Liquidationsverfahren, mit der Folge, daß sich auch die Freigabe von Massegegenständen verbiete.

33 Vgl. nur Kuhn/W. Uhlenbruck, KO § 1 Rn. 5 ff., § 6 Rn. 35 jeweils mit zahlreichen Rechtsprechungsnachweisen.

34 Dabei geht der Gesetzgeber davon aus, daß die Neuerung vor allem für das nach Verfahrenseröffnung bezogene Arbeitseinkommen natürlicher Personen relevant sei; für Gesellschaften und juristische Personen habe die Änderung dagegen nur geringe praktische Bedeutung, vgl. die Begr. zu § 42 RegE = § 35 InsO (BR-Drucks. 1/92), abgedruckt in W. Uhlenbruck, Das neue Insolvenzrecht, S. 344 f.

35 W. Uhlenbruck, in Kölner Schrift zur Insolvenzordnung, S. 879 Rn. 24; vgl. auch Braun/W. Uhlenbruck, S. 88 ff.

Argumentation ist zuzugeben, daß die Regelung des § 35 InsO den Gesellschaftern die Möglichkeit nimmt, mit der Gesellschaft außerhalb des Verfahrens weiterzuwirtschaften. Dies wird jedoch dadurch kompensiert, daß die Insolvenzordnung mit dem Insolvenzplan nunmehr ein äußerst flexibles Sanierungsinstrument bereitstellt. Sofern eine Sanierung auf der Basis einer Kapitalerhöhung ernsthaft angestrebt und für durchführbar erachtet wird, kann in dem Plan seitens der Gläubiger z. B. ein entsprechender Verzicht auf Forderungen und/oder Sicherheiten vorgesehen werden.[36] Abgesehen von ihrem eindeutigen Verstoß gegen den Gesetzeswortlaut kann die Auffassung *W. Uhlenbrucks* auch deshalb nicht überzeugen.

bbb) Pfändungsfreies Vermögen in der Insolvenz der GmbH?

Hinsichtlich des unpfändbaren Vermögens ist die Regelung des § 1 KO inhaltlich in § 36 InsO übernommen worden. Gegenstände, die nicht der Zwangsvollstrekkung unterliegen, gehören danach auch weiterhin nicht zur Insolvenzmasse. Allerdings ist *K. Schmidt*[37] darin zuzustimmen, daß die Vorschriften über unpfändbares Vermögen in der Insolvenz von Handelsgesellschaften keine Rolle spielen. Die in der Aufzählung des § 811 Abs.1 ZPO genannten unpfändbaren Gegenstände sind sämtlich auf die Insolvenz einer natürlichen Person zugeschnitten. Dies ist auch nur konsequent, denn Handelsgesellschaften können für sich keinen ihre Existenz sichernden Pfändungsschutz beanspruchen.[38] In dem ungewöhnlichen Fall, daß eine natürliche Person einen zur Fortsetzung ihrer Erwerbstätigkeit erforderlichen Gegenstand (§ 811 Abs.1 Nr.5 ZPO) in eine später insolvent werdende GmbH eingebracht hat, dürfte dieser Gegenstand damit seine Pfändungsfreiheit verloren haben, da er als Sacheinlage ansonsten untauglich wäre.[39] Entscheidend für die Frage nach der Existenz insolvenzfreien Vermögens ist somit allein die Problematik der Freigabe.

ccc) Insolvenzfreies Vermögen auf Grund der Freigabemöglichkeit des Verwalters?

Ausgehend vom Willen des Gesetzgebers, daß das Insolvenzverfahren auch die Vollbeendigung des Unternehmensträgers bezweckt und insolvenzfreies Vermögen somit nicht mehr existieren darf, hält ein Teil des Schrifttums nunmehr kon-

36 Einzelheiten bei U. Noack, Gesellschaftsrecht, Rn. 279, m.w.N.
37 Scholz/K. Schmidt, GmbHG vor § 64 Rn. 56.
38 U. Noack, Gesellschaftsrecht, Rn. 275; Westpfahl, Rn. 316, m.w.N.
39 K. Schmidt, Wege zum Insolvenzrecht der Unternehmen, S. 75 f.

sequenterweise auch die Freigabe von Gegenständen aus der Insolvenzmasse für ausgeschlossen.[40] Hiergegen werden jedoch eine Reihe von Argumenten vorgebracht, deren Gewicht nachstehend zu untersuchen ist.

Zunächst wird eingewandt, das Gesetz selbst gehe von der Zulässigkeit der Freigabe aus. Der Wortlaut des § 32 Abs.3 InsO setze die Möglichkeit der Freigabe ebenso voraus wie die Vorschrift des § 85 Abs.2 InsO, wonach der Verwalter die Aufnahme eines Aktivprozesses ablehnen und das streitbefangene Vermögen somit zu Gunsten des Schuldners freigeben könne.[41] Diese Argumentation wird jedoch schon dadurch entkräftet, daß der Vollbeendigungszweck eine Freigabe nicht generell, sondern nur bezüglich der Insolvenz juristischer Personen und Gesellschaften ausschließt. Zwar unterscheiden die Regelungen der §§ 32 Abs.3 und 85 Abs.2 InsO insoweit nicht zwischen der Insolvenz natürlicher Personen und Unternehmensinsolvenzen. Dies ist aber auch gar nicht erforderlich; denn die Beschränkung auf Unternehmensinsolvenzen ergibt sich insoweit ja gerade aus § 199 S.2 InsO. Die Vorschrift bezieht sich ausschließlich auf Insolvenzverfahren über das Vermögen anderer als natürlicher Personen und geht den allgemeinen Vorschriften daher als lex specialis vor. Damit erweist sich als unzutreffend, daß die für die GmbH-Insolvenz aus § 199 S.2 InsO folgende Unzulässigkeit der Freigabe nicht mit den §§ 32 Abs.3, 85 Abs.2 InsO vereinbar sei. Die grundsätzliche Freigabemöglichkeit des Verwalters wird lediglich partiell eingeschränkt.

Weiterhin wird geltend gemacht, die Freigabe müsse zulässig sein, um die bestmögliche Gläubigerbefriedigung gewährleisten zu können.[42] Der Verwalter könne sogar verpflichtet sein, Gegenstände aus der Masse freizugeben wenn diese dadurch von Kosten entlastet werde, die nicht durch eine entsprechend günstige Verwertung kompensiert werden könnten.[43] Dieser Einwand entspricht dem Kostenargument, mit welchem schon die Vollabwicklung der Gesellschaft als Verfahrensziel in Frage gestellt werden sollte und basiert auf der Vorstellung eines uneingeschränkten Vorrangs der bestmöglichen Gläubigerbefriedigung vor allen anderen Verfahrenszielen. Deshalb sei hier nochmals betont, daß die best-

---

40 K. Schmidt, GmbHR 1994, 829 (831); ders., ZIP 2000, 1913 (1921); Bork, Rn. 135; Lüke, in Kölner Schrift zur Insolvenzordnung, S. 683 Rn. 46; Westpfahl, Rn. 320; Purps/Schumann, VIZ 1999, 385 (387), Schulze-Osterloh in Baumbach/Hueck, GmbHG § 64 Rn. 54; Holzer in Kübler/Prütting, InsO § 199 Rn. 1; Müller, S. 38 ff.

41 So etwa VG Darmstadt, ZIP 2000, 2077 (2078); OLG Rostock, ZInsO 2000, 604 (605); Förster, ZInsO 2000, 315 (316); Häsemeyer, Rn. 13.14 f.; Smid, Grundzüge des neuen Insolvenzrechts, § 7 Rn. 40 f., der darin jedoch kein sehr starkes Argument für die Zulässigkeit der Freigabe sieht.

42 Vgl. nur Smid, InsO § 80 Rn. 30.

43 Jaeger/Henckel, KO § 6 Rn. 17; Smid, InsO § 80 Rn. 37.

mögliche Gläubigerbefriedigung zwar Hauptzweck nicht aber zugleich alleiniger Zweck des Insolvenzverfahrens ist. Schon die ausdrückliche Berücksichtigung des schuldnerischen Interesses an einer Restschuldbefreiung zeigt, daß die Gläubigerbefriedigung gewissen Einschränkungen unterliegt und daher die dem Hauptzweck entgegenstehenden Interessen im Konfliktfall nicht zwingend zurücktreten müssen.[44] Folglich kann die aus dem Nebenzweck „Vollabwicklung der Gesellschaft" resultierende Unzulässigkeit der Freigabe nicht mit dem schlichten Hinweis abgelehnt werden, sie laufe dem Grundsatz optimaler Gläubigerbefriedigung zuwider. Wie bereits dargelegt gebührt vielmehr dem spezielleren Verfahrensziel der Vollabwicklung der Vorrang solange dieses das allgemeine Verfahrensziel der Gläubigerbefriedigung nicht gänzlich vereitelt.

Hier könnte insoweit problematisch sein, daß es dem Verwalter konsequenterweise auch nicht gestattet ist, die Insolvenzmasse durch die Freigabe kontaminierter Grundstücke vor den mit deren Sanierung verbundenen Kosten zu bewahren. *Kilger*[45] macht geltend, daß die dem Verwalter auferlegte Beseitigung der Störung bzw. eine entsprechende Ersatzvornahme seitens der Behörde Kosten in einer Größenordnung verursachen könnten, die den Verwalter womöglich zur Anzeige der Masseunzulänglichkeit zwängen und somit die vorzeitige Beendigung des Verfahrens zur Folge hätten. Dadurch aber werde der eigentliche Zweck des Verfahrens, nämlich die gleichmäßige Befriedigung der Insolvenzgläubiger ad absurdum geführt. In der Tat könnte hier überlegt werden, ob der Liquidationszweck in einem solchen Fall den Hauptzweck nicht vollständig auszuhöhlen droht.[46] Hilfreich ist insoweit ein vergleichender Blick auf die Behandlung von Sozialplanforderungen der Arbeitnehmer. § 123 Abs.2 S.1 InsO erklärt deren Forderungen aus einem nach Eröffnung des Insolvenzverfahrens aufgestellten Sozialplan zu Masseverbindlichkeiten. Damit gewährt die Regelung den Arbeitnehmern des Schuldners eine gegenüber den einfachen Insolvenzgläubigern bevorzugte Stellung. Zwar normiert die Vorschrift eine Höchstgrenze der für einen Sozialplan zur Verfügung stehenden Mittel. Es läßt sich jedoch nicht leugnen, daß die Masse durch die Sozialplanforderungen mit Kosten in einer der Altla-

---

44 Ebenso Westpfahl, Rn. 321.

45 Kilger, in Festschrift für Merz, S. 253 (268).

46 Dies setzt freilich voraus, daß die Beseitigungskosten bzw. die Ansprüche aus einer Ersatzvornahme als Masseverbindlichkeiten qualifiziert werden (so etwa das BVerwG ZIP 1998, 2167; ZIP 1999, 538). Ordnet man diese Ansprüche, soweit sie sich aus einer bereits vor Verfahrensbeginn bestehenden Zustandsverantwortlichkeit ergeben, hingegen als Insolvenzforderungen ein (vgl. dazu Westpfahl, Rn. 301, m.w.N.), kann von einer Aushöhlung der Gläubigerbefriedigung nicht mehr die Rede sein. Das Problem wäre ebenfalls gelöst, wenn sich die Unzulässigkeit der Freigabe kontaminierter Grundstücke schon aus umweltrechtlichen Vorschriften ableiten ließe (vgl. dazu Westpfahl, Rn. 323 ff., m.w.N.).

stensanierung vergleichbaren Größenordnung belastet werden kann. Auch hier kann die Anzeige der Masseunzulänglichkeit seitens des Verwalters als Folge nicht immer ausgeschlossen werden. Der Gesetzgeber hat diese Zurücksetzung der Gläubigerbefriedigung durch vorrangig zu befriedigende Verbindlichkeiten in diesem Fall jedoch zu Gunsten des Ausgleichs bzw. der Milderung der wirschaftlichen Nachteile der Arbeitnehmer bewußt gebilligt.[47] Hinsichtlich der Freigabe verhält es sich ganz ähnlich. Mit der Einführung des Vollbeendigungszwecks, welche ihren deutlichsten Ausdruck in der Normierung des § 199 S.2 InsO gefunden hat, nahm der Gesetzgeber ebenfalls eine partielle Zurücksetzung des Primärzweckes in Kauf, die in konsequenter Anwendung zur Unzulässigkeit der Freigabe bei Unternehmensinsolvenzen führt. Wie soeben dargelegt, hält sich die damit verbundene potentielle Kostenlast auf Grund öffentlich-rechtlicher Forderungen regelmäßig in dem vom Gesetzgeber an anderer Stelle vorgegebenen Rahmen. Dementsprechend kann auch im Verbot der Freigabe keine unzulässige Vereitelung des Prinzips bestmöglicher Gläubigerbefriedigung gesehen werden.[48]

Schließlich wird gegen die Unzulässigkeit der Freigabe in der Unternehmensinsolvenz vorgebracht, daß eine Ungleichbehandlung von natürlicher und juristischer Person insoweit nicht zu rechtfertigen sei.[49] Erkenne man an, daß der Verwalter eine Masseschmälerung in der Insolvenz natürlicher Personen durch Freigabe verhindern könne, so sei kein Grund ersichtlich, warum dieser Masseschutz nicht auch bei juristischen Personen möglich sein soll. Dem ist entgegenzuhalten, daß die Insolvenzordnung eine derartige Unterscheidung in zahlreichen Fällen vorsieht. Zwar ist der Gesetzgeber nicht so weit gegangen, ein eigenständiges Insolvenzrecht der Unternehmen zu schaffen. Allerdings trägt die Insolvenzordnung vielmehr als die Konkursordnung den sich aus der Rechtsnatur des Schuldners ergebenden Unterschieden Rechnung. So steht die Möglichkeit der Restschuldbefreiung nach den §§ 286 ff. InsO ebenso wie das Verbraucherinsolvenzverfahren nach den §§ 304 ff. InsO lediglich natürlichen Personen offen. Dagegen sollen in den Insolvenzplan insbesondere Regelungen zum Erhalt des Unter-

47 Kilger, in Festschrift für Merz, S. 253 (279 Fn. 66) spricht insoweit von einer systemwidrigen Durchbrechung des Grundsatzes der gleichmäßigen Befriedigung aller Gläubiger.

48 Hiergegen spricht auch nicht, daß der Gesetzgeber bezüglich der aus der Altlastensanierung resultierenden öffentlich-rechtlichen Forderungen gerade keine dem § 123 Abs.2 S.1 InsO entsprechende Vorschrift erlassen hat. Im Hinblick auf den grundsätzlich abschließenden Charakter des § 55 InsO spricht dies vielmehr dafür, daß derlei Ansprüche von vornherein nicht als Masseverbindlichkeiten qualifiziert werden sollten.

49 Lüke in Kübler/Prütting, InsO § 80 Rn. 62.

nehmens aufgenommen werden können (§ 1 S.1 InsO). Auch die Ungleichbehandlung hinsichtlich der Freigabemöglichkeit ergibt sich letztlich aus einer vom Gesetzgeber bewußt vorgenommenen Unterscheidung, die ihren Niederschlag in § 199 S.2 InsO gefunden hat. Entscheidender Ausgangspunkt ist insoweit, daß eine Vollabwicklung nur bei Gesellschaften in Frage kommen kann und nicht das Postulat eines identischen Masseschutzes.

Als Zwischenergebnis ist daher festzuhalten, daß die für die Zulässigkeit der Freigabe ins Feld geführten Argumente nicht geeignet sind, die auf dem Vollbeendigungszweck beruhende These von der Nichtexistenz insolvenzfreien Vermögens zu widerlegen.

Ein anderer Ansatz besteht darin, zu leugnen, daß sich Liquidationszweck und Freigabe gegenseitig ausschließen. Aus der Pflicht des Insolvenzverwalters die Gesellschaft bis zur Löschungsreife abzuwickeln, folge zwar, daß es kein massefreies Vermögen mehr geben könne. Allerdings werde die Zulässigkeit der Freigabe dadurch nicht berührt, da den freigegebenen Gegenständen auf Grund ihrer Unverwertbarkeit kein eigenständiger Vermögenswert zukomme, der einer Löschung der Gesellschaft entgegenstehe.[50] Die Freigabe führe somit nur theoretisch zur Entstehung massefreien Vermögens. Diese Überlegung läßt jedoch außer acht, daß die Unverwertbarkeit eines Gegenstandes zur Zeit der Freigabe noch nicht endgültig feststeht. Man denke nur an den Fall, daß der Verwalter ein Grundstück aus der Masse freigibt, weil die darauf lastenden Grundpfandrechte seinen Verkehrswert erheblich übersteigen. Danach vereinbaren die Grundpfandrechtsinhaber mit dem Schuldner noch während des Insolvenzverfahrens (teilweise) auf ihre Sicherheiten zu verzichten, um später an den Erträgen einer von den Gesellschaftern des Schuldners neu zu gründenden GmbH beteiligt zu werden. Gleiches gilt für eine scheinbar uneinbringliche Forderung, die vom Schuldner dann aber wider Erwarten erfolgreich eingeklagt wird. In beiden Fällen entsteht in den Händen des Schuldners wieder ein realer Vermögenswert, welcher der Verfügungsmacht des Verwalters entzogen ist,[51] so daß die Gesellschaft im Handelsregister nicht gelöscht und folglich auch nicht beendet werden kann.

Ein weiterer Versuch, Liquidationszweck und Freigabe miteinander zu versöhnen besteht darin, dem Verwalter die Verfügungsbefugnis nicht nur über die Insolvenzmasse sondern auch über das (freigegebene) Liquidationsvermögen zu übertragen.[52] Durch diesen Kunstgriff könnte der Verwalter die Masse von unnötigen Kosten entlasten, ohne daß ihm zugleich die Möglichkeit zur Vollabwick-

50 Vgl. Haarmeyer/Wutzke/Förster, Kap. 4 Rn. 49 u. Kap. 5 Rn. 474 ff.

51 Vgl. zu dem Problem, eine einmal erfolgte Freigabe rückgängig zu machen bzw. wirtschaftlich zu kompensieren, Höpfner, ZIP 2000, 1517 ff.

52 Vgl. Lüke in Kübler/Prütting, InsO § 80 Rn. 62.

lung der Gesellschaft genommen würde. Diesem Vorschlag steht allerdings der eindeutige Wortlaut des § 80 Abs.1 InsO entgegen, wonach der Verwalter nur über das zur Insolvenzmasse gehörende Vermögen verfügen darf. Im übrigen handelt es sich hierbei gar nicht mehr um eine echte Freigabe, vielmehr wird lediglich aus Kostengründen eine zweite Vermögenssphäre geschaffen.[53] Da der Verwalter über beide Vermögensmassen beliebig verfügen kann, wäre es möglich, alle Gegenstände deren Verwaltung die Insolvenzmasse mit Kosten belastet, bis zur endgültigen Verwertung in der Liquidationsmasse zu „parken“. Auf diese Weise wird zwar die Insolvenzmasse geschont, allerdings um den Preis einer intransparenten Vermögensverwaltung. Die Möglichkeit, Massegegenstände beliebig zwischen den zwei Vermögenssphären zu verschieben, führt zu erheblicher Rechtsunsicherheit. Außerdem würde der in § 53 InsO vorgegebene Grundsatz, daß die Massegläubiger vor den Insolvenzgläubigern zu befriedigen sind, in sein Gegenteil verkehrt. Denn die durch die Verwaltung entstehenden Kosten sind gemäß § 55 Abs.1 Nr.1 InsO Masseverbindlichkeiten. Für den Zeitraum, in dem der Verwalter den Kosten verursachenden Gegenstand der Liquidationsmasse zuweist, wird der Anspruch des Massegläubigers wegen der Vermögenslosigkeit der GmbH faktisch vereitelt, während sich die Quote der Insolvenzgläubiger erhöht. Dieses Ergebnis ist auch durch das Ziel bestmöglicher Gläubigerbefriedigung nicht mehr gedeckt.

Aus den gleichen Gründen ist letztlich auch die sogenannte modifizierte Freigabe[54] abzulehnen. Hierbei gibt der Verwalter Massegegenstände an den Schuldner frei, wobei sich dieser zugleich verpflichtet, die Verfügungsbefugnis darüber später wieder zurückzuübertragen. Bei der Freigabe von Forderungen verpflichtet sich der Schuldner entsprechend, nach einem erfolgreichen Aktivprozeß den Erlös in die Insolvenzmasse einzuwerfen. Zunächst ist festzustellen, daß es sich auch bei dieser Konstruktion nicht um eine echte Freigabe handelt, da der Verwalter nicht endgültig auf den wirtschaftlichen Wert des Gegenstandes bzw. der Forderung verzichtet und die GmbH insoweit nicht die gleiche Rechtsposition zurückerhält, die sie vor Eröffnung des Insolvenzverfahrens innehatte.[55] Entscheidend ist hier aber die bereits hinsichtlich der Doppelverwaltung dargelegte Mißbrauchsmöglichkeit. Da seitens der GmbH keine finanziellen Mittel bereit-

---

53 Charakteristisch für eine echte Freigabe ist, daß der Schuldner bezüglich des freigegebenen Gegenstandes die Rechtsposition uneingeschränkt zurückerhält, die er vor Verfahrenseröffnung hatte; vgl. etwa BGHZ 35, 180 (182).

54 Vgl. dazu etwa BGH ZIP 1987, 793; Jaeger/Henckel, KO § 6 Rn. 20; Smid, InsO § 80 Rn. 38; Braun/ W. Uhlenbruck, S. 74.

55 Vgl. BGHZ 35, 180 (182).

stehen, um den mit der Verwaltung verbundenen Kostenaufwand zu decken,[56] bedeutet die modifizierte Freigabe regelmäßig eine unzulässige Manipulation zu Lasten der Massegläubiger.[57] Denn deren Anspruch richtet sich nun nicht mehr gegen die Insolvenzmasse, sondern gegen den vermögenslosen GmbH-Mantel.

cc) Ergebnis

In der Insolvenz einer GmbH ist die Existenz insolvenzfreien Vermögens, welches unter der Konkursordnung auch nach Verfahrenseröffnung uneingeschränkt von deren Organen verwaltet wurde, mit dem in der Insolvenzordnung nunmehr verankerten Vollbeendigungszweck nicht vereinbar. Es ist dem Verwalter deshalb ohne Ausnahme verwehrt, Gegenstände oder Forderungen aus der Insolvenzmasse an die schuldnerische GmbH freizugeben. Dies gilt unabhängig davon, welcher Verfahrensweg eingeschlagen wird, da eine zunächst angestrebte Sanierung des Unternehmensträgers scheitern kann und der Verwalter dann dazu übergehen muß, die GmbH bis zur Löschungsreife abzuwickeln. Für die kompetenzrechtliche Stellung der Geschäftsführer bedeutet dies, daß ihnen die Verwaltung insolvenzfreien Vermögens nunmehr vollständig genommen ist.

b) Auswirkungen des Vollbeendigungszwecks auf die Kompetenzen der Gesellschafter

Die Existenz insolvenzfreien Vermögens ermöglichte den Gesellschaftern unter der Konkursordnung, die Vollbeendigung der insolventen GmbH zu verhindern. Soweit sie daran interessiert waren, ihre geschäftlichen Aktivitäten mit dieser Gesellschaft fortzusetzen, bedurfte es lediglich eines ausreichenden Nachschusses ihrerseits oder der Freigabe noch (potentiell) werthaltiger Massebestandteile seitens des Verwalters, um die Löschung der GmbH im Handelsregister zu vereiteln. Diese Option besteht de lege lata nicht mehr. Da der Insolvenzverwalter verpflichtet ist, die Gesellschaft bis zur Löschungsreife abzuwickeln, ist deren Wiederbelebung nach Verfahrensende definitiv ausgeschlossen. Folglich können die Gesellschafter kein berechtigtes Interesse mehr am weiteren Schicksal ihrer insolventen GmbH geltend machen, wenn erst einmal feststeht, daß diese liquidiert und nicht saniert werden soll. Festzuhalten ist somit, daß das Verfahrensziel der Vollbeendigung insolventer Gesellschaften nicht nur auf seiten der Ge-

56 Sie ist zudem nicht mehr in der Lage, sich selbst entsprechende Mittel zu verschaffen, da jedweder Neuerwerb gemäß § 35 InsO in die Insolvenzmasse fällt.
57 Vgl. Jaeger/Henckel, KO § 6 Rn. 20.

schäftsführer, sondern auf seiten der GmbH-Gesellschafter zu einer Kompetenzeinbuße führt.

3. *Die Sanierung der insolventen GmbH als eigenständiges Verfahrensziel?*

Bereits *Jaeger*[58] urteilte, der Konkurs sei ein „Wertvernichter schlimmster Art". Zum einen können bei der Versilberung der Masse zu Lasten der Gläubiger regelmäßig nur Zerschlagungswerte statt der weit darüber liegenden Fortführungswerte realisiert werden.[59] Darüber hinaus resultiert aus der zwangsweisen Liquidation insolventer Gesellschaften meist der irreversible Verlust von Arbeitsplätzen und somit nicht zuletzt auch ein erheblicher volkswirtschaftlicher Schaden.[60] Es ist daher nicht verwunderlich, daß die Forderung, mit der Insolvenzrechtsreform ein funktionsfähiges Reorganisationsverfahren bereitzustellen, eine zentrale Rolle spielte.[61] Dabei stellte aber schon die vom Bundesministerium für Justiz 1978 eingesetzte Kommission zur Reform des Insolvenzrechts klar, daß die Reorganisation nicht Selbstzweck sei.[62] Um ihrer selbst willen sei sie wirtschaftspolitisch nicht vertretbar und dürfe deshalb weder als Mittel zur Erhaltung subventionsbedürftiger Unternehmen noch als Instrument zum Schutz von Arbeitsplätzen in unproduktiven Betrieben dienen.[63] Der Gesetzgeber hat sich dieser Sichtweise ausdrücklich angeschlossen. Er betonte, daß das neue Verfahren eine marktkonforme Insolvenzbewältigung ermöglichen solle, deren wesentliche Merkmale er mit den Schlagworten „Flexible Insolvenzabwicklung durch Deregulierung", „Wettbewerb um die beste Verwertungsart" und „Beteiligtenautono-

---

58 Jaeger, S. 216.

59 Smid, InsO § 1 Rn. 26; vgl. hierzu auch die Ausführungen der Insolvenzrechtskommission, Erster Bericht, Einführung zu den Leitsätzen 1.1 ff., S. 85 f.

60 Vgl. hierzu etwa die Stellungnahme der Insolvenzrechtsrechtskommission, Erster Bericht, Einführung zu den Leitsätzen 1.1 ff., S. 87 f.

61 So beschloß der 54. Deutsche Juristentag 1982 mit großer Mehrheit, zur Bewältigung von Unternehmensinsolvenzen solle ein neues Reorganisationsverfahren eingeführt werden mit dem Ziel, die Insolvenz in geeigneten Fällen auf dem Wege der Wiederherstellung der Ertragsfähigkeit des Unternehmens zu bereinigen und damit zugleich für die Erhaltung von Arbeitsplätzen zu sorgen (Verhandlungen des 54. Deutschen Juristentages; Band II – Sitzungsberichte –, Beschlüsse der Abteilung Sanierung von Unternehmen, M 239). Der Juristentag folgte damit den Vorschlägen seiner Gutachter K. Schmidt (Verhandlungen des 54. Deutschen Juristentages; Band I – Gutachten –, D 130) und Hanau (Verhandlungen des 54. Deutschen Juristentages; Band I – Gutachten –, E 118) sowie seines Referenten Zeuner (Verhandlungen des 54. Deutschen Juristentages; Band II – Sitzungsberichte –, M 15).

62 Erster Bericht, Begründung zu Leitsatz 2.1.2, S. 162.

63 Erster Bericht, Einführung zu den Leitsätzen 2.1 ff., S. 153.

mie bei Entscheidungen über den Verfahrensablauf" umschreibt.[64] Die Herstellung marktkonformer Rahmenbedingungen für die Entscheidung über Liquidation oder Sanierung eines Unternehmens beseitige die der Konkursordnung eigene Tendenz zur Zerschlagung; die Herbeiführung von Sanierungen sei jedoch kein eigenständiges Reformziel.[65] Anders ausgedrückt: die Sanierung insolventer Gesellschaften wird zwar für erstrebenswert erachtet, dies aber nur solange, wie sie mit dem übergeordneten Verfahrensziel optimaler Gläubigerbefriedigung vereinbar ist.

Ist in der Sanierung der GmbH somit kein eigenständiges Verfahrensziel zu sehen, so können daraus auch keine unmittelbaren Kompetenzen des Verwalters abgeleitet werden. Die Sanierung kann kompetenzrechtlich allenfalls dann relevant werden, wenn die Gläubiger sich für diese als Instrument einer investiven Haftungsverwirklichung entschieden haben. In diesem Fall umfaßt der übergeordnete Verfahrenszweck bestmöglicher Gläubigerbefriedigung auch das Mittel, dieses Ziel zu erreichen. Folglich müßten dem Insolvenzverwalter dann grundsätzlich alle Kompetenzen zustehen, die notwendig sind, um die Haftungsrealisierung im Wege der Sanierung der insolventen GmbH gegenüber den Gesellschaftsorganen durchzusetzen.

a) Sanierung und gesellschaftsrechtliche Organisation der GmbH

Zur erfolgreichen Sanierung einer insolventen Gesellschaft sind regelmäßig weitreichende Eingriffe in deren Verbandsstruktur notwendig. Hierbei sind vor allem Kapitalmaßnahmen, Änderungen im Gesellschafterkreis sowie die Änderung der Rechtsform in Betracht zu ziehen. Soll der Gläubigerautonomie uneingeschränkt zur Geltung verholfen werden, muß es dem Verwalter gestattet sein, derartige Eingriffe in den kompetenzrechtlichen Kernbereich der Gesellschaftsorgane auch gegen deren Willen vorzunehmen. Soweit wollte der Gesetzgeber jedoch nicht gehen. Er betont, daß ein marktkonformes Insolvenzverfahren ausschließlich vermögens- und nicht organisationsorientiert zu sein habe.[66] Unter der Prämisse bestmöglicher Gläubigerbefriedigung sei Gegenstand des Verfahrens daher allein das Vermögen des Schuldners, nicht dessen gesellschafts- oder verbandsrechtli-

---

64 Allg. Begr. zum RegE Anm. 3 a cc, 3 a dd, 3 a kk (BR-Drucks. 1/92), abgedruckt in W. Uhlenbruck, Das neue Insolvenzrecht, S. 231 ff.

65 So ausdrücklich die allg. Begr. zum RegE Anm. 3 a, (BR-Drucks. 1/92), abgedruckt in W. Uhlenbruck, Das neue Insolvenzrecht, S. 231 f.

66 Allg. Begr. zum RegE Anm. 3 a aa, 4 a bb, (BR-Drucks. 1/92), abgedruckt in W. Uhlenbruck, Das neue Insolvenzrecht, S. 232, 241.

che Organisation.[67] Weiter heißt es in der allgemeinen Begründung zum Regierungsentwurf der Insolvenzordnung:[68]

„Der Entwurf sieht deshalb keine insolvenzrechtlichen Eingriffe in die gesellschaftsrechtlichen Verhältnisse des Schuldners vor. Kommen die für eine Sanierung des Schuldnerunternehmens erforderlichen gesellschaftsrechtlichen Maßnahmen nicht zustande, bleibt es den Gläubigern unbenommen, den Fortführungswert des Schuldnervermögens im Wege einer übertragenden Sanierung zu realisieren."

Der Gesetzgeber hat die Frage, ob bei der Sanierung des Unternehmensträgers dem Insolvenzrecht oder aber dem Gesellschaftsrecht der Vorrang gebührt, also eindeutig zu Gunsten des letzteren beantwortet.[69] Der unbedingten Vermögensbezogenheit des Verfahrens wird auf diese Weise ein Stück Gläubigerautonomie geopfert. Zwar steht es den Gläubigern grundsätzlich frei, über die Art der Haftungsverwirklichung zu entscheiden. Soweit sie aber die Sanierung der insolventen GmbH anstreben, erlaubt ihnen die Insolvenzordnung nicht, diese auch gegen den Willen der Gesellschaftsorgane durchzusetzen.

b) Auswirkungen auf die Kompetenzen der Gesellschaftsorgane

Daß Gläubiger und Insolvenzverwalter die Sanierung der Gesellschaft letztlich nur im Einvernehmen mit den Gesellschaftsorganen bewerkstelligen können, versetzt diese regelmäßig in die Lage, die Sanierungsbedingungen maßgeblich mitzubestimmen. Es erscheint zumindest fraglich, ob ein solches Maß an Einfluß angesichts der faktischen Wertlosigkeit der Geschäftsanteile der Gesellschafter noch angemessen ist. Der Gesetzgeber hat jedoch eine eindeutige Entscheidung getroffen, welche die Praxis zu akzeptieren hat: soweit die Organisationsverfassung der Gesellschaft betroffen ist, bewirkt die Eröffnung des Insolvenzverfahrens keine Kompetenzverschiebung weg von den Gesellschaftsorganen hin zum Insolvenzverwalter. Deren bisherige Kompetenzen bleiben Ihnen vielmehr grundsätzlich uneingeschränkt erhalten. Welche Maßnahmen einen Eingriff in die Verbandsstruktur der Gesellschaft bedeuten, ist letztlich eine Frage des Einzelfalls. Festzuhalten ist hier lediglich, daß die kompetenzrechtliche Stellung der Gesellschaftsorgane sich um so unangreifbarer darstellt, je nachhaltiger die geplante

67 Allg. Begr. zum RegE Anm. 4 a cc, (BR-Drucks. 1/92), abgedruckt in W. Uhlenbruck, Das neue Insolvenzrecht, S. 241 f.

68 Allg. Begr. zum RegE Anm. 4 a cc, (BR-Drucks. 1/92), abgedruckt in W. Uhlenbruck, Das neue Insolvenzrecht, S. 241 f.

69 Ganz anders waren insoweit noch die Vorstellungen der Insolvenzrechtskommission. Vgl. zu deren Vorschlägen im einzelnen unten, 2. Teil D. I. 2. a).

Maßnahme in den Kernbereich der gesellschaftsrechtlichen Organisation der insolventen GmbH eingreift.

Lassen sich aus der Insolvenzordnung insoweit keine Kompetenzbeschränkungen der Gesellschaftsorgane ableiten, so ist damit aber nicht zugleich ausgeschlossen, daß solche sich aus dem Gesellschaftsrecht selbst ergeben. Hier sind vor allem die Grundsätze gesellschaftsrechtlicher Treuepflicht in Betracht zu ziehen. Es bleibt daher zu prüfen, ob diese und gegebenenfalls in welcher Ausprägung auch im eröffneten Insolvenzverfahren Geltung beanspruchen können und zu einer Kompetenzeinbuße seitens der Gesellschaftsorgane führen.[70]

II. Kompetenzabgrenzung anhand schutzwürdiger Interessen der Beteiligten

Die vom Gesetzgeber formulierten Verfahrensziele sowie deren Gewichtung untereinander sind letztlich das Ergebnis einer umfassenden Abwägung der Interessen aller am Insolvenzverfahren Beteiligten, insbesondere aber zwischen den Gläubigern einerseits und den Gesellschaftsorganen andererseits. Dabei hat sich gezeigt, daß es auch entscheidend darauf ankommen kann, ob die insolvente Gesellschaft liquidiert oder saniert wird. So wurde dem Interesse der Gesellschafter, über die Art und Weise der Sanierung ihrer GmbH mitzubestimmen, dadurch Rechnung getragen, daß eine solche gegen ihren Willen grundsätzlich gar nicht durchführbar ist. Dementsprechend gering sind ihre Kompetenzeinbußen. Dagegen finden ihre Interessen im Falle der Liquidation keine Berücksichtigung. Da die Vollbeendigung der Gesellschaft hier unwiderruflich bevorsteht, müssen die Gesellschafter auch viel weitreichendere Eingriffe in ihre Kompetenzen hinnehmen.

Etwas anders stellt sich die Lage bezüglich der Interessen der Geschäftsführer dar. Zwar sind deren Interessen ebenfalls zunächst dadurch geschützt, daß die Eröffnung des Insolvenzverfahrens nicht zum Verlust ihrer Organstellung führt.[71] Dieser Verlust bedeutete nämlich einen allein insolvenzrechtlich motivierten Eingriff in den Kernbereich der gesellschaftlichen Organisationsstruktur, wie ihn der Gesetzgeber gerade vermeiden wollte. Zudem bedarf die GmbH der Geschäftsführer auch noch nach Verfahrenseröffnung zur Wahrnehmung bestimmter Verfahrensrechte. Gleichwohl erscheinen die aus ihrer Organstellung resultierenden Kompetenzen der Geschäftsführer grundsätzlich weniger schützenswert als diejenigen der Gesellschafter. Damit sind nicht nur diejenigen Befugnisse gemeint, welche die Geschäftsführer schon auf Grund des Übergangs der Vewal-

70 Eingehend hierzu unten, 2. Teil D I 2 c.
71 A. A. lediglich W. Schulz, KTS 1986, 389 (399, 408).

tungs- und Verfügungsmacht an den Verwalter verlieren, sondern auch solche Kompetenzen, die – ohne einen unmittelbaren Vermögensbezug aufzuweisen – ebenfalls typischerweise den Geschäftsführern zugewiesen sind, wie etwa die Einberufung von Gesellschafterversammlungen oder Anmeldungen zum Handelsregister. Denn diese Kompetenzen können die Verbandsstruktur der GmbH nicht berühren. Es ist den Geschäftsführern grundsätzlich verwehrt, aus eigener Machtvollkommenheit in die organisationsrechtlichen Belange der Gesellschaft einzugreifen; dies ist allein der Gesellschafterversammlung als oberstem Gesellschaftsorgan vorbehalten. Da dem Gesetzgeber aber vor allem daran gelegen war, die Verbandsstruktur der Gesellschaft nicht zum Gegenstand des Insolvenzverfahrens werden zu lassen, hat er damit in erster Linie die Interessen der Gesellschafter berücksichtigt. Auf Grund der Weisungsgebundenheit der Geschäftsführer sind deren Befugnisse in bezug auf die Organisationsstruktur der Gesellschaft dagegen wenig ausgeprägt, so daß sie im Vergleich zu den Gesellschafterkompetenzen in der Insolvenz konsequenterweise nicht das gleiche Maß an Schutz beanspruchen können. Deshalb wird auch die Frage, ob die Gesellschaft liquidiert oder saniert wird, bei der Untersuchung der Kompetenzeinbußen auf seiten der Geschäftsführer eine weniger bedeutende Rolle spielen als bei den Gesellschaftern.

III. Die Dreiteilung der Kompetenzbereiche

Um die Problematik der Funktionsteilung zwischen Gesellschaftsorganen und Verwalter unter der Konkursordnung zu veranschaulichen, wurde – ausgehend von *Weber*[72] – zwischen drei verschiedenen Kompetenzbereichen unterschieden. Hiernach sollten die einzelnen Maßnahmen entweder dem Verdrängungsbereich, dem Gemeinschuldnerbereich oder dem konkursfreien Bereich zugeordnet werden können.[73] In bezug auf das zur Masse gehörige Vermögen, über welches nach Verfahrenseröffnung allein der Verwalter verfügungsbefugt sei, verdränge dieser die Gesellschaftsorgane vollständig. Insoweit seien ausschließlich die Regelungen der Konkursordnung maßgebend. Daneben verbleiben den gesetzlichen Vertretern einer juristischen Person jedoch Restkompetenzen, die aus der Stellung des Gemeinschuldners als Verfahrensbeteiligtem resultieren und somit den Gemeinschuldnerbereich ausmachen.[74] Schließlich existiere auch ein sogenannter

72 Weber, KTS 1970, 73 (77 ff.).

73 Vgl. zum Folgenden die eingehenden Ausführungen Webers, KTS 1970, 73 (77 ff.).

74 Hierbei handelt es sich vor allem um Verfahrensrechte des Gemeinschuldners sowie die ihm auferlegten Auskunfts- und Mitwirkungspflichten.

konkursfreier Organbereich, in welchem die Kompetenzen der Gesellschaftsorgane zusammengefaßt seien, die sich zum einen daraus ergeben, daß auch eine juristische Person nach Verfahrenseröffnung konkursfreies Vermögen erwerben könne und zum anderen daraus, daß sich die Organisation des Verbandes während des Verfahrens weiterhin ausschließlich nach dem Gesellschaftsrecht bestimme. Der konkursfreie Bereich sei allerdings insoweit beschränkt, als er nur solche Maßnahmen umfasse, die im Einklang mit dem Konkurszweck und damit letztlich der Liquidation der Gesellschaft stehen.

Diese Dreiteilung der Kompetenzbereiche eignet sich auch im geltenden Recht zur formalen Systematisierung der anhand der Verfahrensziele vorzunehmenden materiellen Kompetenzzuordnung. Zu berücksichtigen ist freilich, daß die Bedeutung der einzelnen Bereiche in dem Maße zu- bzw. abgenommen hat, wie der Gesetzgeber die einzelnen Verfahrensziele neu gewichtet hat. Insoweit kann die Einführung des Vollbeendigungszwecks ebensowenig folgenlos bleiben wie die Tatsache, daß die Liquidation insolventer Gesellschaften nicht mehr Primärzweck des Verfahrens ist, sondern lediglich als eine Option unter mehreren zur Haftungsrealisierung begriffen wird.[75]

1. Der Verdrängungsbereich

Ausgehend von der strikten Vermögensbezogenheit des Verfahrens verdrängt der Insolvenzverwalter die Gesellschaftsorgane auch unter der Insolvenzordnung immer dann aus ihrer kompetenzrechtlichen Stellung, wenn die fragliche Maßnahme geeignet ist, sich auf den Bestand der Insolvenzmasse auszuwirken.[76] Da insolvenzfreies Vermögen in der GmbH-Insolvenz nicht mehr existiert, Unternehmen und Insolvenzmasse sich vielmehr während der gesamten Verfahrensdauer decken, ist der Verdrängungsbereich zu Gunsten des Verwalters sogar noch erweitert worden.

---

75 Zwar führt die Eröffnung des Insolvenzverfahrens nach wie vor zur Auflösung der GmbH (§ 60 Abs.1 Nr.4 GmbHG). Auf Grund der eindeutigen Festlegung des § 1 S.1 InsO auf die bestmögliche Gläubigerbefriedigung als übergeordnetes Verfahrensziel, kann nicht mehr von vornherein davon ausgegangen werden, daß die insolvente GmbH als Konkursgesellschaft lediglich zu dem Zweck fortbesteht, abgewickelt zu werden (vgl. insoweit zur KO: Weber, KTS 1970, 73 (78 ff.) sowie Grüneberg, S. 38 f.).

76 Die Massebezogenheit der Verwalterkompetenzen hat nicht nur in § 80 Abs.1 InsO ihren Niederschlag gefunden, sondern wird z. B. auch in den Vorschriften der §§ 155 Abs.1 S.2 und 99 Abs.2 S.2 InsO als Abgrenzungskriterium erwähnt.

2. Der Schuldnerbereich

Wie schon unter der Konkursordnung stehen dem Schuldner als Verfahrensbeteiligtem eine Reihe von Verfahrensrechten zu, die in der GmbH-Insolvenz ausschließlich von den Vertretungsorganen der Gesellschaft geltend gemacht werden können. So steht dem Schuldner z. B. gegen den gerichtlichen Eröffnungsbeschluß die sofortige Beschwerde zu (§ 34 Abs.2 InsO). Er kann beim Insolvenzgericht beantragen, dem Verwalter die Stillegung des Unternehmens zu untersagen (§ 158 Abs.2 S.2 InsO) und die Veräußerung desselben von der Zustimmung der Gläubigerversammlung abhängig zu machen (§ 163 Abs.1 InsO). Schließlich ist er – ebenso wie der Verwalter – zur Vorlage eines Insolvenzplans berechtigt (§ 218 Abs.1 InsO). In § 97 Abs.2 InsO ist nun ausdrücklich geregelt, daß der Schuldner den Verwalter bei der Erfüllung seiner Aufgaben zu unterstützen hat. Auch die übrigen in § 97 InsO aufgeführten Auskunfts- und Mitwirkungspflichten des Schuldners treffen gemäß § 101 Abs.1 InsO die Vertretungsorgane der Gesellschaft, die in § 97 Abs.1 InsO genannten sogar auch die Vertretungsorgane, die innerhalb der letzten zwei Jahre vor dem Antrag auf Eröffnung des Insolvenzverfahrens aus dieser Stellung ausgeschieden sind.

3. Der insolvenzfreie Bereich

Der Umfang des Verdrängungsbereichs und des insolvenzfreien Bereichs hängen reflexhaft vom Umfang des jeweils anderen Bereichs ab. Kompetenzen, die dem Verdrängungsbereich zugeschlagen werden, werden dem insolvenzfreien Bereich zwingend genommen. Da insolvenzfreies Vermögen nicht mehr existiert, verkleinert sich der insolvenzfreie Bereich also in dem Maße wie der Verdrängungsbereich dadurch erweitert wird. De lege lata fallen daher grundsätzlich nur noch solche Maßnahmen in den insolvenzfreien Bereich, welche den Bestand der Insolvenzmasse nicht berühren können. Hierzu gehören vor allem rein gesellschaftsinterne Maßnahmen, die lediglich die Verbandsstruktur der Gesellschaft betreffen.

IV. Weitere Vorgehensweise der Untersuchung

Wenn die Kompetenzen der Gesellschaftsorgane und des Insolvenzverwalters nachstehend bezüglich der wesentlichen Problemkreise gegeneinander abgegrenzt werden, kann obige Dreiteilung als Ausgangspunkt dienen. Anhand der aus den Verfahrenszielen abgeleiteten Kriterien ist jeweils zu prüfen, welchem der Bereiche ein bestimmter Sachverhalt am ehesten zugeordnet werden kann.

Dabei wird sich die Abgrenzung zwischen Verdrängungs- und Schuldnerbereich kaum als problematisch erweisen, da die Zuordnung zu letzterem aus den einzelnen Vorschriften der Insolvenzordnung abgelesen werden kann.[77] Dagegen wird die eindeutige Zuordnung entweder zum gesellschaftsinternen oder aber Verdrängungsbereich häufig Schwierigkeiten bereiten. Denn im Laufe des Verfahrens, insbesondere wenn die Sanierung des Unternehmensträgers angestrebt wird, können sich Maßnahmen als notwendig erweisen, die in beide Bereiche eingreifen. Denkbar ist dann nicht nur, die fragliche Kompetenz entweder dem Verwalter oder den Gesellschaftsorganen zuzuweisen, sondern auch, die Wirksamkeit der Maßnahme von der Zustimmung beider abhängig zu machen.[78] Um zu praxisgerechten Ergebnissen zu gelangen, ist in diesen Fällen unter Berücksichtigung des Verfahrenszwecks und der Interessen der einzelnen Beteiligten sorgfältig abzuwägen, wem die entsprechende Kompetenz einzuräumen ist oder ob Insolvenzverwalter und Gesellschaftsorgane zusammenwirken müssen.

---

77 Insoweit hat sich durch die Insolvenzordnung nichts geändert. Vgl. zur KO: Weber, KTS 1970, 73 (78 f.) sowie Grüneberg, S. 37 f.

78 Hier ist entsprechend dem Modell des § 57 Abs.1 VglO in Betracht zu ziehen, den Gesellschaftsorganen die Kompetenz zur Vornahme einer Rechtshandlung zu belassen, dem Insolvenzverwalter zugleich aber ein Einspruchs- bzw. Zustimmungsrecht an die Hand zu geben.

2. Teil: Kompetenzbeschränkungen nach Verfahrenseröffnung

A. Die Kompetenzen der Geschäftsführer

Den Geschäftsführeren obliegt sowohl die gerichtliche und außergerichtliche Vertretung der GmbH als auch die Entschließung über die Art und Weise der Verfolgung des Gesellschaftszwecks, sofern sich – in bezug auf letzeres – dies nicht die Gesellschafter vorbehalten. Daraus resultiert eine Fülle von Aufgaben im Innen- und Außenverhältnis, deren Erfüllung durch die Geschäftsführer nach Eröffnung des Insolvenzverfahrens infrage steht. Neben dem ausführlich zu behandelnden Komplex der Prozeßführung können die Aufgaben der Geschäftsführer zum Zwecke der Untersuchung in drei wesentliche Gruppen unterteilt werden.[79] Zur ersten Gruppe gehören auf das Gesellschaftsverhältnis und die Mitgliedschaft bezogene Kompetenzen wie die Einforderung von Einlagen, die Einberufung von Gesellschafterversammlungen; nach außen sind zudem die Mitgliedschaftsrechte der GmbH selbst wahrzunehmen. Die zweite Gruppe besteht aus Aufgaben in Zusammenhang mit Registerangelegenheiten. Hierzu rechnen die Anmelde- und Einreichungspflichten der Geschäftsführer. Schließlich existiert die Kategorie der Rechnungslegungspflichten und damit verwandt die Pflicht, zur Abführung von Steuer- und Sozialversicherungsbeiträgen. Nachfolgend sollen die genannten Pflichten innerhalb dieser Aufgabenbereiche auf mögliche Kompetenzverschiebungen hin untersucht werden.

I. Prozeßführung

Ein besonders praxisrelevantes Problem der Kompetenzverteilung beinhaltet die Frage, inwieweit die GmbH-Geschäftsführer mit der Eröffnung des Verfahrens ihre Befugnis, die Gesellschaft gerichtlich zu vertreten, an den Insolvenzverwalter verlieren. Im Folgenden wird daher anhand der einschlägigen gesetzlichen Bestimmungen untersucht, wie im Hinblick auf die einzelnen Rechtsstreitigkeiten der Gesellschaft zu verfahren ist und welchem der verschiedenen Kompetenzbereiche sie jeweils zuzuordnen sind.

---

79 Vgl. zur Einteilung Zöllner in Baumbach/Hueck, GmbHG § 35 Rn. 26 ff.

Gemäß § 240 S.1 ZPO werden Prozesse des Schuldners, wenn sie die Insolvenzmasse betreffen, mit der Eröffnung des Insolvenzverfahrens unterbrochen, bis sie nach den für das Insolvenzverfahren geltenden Vorschriften aufgenommen werden. Damit hat der Gesetzgeber die Massebezogenheit als Voraussetzung für die Anwendbarkeit der §§ 85 ff. InsO im Wortlaut der Norm verankert. Die übrigen Rechtsstreitigkeiten werden von der Verfahrenseröffnung gar nicht betroffen und können daher auch nicht Gegenstand eines Kompetenzstreits zwischen Geschäftsführern und Insolvenzverwalter sein. Diese Prozesse werden auf seiten der Gesellschaft ohne Unterbrechung von ihrem Geschäftsführer als dem vertretungsberechtigten Organ fortgeführt.

1. Aufnahme massebezogener Aktivprozesse durch den Verwalter gemäß § 85 InsO?

§ 85 Abs.1 S.1 InsO räumt dem Insolvenzverwalter hinsichtlich der Aufnahme massebezogener Aktivprozesse des Schuldners ein Wahlrecht ein. Lehnt er die Aufnahme ab, so sollen nach § 85 Abs.2 InsO sowohl der Schuldner als auch der Gegner den Rechtsstreit aufnehmen können. Rechtsfolge der Ablehnung ist, daß der Schuldner die uneingeschränkte Verfügungsbefugnis über den Streitgegenstand wiedererlangt, so daß das ihm im Falle erfolgreicher Prozeßführung durch Urteil Zugesprochene nicht mehr der Masse zugute kommt; mit anderen Worten: es entsteht insolvenzfreies Vermögen.[80] An anderer Stelle[81] wurde jedoch bereits ausführlich dargelegt, daß insolvenzfreies Vermögen in der Unternehmensinsolvenz auf Grund der mit dem Insolvenzverfahren bezweckten Vollbeendigung von Gesellschaften nicht mehr existieren kann. Konsequenterweise ist § 85 InsO auf Unternehmensinsolvenzen nicht anzuwenden.[82] Um zu verhindern, daß insolvenzfreies Vermögen entsteht, ist der Verwalter vielmehr verpflichtet, Aktivprozesse der insolventen GmbH aufzunehmen.

Ist der Anwendungsbereich des § 85 InsO somit auf natürliche Personen beschränkt, stellt sich die Frage, nach welcher Vorschrift die Aufnahme von Aktivprozessen seitens des Verwalters zu behandeln ist. Eine Lösung ergibt sich, wenn man berücksichtigt, daß der Insolvenzverwalter in bezug auf die Masse die Stel-

---

80 Nach allgemeiner Ansicht wird der Streitgegenstand mit der Ablehnung der Aufnahme aus der Insolvenzmasse freigegeben; so bereits RGZ 122, 51 (56); für die Literatur vgl. nur Smid, InsO § 85 Rn. 16; Hess/Weis/Wienberg, InsO § 85 Rn. 69; K. Schmidt, KTS 1994, 309 (312) m. w. N.

81 Siehe oben, 1. Teil B. I. 2.

82 So auch schon K. Schmidt, KTS 1994, 309 (315 ff.) für die inhaltsgleiche Bestimmung des § 10 KO mit der Begründung, daß die Norm allein auf eine natürliche Person als Gemeinschuldnerin zugeschnitten sei.

lung eines allein vertretungsberechtigten Organs der Gesellschaft innehat. Zwar verliert die GmbH mit der Eröffnung des Verfahrens nicht ihre organschaftlichen Vertreter. Auf Grund des Übergangs der Verwaltungs- und Verfügungsmacht sind die Geschäftsführer jedoch nicht mehr befugt, die Gesellschaft in massebezogenen Prozessen zu vertreten.[83] Diese Konstellation wird von der Regelung des § 241 ZPO erfaßt. Demnach endet die mit Verfahrenseröffnung eingetretene Unterbrechung, wenn der Verwalter seine Bestellung dem Gericht anzeigt oder der Gegner seine Absicht, das Verfahren fortzusetzen, mitteilt. Daß ein Aktivprozeß der Gesellschaft danach auch vom Gegner „aufgenommen" werden kann, ist dabei nur konsequent, wenn man anerkennt, daß das Wahlrecht des Verwalters in der Unternehmensinsolvenz entfällt. Die durch die Unanwendbarkeit des § 85 InsO entstandene Lücke kann demnach mit Hilfe des § 241 ZPO geschlossen werden.[84]

Da dem Insolvenzverwalter mit dem Wahlrecht des § 85 InsO zugleich die Möglichkeit genommen ist, die Masse durch die Ablehnung der Aufnahme vor unnötigen Prozeßkosten zu bewahren, ist nun noch zu klären, auf welche Weise er aussichtslose Aktivprozesse der GmbH kostensparend beenden kann. Hierfür bietet die Bestimmung des § 86 Abs.2 InsO einen Anhaltspunkt. Danach kann der Gegner in Passivprozessen des Schuldners seinen Kostenerstattungsanspruch nur als Insolvenzgläubiger geltend machen, wenn der Verwalter den Anspruch sofort anerkennt. Diese Regelung kann entsprechend auf Aktivprozesse übertragen werden. Der Kostenerstattungsanspruch des Gegners ist dann als einfache Insolvenzforderung und nicht als Masseverbindlichkeit zu behandeln, wenn der Verwalter die Klage sofort zurücknimmt (§ 269 ZPO) oder aber auf den Anspruch verzichtet (§ 306 ZPO).[85] Bei Unternehmensinsolvenzen erscheint diese Lösung im Ergebnis auch interessengerechter als die Anwendung des § 85 InsO. Denn mit der Ablehnung der Aufnahme verweist der Verwalter den Prozeßgegner hinsichtlich seines Kostenerstattungsanspruchs auf die regelmäßig völlig vermögenslose Gesellschaft. In der Praxis kommt eine Kostenerstattung dann nur noch in Betracht, wenn die GmbH im Rahmen eines Insolvenzplanverfahrens saniert wird. Nach der hier vertretenen Auffassung erhält der Klagegegner zumindest seinen Quotenanteil aus der Masse; andererseits wird diese durch den Kostenerstattungsanspruch auch nicht über ein vertretbares Maß hinaus belastet.

83 Vgl. K. Schmidt, KTS 1994, 309 (317).

84 So zuerst K. Schmidt, KTS 1994, 309 (317).

85 K. Schmidt, KTS 1994, 309 (318), der insoweit von einer vice-versa-Analogie spricht.

2. Passivprozesse

Im Hinblick auf die Passivprozesse der GmbH wird die Anwendbarkeit der §§ 86 und 87 InsO durch die Integration des Vollbeendigungszwecks nicht eingeschränkt. Allerdings kann die von der herrschenden Meinung[86] zur Konkursordnung vertretene Ansicht, daß die Insolvenzgläubiger nach einem Verzicht auf die Teilnahme am Insolvenzverfahren auch gegen den Schuldner persönlich Klage erheben können, nicht in die Insolvenzordnung übernommen werden. Anders als bei § 12 KO hat der Gesetzgeber den Wortlaut des § 87 InsO bewußt so gefaßt, daß eine solche Vorgehensweise ausgeschlossen ist.[87]

3. Zuordnung der Prozesse zu einem Kompetenzbereich

Nachdem die Verfahrensweise des Verwalters in bezug auf die anhängigen Rechtsstreitigkeiten der insolventen GmbH geklärt ist, sollen die einzelnen Prozesse nun jeweils einem Kompetenzbereich zugeordnet werden.

a) Verdrängungsbereich

Es wurde bereits darauf hingewiesen, daß der Gesetzgeber in den § 240 S.1 ZPO und § 85 Abs.1 InsO ausdrücklich auf die Massebezogenheit des Streitgegenstandes als Abgrenzungskriterium abstellt. Konkret bedeutet dies, daß ein Rechtsstreit des Schuldners immer dann dem Verdrängungsbereich und damit der alleinigen Zuständigkeit des Insolvenzverwalters unterliegt, wenn der Ausgang des Prozesses geeignet ist, die Insolvenzmasse zu schmälern oder anzureichern. Dazu rechnen zunächst alle vermögensrechtlichen Streitigkeiten, die die Gesellschaft mit Dritten führt, insbesondere wenn der Anspruch auf die Zahlung eines Geldbetrags gerichtet ist. Auch Unterlassungsklagen können sich auf den Bestand der Insolvenzmasse auswirken, so z. B. Wettbewerbs- oder Patentklagen über ein zur Masse gehörendes Recht.[88] Nicht erforderlich ist, daß der Rechtsstreit die Insolvenzmasse *unmittelbar* betrifft,[89] etwa in dem Sinne daß mit der rechtskräftigen Entscheidung über den Streitgegenstand stets *unmittelbar* eine die Masse be-

---

86 RGZ 86, 394 (397); Jaeger/Henckel, KO § 12 Rn. 3, m.w.N.; dagegen K. Schmidt, KTS 1994, 309 (318), der diese Auffassung in bezug auf Handelsgesellschaften ablehnte.

87 So ausdrücklich die Begr. zu § 98 RegE = § 87 InsO (BR-Drucks. 1/92 S. 137), abgedruckt in W. Uhlenbruck, Das neue Insolvenzrecht, S. 399.

88 Vgl. dazu RGZ 45, 374 ff.

89 BFH, NJW 1998, 630 (631); BAG, NJW 1984, 998, jeweils mit zahlreichen weiteren Nachweisen.

rührende Vermögenszuordnung erfolgt. Vielmehr ist die Masse auch dann schon betroffen, wenn in dem fraglichen Rechtsstreit Rechtsverhältnisse geklärt werden, die erst den Boden für einen Folgeprozeß bereiten, in dem dann konkret über die masserelevante Zuordnung von Vermögen entschieden wird. In den Kompetenzbereich des Verwalters fallen deshalb auch vorbereitende Feststellungsklagen, deren Ausgang sich in diesem Sinne nur *mittelbar* auf die Masse auswirkt, weil sich erst daraus ein vermögensrechtlicher Anspruch ergibt, der dann gesondert geltend zu machen ist.

Das gilt auch dann, wenn der Streitgegenstand primär die innergesellschaftliche Organisation betrifft.[90] Denn dem Insolvenzverwalter wird hierdurch keine eigenständige Kompetenz eingeräumt, in die Verbandsstruktur der Gesellschaft einzugreifen, sondern er führt lediglich eine Angelegenheit, die ihren Ursprung vor Verfahrenseröffnung hat, im Interesse der Verwirklichung des Verfahrensziels fort. So ist grundsätzlich[91] der Verwalter und nicht der Geschäftsführer für die Fortsetzung eines Prozesses zuständig, in dem *festgestellt* werden soll, ob der Kläger noch Gesellschafter der insolventen GmbH ist und davon abhängt, ob der Gesellschaft gegen diesen noch Ansprüche z. B. aus einer beschlossenen und eingetragenen Kapitalerhöhung zustehen. Die gleiche Interessenlage ist gegeben, wenn in Frage steht, ob der Kläger noch Geschäftsführer der beklagten GmbH ist und davon etwa die Existenz von Vergütungsansprüchen des Klägers abhängt.[92] Zwar mag der Antrag auf Feststellung vornehmlich bezwecken, die Organstellung des Klägers zu klären. Im Hinblick auf das Verfahrensziel der bestmöglichen Gläubigerbefriedigung sind diese Prozesse jedoch vom Insolvenzverwalter zu führen, damit die Masse mit etwaigen Folgeprozessen angereichert bzw. entlastet werden kann.

b) Begrenzung des Verdrängungsbereichs bei Interessenkonflikten des Insolvenzverwalters

Ist der Verdrängungsbereich demnach sehr weit gefaßt, so können sich dennoch Konstellationen ergeben, in denen ein Prozeß trotz der Massebezogenheit des Streitgegenstandes auf seiten der Gesellschaft nicht vom Insolvenzverwalter weitergeführt werden kann. Dies ist immer dann der Fall, wenn der Erfolg des Prozeßgegners der Insolvenzmasse zugute käme und daher auch im Interesse des Verwalters liegt. Denkbar sind hierbei insbesondere die folgenden Fallgestaltun-

90 A. A. Kuhn/W. Uhlenbruck, KO Vorbem. § 10 Rn. 10 b.

91 Zu den Ausnahmen siehe unten b).

92 So wenn z. B. vereinbart war, daß mit der Abberufung des Geschäftsführers zugleich dessen Anstellungsverhältnis enden soll.

gen: der Kläger beantragt festzustellen, daß er noch Mitglied der Gesellschaft ist, wobei die GmbH im Erfolgsfalle einen die Masse begünstigenden Anspruch gegen den Gesellschafter hätte.[93] Gleiches gilt, wenn der Kläger begehrt festzustellen, daß er noch Geschäftsführer der GmbH ist und sich daraus Ersatzansprüche der Gesellschaft gegen ihn, z. B. auf Grund begangener Pflichtverletzungen, herleiten lassen; oder umgekehrt: der Kläger macht geltend, er sei als Geschäftsführer bereits zu einem früheren Zeitpunkt abberufen worden, wodurch die Masse von Vergütungsansprüchen entlastet würde. Schließlich gehört hierher auch der Fall, daß ein Gesellschafter im Wege der Anfechtungsklage gegen einen den Geschäftsführer entlastenden Beschluß der Gesellschafterversammlung vorgeht.[94] Denn die Entlastung wirkt wie ein Verzicht auf etwaige Ersatzansprüche,[95] der durch eine erfolgreiche Anfechtungsklage zu Gunsten der Insolvenzmasse wieder beseitigt werden könnte. Führte der Insolvenzverwalter den Rechtsstreit auf seiten der Gesellschaft, so geriete er in diesen Fällen in einen kaum auflösbaren Interessenkonflikt. Dem Verfahrensziel könnte der Verwalter hier versuchen zu dienen, indem er den geltend gemachten Anspruch ohne Prüfung einfach anerkennt. Hierbei kann er sich allerdings leicht dem Verdacht kollusiven Zusammenwirkens mit der Gegenpartei aussetzen, welches die Wirksamkeit des Anerkenntnisses gefährden würde. Fraglich ist zudem, ob ein Anerkenntnis in einem solchen Fall überhaupt noch der Dispositionsmaxime unterliegt.[96] Bei fehlender Möglichkeit des Anerkenntnisses darf der Verwalter dann nicht gezwungen werden, den Prozeß auf seiten der Partei fortzusetzen, deren Vorbringen dem Verfahrensziel zuwiderläuft. Vor der endgültigen Zuordnung eines Rechtsstreits in den Verdrängungsbereich ist demnach stets zu prüfen, ob der Prozeßführung durch den Verwalter nicht dessen Pflicht zur Erhaltung bzw. Anreicherung der Masse entgegensteht. Ist dies der Fall, wird die GmbH im Prozeß weiterhin durch ihren Geschäftsführer vertreten.

---

93 Hier kommt z. B. ein Anspruch auf Grund einer wirksam beschlossenen und eingetragenen Kapitalerhöhung in Betracht.

94 Vgl. Weber, KTS 1970, 73 (87 f.); Hachenburg/Raiser, GmbHG Anh. § 47 Rn. 147 m. w. N.

95 BGH NJW 1959, 192; die Regelung des § 120 Abs.2 S.2 AktG, wonach die Entlastung keinen Verzicht auf Ersatzansprüche enthält, ist nicht in das GmbH-Recht zu übernehmen, vgl. Roth/Altmeppen, GmbHG § 46 Rn. 30; Hüffer, AktG § 120 Rn. 13, jeweils m. w. N.

96 Vgl. hierzu OLG Düsseldorf NJW 1974, 1517.

c) *Anfechtungs- und Nichtigkeitsklagen gegen Gesellschafterbeschlüsse*

Es würde den Rahmen dieser Arbeit sprengen, anhand der oben ausgearbeiteten Kriterien alle denkbaren Konstellationen der verschiedenen Verfahrensarten auf ihre Zugehörigkeit zum Verdrängungsbereich hin zu untersuchen.[97] Deshalb soll hier lediglich auf die besonders problematischen Anfechtungs- und Nichtigkeitsklagen gegen Gesellschafterbeschlüsse näher eingegangen werden.[98]

aa) *Anfechtungsklagen*

Allein aus der Tatsache, daß die Anfechtungsklage gegen einen Gesellschafterbeschluß eine rein innergesellschaftliche Angelegenheit betrifft, kann nicht geschlossen werden, daß es dem Insolvenzverwalter grundsätzlich verwehrt sei, einen solchen Prozeß auf seiten der Gesellschaft zu führen.[99] Entscheidend ist auch hier einzig, ob sich der Erfolg oder Mißerfolg auf den Bestand der Insolvenzmasse auswirken kann.

So kann die Insolvenzmasse durch den Beschluß, eine bestimmte Person zum Geschäftsführer zu bestellen, überhaupt nicht – auch nicht mittelbar – tangiert werden. Die Anfechtungsklage ist demnach gegen die Gesellschaft, vertreten durch ihren Geschäftsführer zu richten. Gleiches gilt für die Abberufung eines Geschäftsführers, wenn dadurch nicht zugleich die Masse belastende Vergütungsansprüche entstehen.[100] Zu einer Masseverkürzung kann es auch dann nicht kommen, wenn ein schon vor Verfahrenseröffnung gefaßter Auflösungsbeschluß der GmbH-Gesellschafter erfolgreich angefochten wird. Die insolvente GmbH wird in diesem Fall von ihren Liquidatoren (§ 66 GmbHG) vertreten. Anfechtungsklagen gegen satzungsändernde Beschlüsse sind – auch wenn diese darauf gerichtet sind, den Vermögensbestand der Gesellschaft zu verändern (z. B. Kapitalerhöhungsbeschluß) – jedenfalls solange masseneutral bis die Beschlüsse durch Eintragung in das Handelsregister Rechtswirksamkeit erlangen. Erfolgt die Eintragung während des Insolvenzverfahrens, könnte das Problem durch die entsprechende Anwendung des § 241 ZPO gelöst werden: der Prozeß wird unterbrochen, weil der Geschäftsführer durch das Aufleben der Massebezogenheit seine Vertretungsbefugnis hinsichtlich des Streitgegenstands an den Verwalter verliert.

---

97 Vgl. dazu die ausführliche Darlegung bei Kuhn/W. Uhlenbruck, KO Vorbem. § 10 Rn. 3 ff.

98 Vgl. zum Folgenden auch Weber, KTS 1970, 73 (86 ff.); sowie Grüneberg, S. 141 ff.

99 So aber eine früher teilweise vertretene Ansicht, vgl. etwa KG OLGZ 21, 389 f.

100 Vgl. BGHZ 32, 114 (122) für die Entlassung eines Vorstandsmitglieds einer Genossenschaft.

Letzterer könnte das Verfahren dann unter Anzeige seiner Bestellung zum Verwalter auf seiten der GmbH fortsetzen.

Dagegen ist zur Verteidigung eines Gesellschafterbeschlusses, mit dem von den Gesellschaftern Nachschüsse eingefordert wurden, stets der Insolvenzverwalter zuständig. Anders als noch unter der Konkursordnung kommt es hierbei auch nicht mehr darauf an, daß der Beschluß vor Eröffnung des Verfahrens gefaßt wurde. Denn nach § 35 InsO fließt auch das Vermögen, welches der Schuldner während des Insolvenzverfahrens erlangt, in die Masse.

Problematisch sind hingegen die Fälle, in denen ein für die Masse nachteiliger Gesellschafterbeschluß angefochten werden soll, wie z. B. die mit einem Verzicht auf Ersatzansprüche verbundene Entlastung eines Geschäftsführers. Da der Verwalter ebenfalls an einem Erfolg der Anfechtungsklage interessiert ist, scheidet für ihn eine Prozeßführung auf seiten der Gesellschaft aus.[101] Fraglich ist vielmehr, ob der Verwalter in einem solchen Fall auf Grund der Interessenlage nicht selbst befugt ist, den Beschluß anzufechten.[102] Fassen die Gesellschafter den Beschluß erst nach Verfahrenseröffnung, bedarf es auf seiten des Verwalters freilich keiner selbständigen Anfechtungsbefugnis mehr, da der Beschluß dann keine Verzichtswirkung mehr entfalten kann.[103] Bezüglich eines vorher gefaßten Beschlusses wäre solch eine Verwalterkompetenz im Hinblick auf das Verfahrensziel bestmöglicher Gläubigerbefriedigung zumindest wünschenswert. Für ein Anfechtungsrecht des Verwalters spricht eindeutig, daß sich eine erfolgreiche Anfechtung in einem solchen Fall durch das Wiederaufleben des Ersatzanspruchs auf den Bestand der Masse auswirkt. Allerdings ist fraglich, ob dies auch dann noch gilt, wenn dem Verwalter mit dieser Befugnis weiterreichende gesellschaftsrechtliche Kompetenzen eingeräumt würden, als sie dem betroffenen Gesellschaftsorgan außerhalb des Insolvenzverfahrens zustehen. *Weber*[104] und *Grüneberg*[105] vertreten insoweit die Ansicht, das Anfechtungsrecht des Verwalters könne nur dann aus dem Übergang der Verwaltungs- und Verfügungsbefugnis abgeleitet werden, wenn dem Geschäftsführer ein solches bereits vor Verfahrenseröffnung zustand. Dem GmbHG ist insoweit keine Regelung zu entnehmen. Allein das Aktienrecht normiert in § 245 Nr.4 und 5 ein Anfechtungsrecht des Vorstands bzw. seiner einzelnen Mitglieder. Gegen eine analoge Anwendung dieser Vorschriften spricht jedoch schon, daß die Geschäftsführer der GmbH weisungsgebundenes Organ der Gesellschaft sind, während der Vorstand die Geschicke

101 Siehe zum Interessenkonflikt des Insolvenzverwalters oben 2.Teil A. II. 3. b).

102 Nach RGZ 76, 244 (246) kann sich der Verwalter einer solchen Anfechtungsklage lediglich als Nebenintervenient anschließen.

103 Ausführlich dazu unten, 2. Teil B. V. 2.

104 Weber, KTS 1970, 73 (88).

105 Grüneberg, S. 144.

der AG selbständig bestimmen kann.[106] Gleichwohl schließt die wohl überwiegende Meinung in der Literatur[107] ein Anfechtungsrecht der Geschäftsführer nicht kategorisch aus. Dieses kann aber in Anlehnung an § 245 Nr.5 AktG nur dann bestehen, wenn die Geschäftsführer durch die Ausführung des Beschlusses eine strafbare Handlung begingen oder sich ersatzpflichtig machten. Dagegen lehnt die Rechtsprechung eine Anfechtungsbefugnis der Geschäftsführer sogar generell ab.[108] Festzuhalten ist somit, daß den Geschäftsführern bezüglich die GmbH benachteiligender Gesellschafterbeschlüsse kein allgemeines Anfechtungsrecht zusteht, welches mit Verfahrenseröffnung auf den Insolvenzverwalter übergehen könnte. Folgte man der Auffassung von *Weber* und *Grüneberg*, wäre ein selbständiges Anfechtungsrecht des Insolvenzverwalters demnach ausgeschlossen. Dieser wäre dann allein auf die insolvenzrechtlichen Anfechtungsmöglichkeiten der §§ 129 ff. InsO angewiesen.

Jedoch berücksichtigen *Weber* und *Grüneberg* nicht, daß es sich bei dem gesellschaftsrechtlichen Anfechtungsrecht in erster Linie nicht um eine Befugnis der Geschäftsführer handeln könnte, sondern vielmehr um eine originäre Kompetenz der GmbH-Gesellschafter. Schon deshalb kann ein Anfechtungsrecht des Insolvenzverwalters nicht davon abhängen, daß den Geschäftsführern außerhalb des Insolvenzverfahrens ein solches zusteht. Entscheidend ist vielmehr auch insoweit, daß es sich bei der gesellschaftsrechtlichen Anfechtungsbefugnis nach Verfahrenseröffnung um eine massebezogene Zuständigkeit handelt, die deshalb in den Kompentenzbereich des Insolvenzverwalters fallen muß, und zwar unabhängig davon, welchen Mitgliedern der Gesellschaftsorgane diese Kompetenz zuvor zustand.[109]

bb) Nichtigkeitsklagen

Soll die Nichtigkeit von Gesellschafterbeschlüssen festgestellt werden, so kann eine Klage auf die Nichtigkeitsgründe des § 241 AktG – soweit sich diese auf die GmbH übertragen lassen – gestützt werden. Für die Kompetenzverteilung ergibt

---

106 Vgl. Lutter/Hommelhoff, GmbHG Anh § 47 Rn. 32; Koppensteiner in Rowedder/Schmidt-Leithoff, GmbHG § 47 Rn. 147.

107 Lutter/Hommelhoff, GmbHG Anh § 47 Rn. 65, 32; Koppensteiner in Rowedder/Schmidt-Leithoff, GmbHG § 47 Rn. 147; weitergehend (Anfechtungsrecht bei allen ausführungsbedürftigen Beschlüssen, soweit dem Geschäftsführer die Ausführung obliegt) Zöllner in Baumbach/Hueck, GmbHG Anh. § 47 Rn. 75; ebenso (jedoch mit Beschränkung auf inhaltliche Mängel) Scholz/K. Schmidt, GmbHG § 45 Rn. 134; vgl. auch Hachenburg/Raiser, GmbHG Anh. § 47 Rn. 163.

108 Vgl. etwa BGHZ 76, 154 (159);

109 Für eine Anfechtungsbefugnis des Insolvenzverwalters auch Koppensteiner in Rowedder/Schmidt-Leithoff, GmbHG § 47 Rn. 146.

sich hier grundsätzlich nichts anderes als bei Anfechtungsklagen. Die Befugnis des Verwalters selbst Nichtigkeitsklage zu erheben, wenn ein vor Verfahrenseröffnung gefaßter Gesellschafterbeschluß für die Masse nachteilige Wirkungen zeitigt, ist hier allerdings unumstritten. Denn im Gegensatz zur Anfechtungsklage kann die Nichtigkeitsklage von jedermann erhoben werden, solange dafür ein Rechtsschutzbedürfnis besteht.[110] Danach kann der Verwalter die Nichtigkeit eines Gesellschafterbeschlusses insbesondere geltend machen, wenn dieser durch seinen Inhalt Vorschriften verletzt, die ausschließlich oder überwiegend den Schutz der Gesellschaftsgläubiger bezwecken (§ 241 Nr.3 AktG analog).[111] Neben der Verletzung der im GmbHG normierten Vorschriften zur Kapitalaufbringung und -erhaltung (vgl. z. B. § 19 Abs.2 GmbHG) kann dabei auch die Überbewertung von Bilanzposten zu einer gläubigerschädigenden Masseverkürzung führen. In einem solchen Fall wird der Verwalter daher beantragen, die Nichtigkeit des Jahresabschlusses festzustellen (§ 256 Abs.5 Nr.1 AktG analog), woraus entsprechend § 253 Abs.1 S.1 AktG die Nichtigkeit des darauf beruhenden Ergebnisverwendungsbeschlusses folgt.[112] Durch die Korrektur der überbewerteten Aktivposten wird sich regelmäßig ein niedrigerer Gewinn ergeben, der zu nicht unerheblichen Rückerstattungsansprüchen der Masse führen kann.[113]

d) Parteistellung des Insolvenzverwalters?

Zu klären ist schließlich noch die Frage, ob in Prozessen, die der Verwalter auf seiten der Gesellschaft führt, er selbst Partei ist oder die GmbH lediglich durch ihn vertreten wird. Die Antwort hängt davon ab, welcher der Verwaltertheorien man den Vorzug gibt. Die von der Rechtsprechung angewandte Amtstheorie räumt dem Verwalter kraft seines Amtes eine Parteistellung ein. Versteht man den Insolvenzverwalter im Anschluß an *K. Schmidt* als Gesellschaftsorgan, gebührt die Parteistellung konsequenterweise der Gesellschaft. Für die Praxis ergeben sich daraus jedoch keine wesentlichen Änderungen. Die Prozeßkosten sind weiterhin aus der Insolvenzmasse zu begleichen und auch die Möglichkeit, die

---

110 BGHZ 11, 231 (239); Zöllner in Baumbach/Hueck, GmbHG Anh. § 47 Rn. 33.

111 Dagegen kommt eine durch die Geschäftsführer erhobene Nichtigkeitsklage in der Praxis regelmäßig schon deshalb nicht Betracht, weil die Gesellschaft als Beklagte im Prozeß von diesen vertreten wird.

112 Sowohl § 256 Abs.5 AktG als auch § 253 AktG sind nach allg. Meinung in das GmbH-Recht übertragbar; vgl. nur Koppensteiner in Rowedder/Schmidt-Leithoff, § 47 Rn. 109 m. w. N.

113 Hierbei ist vor allem an Steuerrückerstattungen zu denken sowie an verminderte Gewinnausschüttungen an die Gesellschafter bzw. Geschäftsführer soweit deren Gehälter ergebnisabhängig ausgestaltet sind; vgl. dazu für die AG Haase, DB 1977, 241 ff.

Geschäftsführer der GmbH als Zeugen zu vernehmen, wird dadurch nicht beschränkt. Zwar sind sie noch Organ der Gesellschaft, jedoch in bezug auf die vom Verwalter geführten Prozesse gerade nicht mehr vertretungsberechtigt und deshalb auch geeignet, als Zeugen vernommen zu werden.[114] Lediglich die Rubren der Urteile und Schriftsätze müßten angepaßt werden. Dies bedeutet jedoch nicht mehr als die Änderung einer reinen Formalie, die auf das Kompetenzgefüge keinerlei Auswirkung hat.[115]

II. Einberufung von Gesellschafterversammlungen

Nach herrschender Auffassung[116] ist die Einberufung und Abhaltung von Gesellschafterversammlungen eine massefremde, rein gesellschaftsinterne Angelegenheit und damit dem Kompetenzbereich des Verwalters entzogen. Fraglich ist, ob dieser Ansicht ohne weiteres gefolgt werden kann. Zunächst ist festzuhalten, daß durch die Einberufung der Gesellschafterversammlung Kosten entstehen.[117] Hierzu rechnen vor allem Portogebühren, Saalmiete, Protokollierungskosten sowie gegebenenfalls Notargebühren.[118] Mangels insolvenzfreien Vermögens müssen diese Kosten entweder von den Gesellschaftern oder von der Masse getragen werden. Im letzteren Fall wäre jedoch nicht der Geschäftsführer sondern allein der Verwalter berechtigt, darüber zu entscheiden. Zu einer Überschneidung mit dem Kompetenzbereich des Verwalters kommt es aber auch dann, wenn in der Gesellschafterversammlung Beschlüsse gefaßt werden sollen, die für das Verfahrensziel der bestmöglichen Gläubigerbefriedigung von Bedeutung sind. Als Beispiel sei hier wiederum eine im Rahmen eines Insolvenzplans vorgesehene Kapitalerhöhung zur Sanierung der GmbH genannt. In einem solchen Fall muß es auch dem Verwalter gestattet sein, Beschlüsse, die dem Verfahrenszweck förderlich sind, durch die Einberufung der Gesellschafterversammlung vorzubereiten. Dies ist auch deshalb erforderlich, weil anderenfalls die Geschäftsführer die Ein-

---

114 Vgl. Reichold in Thomas/Putzo, ZPO vor § 373 Rn. 7; Baumbach/Lauterbach/Hartmann, ZPO vor § 373 Rn. 11, 23; a. A. wohl RGZ 29, 29 (30).

115 Vgl. K. Schmidt, KTS 1991, 211 (222).

116 Vgl. Hachenburg/Hüffer, GmbHG § 49 Rn. 4; Scholz/K. Schmidt, GmbHG § 49 Rn. 6; Robrecht, DB 1968, 471 (473); Gottwald/Haas, § 92 Rn. 147.

117 Vgl. W. Schulz, KTS 1986, 389 (394) folgert aus der Tatsache, daß die Masse nicht für Rechtshandlungen der Gesellschaftsorgane zur Aufrechterhaltung der gesellschaftsrechtlichen Organisation haftet, deren Zusammenbruch und damit die faktische Handlungsfähigkeit der insolventen Gesellschaft.

118 Hachenburg/Hüffer, GmbHG § 48 Rn. 38; Scholz/K. Schmidt, GmbHG § 48 Rn. 59, m. w. N.

berufung der Versammlung durch Untätigkeit verzögern könnten.[119] Um den Kompetenzbereich des Verwalters hinsichtlich der Einberufung von Gesellschafterversammlungen verfahrenskonform abzugrenzen, ist daher stets zunächst danach zu fragen, ob die in der Versammlung abzuhandelnden Tagesordnungspunkte dem Verfahrensziel dienen.[120] Ist ein entsprechender Gesellschafterbeschluß zur Erreichung des Zieles erforderlich, steht dem Verwalter die Einberufungsbefugnis zu.[121] Anderenfalls hätten die Geschäftsführer faktisch Gelegenheit – selbst wenn man hinsichtlich der Einberufung eine entsprechende Mitwirkungspflicht unterstellt – den Beschluß und Vollzug der Sanierungsmaßnahme maßgeblich zu verzögern und damit möglicherweise sogar ganz zu vereiteln. Soll in der Versammlung hingegen z. B. lediglich ein Geschäftsführer abberufen oder neu bestellt werden, verbleibt auch das Einberufungsrecht bei den Geschäftsführern der GmbH. Diese Kompetenzverteilung bietet auch sachgerechte Lösungen in bezug auf die Kostentragung. Beruft der Insolvenzverwalter im Interesse des Verfahrenszwecks die Gesellschafterversammlung ein, sind die damit verbundenen Kosten aus der Masse zu entrichten. Dagegen betrifft eine von den Geschäftsführern einberufene Versammlung ausschließlich die Interessen der Gesellschafter, so daß auch die Kosten zu ihren Lasten gehen. Um Kosten zu sparen, bleibt es Insolvenzverwalter und Geschäftsführern freilich unbenommen, gemeinsam eine Gesellschafterversammlung einzuberufen, in der sowohl rein gesellschaftsinterne als auch das Verfahrensziel betreffende Sachverhalte behandelt werden. In einem solchen Fall sind die anfallenden Kosten zwischen den Gesellschaftern und der Masse zu teilen.

III. Einlageforderungen

Die Geltendmachung von Einlageforderungen beinhaltet im Hinblick auf die Kompetenzverteilung zwischen Insolvenzverwalter und Geschäftsführern keine Abgrenzungsschwierigkeiten. Der Anspruch der GmbH gegen ihre Gesellschafter

---

119 Das diesbezügliche Selbsthilferecht der Gesellschafter (§ 50 Abs.3 GmbHG) greift erst ein, wenn der Geschäftsführer ihrem Einberufungsverlangen innerhalb einer angemessenen Frist nicht nachgekommen ist; vgl. dazu Roth/Altmeppen, GmbHG § 50 Rn. 11, m. w. N.

120 A. A. wohl Robrecht, DB 1968, 471 (473), der sämtliche Mitwirkungsrechte bei gesellschaftsrechtlichen Maßnahmen pauschal dem Kompetenzbereich der Geschäftsführer zuordnet.

121 Ebenso Lutter/Hommelhoff, GmbHG § 49 Rn. 3a; a. A. LG Heidelberg, ZIP 1988, 1257 (Einberufung einer Hauptversammlung, in der sanierende Kapitalerhöhung beschlossen werden soll).

auf Zahlung der Stammeinlage ist Bestandteil der Insolvenzmasse. Die Befugnis, eine solche Forderung gegenüber säumigen Gesellschaftern durchzusetzen, geht daher gemäß § 80 Abs.1 InsO mit Verfahrenseröffnung auf den Verwalter über.[122] Das bedeutet, daß der Verwalter den säumigen Gesellschafter gemäß § 21 GmbHG zur Zahlung auffordert und dessen Geschäftsanteil nach fruchtlosem Fristablauf einzieht. Ist der Geschäftsanteil wirksam kaduziert worden, kann der Verwalter den Anspruch der Gesellschaft auf den noch ausstehenden Betrag auch gegen etwaige Rechtsvorgänger geltend machen (§ 22 GmbHG) bzw. den Geschäftsanteil im Wege öffentlicher Versteigerung veräußern lassen (§ 23 GmbHG). Ist der rückständige Betrag auf diese Weise nicht vollständig zu erlangen, kann der Verwalter gemäß § 24 GmbHG die übrigen Gesellschafter in Anspruch nehmen.

Zur Durchführung des Kaduzierungsverfahrens durch den Insolvenzverwalter bedarf es keines gesonderten Beschlusses der Gesellschafter.[123] Es kommt auch nicht darauf an, ob der Verwalter die Einzahlungen zum Zwecke der Abwicklung der Gesellschaft oder aber zu werbenden Zwecken einfordert.[124] Denn die bestmögliche Gläubigerbefriedigung kann gemäß § 1 InsO sowohl durch Liquidation als auch Reorganisation des Schuldners erreicht werden. Insbesondere die generelle Pflicht des Verwalters zur Unternehmensfortführung spricht dafür, daß die eingeforderten Nachzahlungen auch zur Sanierung der Gesellschaft verwendet werden dürfen. Für den Fall, daß die GmbH liquidiert werden soll, und hierbei die Einforderung nur eines Teils der noch zu erbringenden Einlage ausreichte, um alle Gläubiger zu befriedigen, ist der Insolvenzverwalter dennoch berechtigt, Zahlung des gesamten Betrages zu verlangen. Denn es ist seine Aufgabe, die Gesellschaft bis zur Löschungsreife abzuwickeln und einen verbleibenden Überschuß an die Gesellschafter entsprechend ihrer Beteiligung herauszugeben (§ 199 S.2 InsO). Im Ergebnis werden die Geschäftsführer somit vollständig aus ihrer Rechtsposition verdrängt.

IV. Wahrnehmung von Mitgliedschaftsrechten der insolventen GmbH

Hält die insolvente GmbH Anteile an einer anderen Kapitalgesellschaft, stellt sich die Frage, wer die damit verbundenen Mitgliedschaftsrechte wahrnimmt.

---

122 Vgl. RGZ 86, 419 (422); OLG Karlsruhe, GmbHR 1971, 7 (9).

123 Vgl. dazu auch unten 2. Teil, B. II.

124 Ebenso Rowedder, GmbHG (3. Aufl.) § 21 Rn. 39; anders noch RGZ 79, 174 (175), wonach die Einzahlungen lediglich zum Zwecke der Abwicklung der Gesellschaft eingefordert werden durften.

Mit Eröffnung des Insolvenzverfahrens über das Vermögen eines GmbH-Gesellschafters oder eines Aktionärs fallen deren Geschäftsanteile in die Insolvenzmasse.[125] Die Verwaltungs- und Verfügungsbefugnis hinsichtlich der Beteiligungsrechte gehen damit gemäß § 80 Abs.1 InsO auf den Insolvenzverwalter über. Das bedeutet vor allem, daß das Stimmrecht der insolventen GmbH nicht mehr von deren Geschäftsführer, sondern durch den Verwalter ausgeübt wird. Denn nur so kann der Verwalter Einfluß auf die Geschäftsentwicklung der Beteiligungsgesellschaft nehmen[126] und seiner Pflicht, den Vermögenswert des Geschäftsanteils zu Gunsten der Masse zu sichern, erfüllen. Die Wahrnehmung des Stimmrechts durch den Verwalter läßt sich also unmittelbar aus dem Verfahrenszweck der bestmöglichen Gläubigerbefriedigung ableiten. Deshalb ist auch eine gesellschaftsvertragliche Bestimmung, wonach das Stimmrecht eines GmbH-Gesellschafters im Falle seiner Insolvenz ruhen soll, unbeachtlich.[127] Denn anderenfalls stünde die zwingende Vorschrift des § 80 Abs.1 InsO insoweit zur Disposition der Gesellschafter.

Die Orientierung am übergeordneten Verfahrensziel der Insolvenzordnung führt dazu, daß das Stimmrecht des Insolvenzverwalters grundsätzlich keiner Einschränkung unterliegt.[128] Denn jede Abstimmung betrifft zumindest mittelbar den Geschäftsanteil der insolventen GmbH und somit zur Insolvenzmasse gehörendes Vermögen. So sind auch Maßnahmen, die in die Organisationsstruktur der Gesellschaft eingreifen, wie z. B. die Abberufung von Geschäftsführern, geeig-

125 Siehe nur Jaeger/Henckel, KO § 16 Rn. 12.

126 In der Praxis gilt dies freilich vor allem für Geschäftsanteile an einer GmbH; der Aktienanteil an einer AG wird meist zu gering sein, um eine Einflußnahme zu ermöglichen.

127 Ebenso Rowedder/Bergmann in Rowedder/Schmidt-Leithoff, GmbHG § 15 Rn. 151; W. Uhlenbruck in W. Uhlenbruck, InsO § 35 Rn. 105; a. A., jedoch ohne Begründung Scholz/Winter, GmbHG § 15 Rn. 209; Hueck/Fastrich in Baumbach/Hueck, GmbHG § 15 Rn. 63; Hachenburg/Zutt, GmbHG Anh. § 15 Rn. 95.

128 Hueck/Fastrich in Baumbach/Hueck, GmbHG § 15 Rn. 63; Scholz/Winter, GmbHG § 15 Rn. 209; Hachenburg/Zutt, GmbHG Anh. § 15 Rn. 95; Rowedder/Bergmann in Rowedder/Schmidt-Leithoff, GmbHG § 15 Rn. 150 f.; Lutter/Hommelhoff, GmbHG § 15 Rn. 52; a. A. W. Uhlenbruck in W. Uhlenbruck, InsO § 35 Rn. 105 unter Verweis auf Kuhn/W. Uhlenbruck, KO § 1 Rn. 50a, wonach z. B. dem Verwalter in der Gesellschafterversammlung kein Stimmrecht zustehe, wenn eine Kapitalherabsetzung in Verbindung mit einer Kapitalerhöhung beschlossen werde und der Schuldner das Kapital aus Neuvermögen oder dem Vermögen Dritter erbringe. Eine solche Konstellation ist allerdings auf Grund des erweiterten Massebegriffs in § 35 InsO hinfällig geworden.

net, den Wert der Beteiligung zu sichern und zur gegebenen Zeit zu realisieren.[129]

Fraglich ist in diesem Zusammenhang noch, ob sich die Gesellschafterversammlung einer Kapitalgesellschaft gegen die Einflußnahme eines Insolvenzverwalters schützen kann, indem die Satzung der Gesellschaft eine Vertretung des Gesellschafters durch Dritte nicht zuläßt. Aber auch eine solche Regelung würde im Falle ihrer Wirksamkeit die zwingende Norm des § 80 Abs.1 InsO der Dispositionsbefugnis der Gesellschafter unterwerfen. Der Insolvenzverwalter ist deshalb an eine derartige Satzungsbestimmung nicht gebunden.[130]

Höchstpersönliche Rechte des Gesellschafters, wie z. B. die Gesellschafterstellung oder der Sitz im Aufsichtsrat unterliegen dagegen nicht dem Insolvenzbeschlag. Der Verwalter wird mit Verfahrenseröffnung also weder Gesellschafter noch nimmt er automatisch den an die Person des Geschäftsführers der insolventen GmbH gebundenen Aufsichtsratsposten ein. Probleme könnten sich allerdings dann ergeben, wenn der Schuldner die aus seinem Aufsichtsratsmandat resultierenden Kompetenzen dazu nutzt, die vom Verwalter durch die Ausübung der Mitgliedschaftsrechte im Interesse bestmöglicher Gläubigerbefriedigung verfolgte Geschäftspolitik zu unterlaufen. Dies könnte im Interesse des Verfahrensziels dadurch vermieden werden, daß das mit dem Aufsichtsratsmandat verbundene Stimmrecht in solchen Fällen ruht.

Die Sachlage ist freilich eine andere, wenn das Recht des Gesellschafters, einen Geschäftsführer oder ein Aufsichtsratsmitglied zu stellen, nicht an eine bestimmte Person geknüpft, sondern als Sonderrecht mit dem *Geschäftsanteil* verbunden ist. Dann fällt dieses Recht in die Masse und der Insolvenzverwalter ist berechtigt, den Sitz einzunehmen.[131] Dem Verwalter bleibt aber unbenommen, den Geschäftsführer zu ermächtigen, seine Tätigkeit insoweit weiterhin auszuüben.[132]

Zu klären ist schließlich, ob sich an dieser Kompetenzverteilung etwas ändert, wenn die insolvente GmbH an einer Personenhandelsgesellschaft beteiligt ist. Diese wird mit der Eröffnung des Insolvenzverfahrens über das Vermögen eines

---

129 Vgl. AG Charlottenburg, ZIP 1996, 683 f.; hier hatte der Verwalter einer insolventen AG die Geschäftsführer einer GmbH, deren Alleingesellschafter die AG war, abberufen.

130 Ebenso Scholz/Winter, GmbHG § 15 Rn. 209; Rowedder/Bergmann in Rowedder/Schmidt-Leithoff, GmbHG § 15 Rn. 151; Hachenburg/Zutt, GmbHG Anh. § 15 Rn. 95; W. Uhlenbruck in W. Uhlenbruck, InsO § 35 Rn. 105.

131 Ebenso Rowedder, GmbHG (3. Aufl.) § 15 Rn. 85; Kuhn/W. Uhlenbruck, KO § 1 Rn. 50a.

132 BGHZ 38, 281 (286).

ihrer Gesellschafter grundsätzlich nicht aufgelöst.[133] Allerdings können die Gesellschafter die Auflösung für diesen Fall gesellschaftsvertraglich vereinbaren. § 146 Abs.3 HGB schreibt für die darauf folgende Liquidation ausdrücklich vor, daß der Verwalter an die Stelle des Gesellschafters tritt.[134] Nichts anderes kann gelten, wenn der Gesellschaftsvertrag bestimmt, daß die Personengesellschaft ohne den insolventen Gesellschafter fortgesetzt werden soll.[135] In beiden Fällen geht es darum, die Masse zu Gunsten der Gläubiger anzureichern; ob dies durch einen Anteil am Liquidationserlös oder lediglich ein Abfindungsguthaben geschieht, spielt für die Kompetenzverteilung keine Rolle.

Vertritt also der Insolvenzverwalter und nicht der Geschäftsführer die GmbH im Rahmen der Auseinandersetzung mit den übrigen Gesellschaftern, so stehen ihm auch die zur Durchsetzung des Anspruchs der Masse auf ein Abfindungsguthaben bzw. einen Anteil am Liquidationserlös erforderlichen Kompetenzen zu. Insbesondere kann er für den Fall des Ausscheidens der GmbH von den verbleibenden Gesellschaftern die Vorlegung von Bilanzen, Einsicht in die Bücher sowie Rechnungslegung verlangen.[136]

V. Registerangelegenheiten

Eine ganze Reihe von Maßnahmen der Gesellschaftsorgane bedürfen zu ihrer Wirksamkeit der Eintragung ins Handelsregister. Die Anmeldung zum Handelsregister ist dann stets notwendige Folge der Maßnahme selbst, etwa eines Gesellschafterbeschlusses. Folglich ist es nur konsequent, hinsichtlich der Kompetenz zur Vornahme der gemäß § 78 GmbHG zu bewirkenden Anmeldungen zum Handelsregister darauf abzustellen, in wessen Kompetenzbereich die Herbeiführung des anzumeldenden Tatbestandes fällt. Hiernach ist der Insolvenzverwalter berechtigt und verpflichtet, eine eintragungspflichtige Tatsache zum Handelsregister anzumelden, wenn diese in Zusammenhang mit der Ausübung seiner Rechte zur Verwaltung und Verwertung der Masse steht.[137] Dagegen bleiben die Ge-

---

133 Für die GbR ist die Auflösung hingegen in § 728 Abs.2 BGB angeordnet.

134 Damit trägt die Vorschrift der Tatsache Rechnung, daß die Verwaltungs- und Verfügungsbefugnis hinsichtlich der Mitgliedschaft gemäß § 80 Abs.1 InsO auf den Verwalter übergeht.

135 Vgl. BGH ZIP 1981, 181; sieht der Gesellschaftsvertrag keine derartige Regelung vor, scheidet der insolvente Gesellschafter gemäß § 131 Abs.3 Nr.2 HGB aus der Gesellschaft aus.

136 KG OLGE 41, 132; Jaeger/Henckel, KO § 1 Rn. 84; Kuhn/W. Uhlenbruck, KO § 1 Rn. 48b.

137 Scholz/Winter, GmbHG § 78 Rn. 13; Zimmermann in Rowedder/Schmidt-Leithoff, GmbHG § 78 Rn. 12; Jaeger/Henckel, KO § 6 Rn. 135; OLG Karlsruhe, ZIP 1993,

schäftsführer für die Anmeldung zuständig, wenn die Maßnahme nicht die Masse, sondern lediglich die innergesellschaftliche Organisation der GmbH betrifft. Da der Verwalter nicht befugt ist, die amtierenden Geschäftsführer abzuberufen und dafür neue zu bestellen, ist er auch nicht berechtigt, Änderungen in den Personen der Geschäftsführer gemäß § 39 Abs.1 GmbHG zum Handelsregister anzumelden. Aus gleichem Grund obliegt es den Geschäftsführern und nicht dem Verwalter, bei einer Veränderung in den Personen der Gesellschafter oder des Umfangs ihrer Beteiligung gemäß § 40 Abs.1 GmbHG eine überarbeitete Gesellschafterliste einzureichen. Konsequenterweise sind die mit der Anmeldung verbundenen Kosten in diesen Fällen der Unzuständigkeit des Verwalters nicht von der Masse zu tragen. Denn sie resultieren nicht aus einer vom Verwalter vorgenommenen Handlung zur Verwirklichung des Verfahrensziels, sondern beruhen allein auf einer von den Gesellschaftern durchgeführten Änderung der gesellschaftsrechtlichen Organisationsstruktur. Da die Gesellschaft selbst nicht über insolvenzfreies Vermögen verfügt, haben die Gesellschafter die Kosten für die Anmeldung und Eintragung zu übernehmen.

Anders verhält es sich, wenn es etwa um die Anmeldung einer vom Verwalter im Rahmen der Firmenverwertung gebildeten Ersatzfirma geht,[138] oder um Registerangelegenheiten in Zusammenhang mit dem Ausscheiden der GmbH aus einer Personenhandelsgesellschaft. Als Bestandteile der Insolvenzmasse unterliegen sowohl die Firma der GmbH als auch der Geschäftsanteil der alleinigen Verwaltung des Insolvenzverwalters. Daraus folgt, daß der Verwalter auch für die damit verbundenen Registeranmeldungen im Wege einer Annexkompetenz zuständig ist. Im Hinblick auf die Eintragung des Ausscheidens der GmbH aus einer Personenhandelsgesellschaft ist die Zuständigkeit des Verwalters nicht zuletzt auch deshalb geboten, weil erst dadurch der Verkehrsschutz des § 15 HGB beseitigt wird und damit Verfügungen des Schuldners in bezug auf das Gesellschaftsvermögen, welche geeignet sind, das Auseinandersetzungs- bzw. Abfindungsguthaben zu schmälern, verhindert werden können.[139] Gleiches gilt, wenn die insolvente GmbH Geschäftsanteile an einer anderen GmbH hält. Hat der Verwalter die Kompetenz, den Geschäftsführer dieser GmbH abzuberufen, so ist er auch für die Anmeldung dieser Maßnahme zum Handelsregister verantwortlich.[140] Im übrigen kann die Substanz des Geschäftsanteils auch hier nur dadurch wirksam geschützt werden, daß der Verwalter die Abberufung der Geschäftsführer möglichst schnell

---

133; BGH ZIP 1990, 388; a. A. Robrecht, DB 1968, 471 (473), der Handelsregisteranmeldungen als Mitwirkungsrecht bei einer gesellschaftsrechtlichen Maßnahme pauschal dem Kompetenzbereich des Geschäftsführers zuweist.

138 Vgl. hierzu eingehend unten, 2. Teil C. I.

139 BGH ZIP 1981, 181 f.

140 AG Charlottenburg, ZIP 1996, 683 (684).

in das Handelsregister eintragen läßt. Da die im Kompetenzbereich des Insolvenzverwalters liegenden Registeranmeldungen ausnahmslos dem Verfahrenszweck der bestmöglichen Gläubigerbefriedigung dienen, sind die damit verbundenen Kosten aus der Insolvenzmasse zu bezahlen. Weigert sich der Verwalter seiner Pflicht zur Anmeldung nachzukommen, macht er sich im Falle einer daraus resultierenden Masseverkürzung gemäß § 60 InsO nicht nur den Gläubigern gegenüber schadensersatzpflichtig, sondern kann zur Anmeldung auch gemäß § 14 HGB vom Registergericht mittels eines Zwangsgelds angehalten werden.[141]

Problematisch stellt sich die Bestimmung der Zuständigkeit für Registeranmeldungen in Zusammenhang mit zur Sanierung erforderlichen Satzungsänderungen der insolventen GmbH dar. Beschließen die Gesellschafter z. B. eine Kapitalerhöhung, so ist diese zum Handelsregister anzumelden. Gleiches gilt für eine vereinfachte Kapitalherabsetzung und eine damit eventuell verbundene gleichzeitige Kapitalerhöhung (§§ 58a Abs.4, 58f GmbHG). Diese Veränderungen in der Kapitalstruktur der GmbH rechnen zum gesellschaftsinternen Bereich und können daher vom Verwalter nicht erzwungen werden. Konsequenterweise oblägen die damit verbundenen Registeranmeldungen den Geschäftsführern und nicht dem Verwalter. Hierbei muß allerdings berücksichtigt werden, daß die Kapitalmaßnahmen nach Eröffnung des Insolvenzverfahrens in der Praxis nur im Rahmen einer Sanierung der Gesellschaft mittels eines Insolvenzplans in Betracht kommen.[142] Dem liegt die Einschätzung der Gläubiger zugrunde, daß mit der Reorganisation der GmbH eine weitergehende Befriedigung ihrer Forderungen erzielt werden kann als durch die Zerschlagung der Gesellschaft; mit anderen Worten: die Kapitalmaßnahme dient dem Verfahrensziel der bestmöglichen Gläubigerbefriedigung. Ihr Vollzug berührt somit auch den Kompetenzbereich des Insolvenzverwalters. Dies wird noch dadurch untermauert, daß die der Gesellschaft mit der Kapitalerhöhung zufließenden Mittel gemäß § 35 InsO Bestandteil der Insolvenzmasse werden und daher der Verwaltungs- und Verfügungsmacht des Verwalters unterliegen. Dies spricht dafür, die Befugnis zur Registeranmeldung in Zusammenhang mit sanierenden Kapitalmaßnahmen auch

141 AG Charlottenburg, ZIP 1996, 683 (684); dies gilt freilich nur soweit keine der in § 79 Abs.2 GmbHG angeführten Ausnahmen vorliegt.

142 Zwar könnten die Gesellschafter auch außerhalb eines Insolvenzplans, welcher die Sanierung der GmbH vorsieht, eine Kapitalerhöhung beschließen und entsprechend Einlagen leisten; diese würden allerdings gemäß § 35 InsO Bestandteil der der Insolvenzmasse und unterlägen somit der alleinigen Verwaltungs- und Verfügungsbefugnis des Insolvenzverwalters. Deshalb kann davon ausgegangen werden, daß die Gesellschafter sich nur dann bereit erklären würden, die Gesellschaft mit frischem Eigenkapital zu versorgen, wenn die Gläubiger im Gegenzug im Rahmen eines Insolvenzplans teilweise auf ihre Forderungen verzichten.

dem Insolvenzverwalter einzuräumen. Haben sich die Gläubiger erst einmal für das Mittel der Reorganisation zur Erreichung des Verfahrenszwecks entschieden, ist es dann Aufgabe des Verwalters sicherzustellen, daß die dazu notwendigen Maßnahmen zügig umgesetzt werden. Hierfür ist auch erforderlich, daß eventuelle Obstruktionsversuche seitens der Geschäftsführer ins Leere laufen. Insbesondere ein bei der Beschlußfassung überstimmter geschäftsführender Gesellschafter könnte anderenfalls versuchen, seine Geschäftsführerstellung zu mißbrauchen, um die Registeranmeldung der Satzungsänderung zumindest zu verzögern.[143] Schließlich bedeutet die Übertragung der Kompetenz von den Geschäftsführern auf den Verwalter keinen unzulässigen Eingriff in die Verbandsstruktur der Gesellschaft. Denn die Gesellschafter selbst haben die Kapitalmaßnahme mit der erforderlichen Mehrheit beschlossen. Indem der Verwalter diesen Beschluß zum Handelsregister anmeldet, handelt er also mit deren Einvernehmen. Das Interesse der Geschäftsführer an der Erhaltung ihrer Kompetenz hat in diesem Fall zurückzutreten. Da die Anmeldung der Kapitalerhöhung durch den Verwalter im Interesse des Verfahrensziels geboten ist, sind auch die dadurch anfallenden Kosten aus der Masse zu entrichten.

VI. Handels- und steuerrechtliche Rechnungslegung

Neben der Pflicht zur internen insolvenzrechtlichen Rechnungslegung (vgl. §§ 66, 79, 151 ff., 188, 197 InsO) normiert die Insolvenzordnung nunmehr in § 155 InsO auch ausdrücklich die Pflicht des Verwalters zur externen handels- und steuerrechtlichen Rechnungslegung. Zwar trifft ihn diese Pflicht nur in bezug auf das zur Insolvenzmasse gehörige Vermögen. Da insolvenzfreies Vermögen in der Insolvenz von Handelsgesellschaften jedoch nicht existiert, hat diese Einschränkung in der Praxis keine Bedeutung. Der Insolvenzverwalter der GmbH hat somit Handelsbücher zu führen (§ 239 HGB) und für den Schluß eines jeden Geschäftsjahres eine Bilanz und eine Gewinn- und Verlustrechnung aufzustellen (§ 242 HGB). Die Pflicht zur Rechnungslegung besteht unabhängig davon, ob

143 Vereiteln könnte der Geschäftsführer die Registeranmeldung nicht, wenn man davon ausgeht, daß das Weisungsrecht der sanierungswilligen Gesellschafter insoweit fortbesteht. Kommt der Geschäftsführer der Weisung allerdings nicht nach, müßten diese zunächst allein wegen der Registeranmeldung einen neuen Geschäftsführer bestellen. Eine zügige Eintragung ist insbesondere erforderlich, wenn eine vereinfachte Kapitalherabsetzung mit einer Kapitalerhöhung verbunden wird, da die Beschlüsse gemäß §§ 58a Abs.4 S.2, 58f Abs.2 S.1 GmbHG ihre Wirksamkeit verlieren, wenn sie nicht binnen drei Monaten nach der Beschlußfassung in das Handelsregister eingetragen worden sind.

die Gesellschaft abgewickelt oder saniert, das Unternehmen zunächst fortgeführt oder aber schnellstmöglich zerschlagen werden soll.[144] Häufig erweist sich die Rechnungslegung seitens des Schuldners hinsichtlich des Zeitraumes vor Verfahrenseröffnung als äußerst mangelhaft. In diesem Fall obliegt es ebenfalls dem Verwalter und nicht den Geschäftsführern, die fehlerhafte Buchführung – soweit dies mit zumutbaren Mitteln noch möglich ist – nachträglich aufzuarbeiten. Die Geschäftsführer sind dazu schon deshalb nicht in der Lage, weil der Insolvenzverwalter die Geschäftsbücher mit der Eröffnung des Verfahrens in Besitz zu nehmen hat (§§ 36 Abs.2 Nr.1, 148 InsO).[145] Die zusätzlich entstehenden Kosten sind aus der Insolvenzmasse zu begleichen. Diese Masseverkürzung kann meist aber wieder dadurch kompensiert werden, daß die Steuerschuld durch die Ausweisung von Verlusten gemindert wird und Steuerrückerstattungsansprüche auf Grund überhöhter Vorauszahlungen geltend gemacht werden können.[146]

Der vom Insolvenzverwalter erstellte Jahresabschluß sowie der Lagebericht sind – soweit es sich nicht um eine kleine GmbH i. S. d. § 267 Abs.1 HGB handelt – gemäß § 316 Abs.1 S.1 HGB von einem Abschlußprüfer zu prüfen. Allerdings kann das Registergericht von der Abschlußprüfung analog § 71 Abs.3 GmbHG befreien, wenn die Verhältnisse der Gesellschaft so überschaubar sind, daß eine Prüfung im Interesse der Gläubiger und der Gesellschafter nicht geboten erscheint.[147] Dieser Rückgriff des Gesetzgebers auf das Liquidationsrecht der GmbH trägt der Tatsache Rechnung, daß die Gesellschaft nunmehr im Rahmen des Insolvenzverfahrens vollständig durch den Verwalter abzuwickeln ist. Eine weitere Parallele zwischen Insolvenz- und Liquidationsrecht besteht darin, daß nach § 155 Abs.2 InsO mit der Eröffnung des Insolvenzverfahrens ein neues Geschäftsjahr beginnt. So wie die Liquidatoren für den Beginn der Liquidation eine Eröffnungsbilanz aufzustellen haben (§ 71 Abs.1 GmbHG), gilt dies auch für den Verwalter im Zeitpunkt der Verfahrenseröffnung.[148] Es ist daher davon auszugehen, daß die Vorschriften über die Liquidationsrechnungslegung grundsätzlich auch auf die handels- und steuerrechtliche Rechnungslegung im Insolvenzverfahren übertragbar sind.[149]

---

144 Vgl. Pink, S. 85; anders noch der Vorschlag der Insolvenzrechtskommission, Zweiter Bericht, Leitsatz 3.3.5.1., S. 104, wonach im Falle der sofortigen Zerschlagung eine handels- und steuerrechtliche Rechnungslegung für nicht erforderlich erachtet wurde.

145 So auch schon zur KO: BGH ZIP 1980, 25; KG ZIP 1997, 1511.

146 Vgl. zu den masseschmälernden Folgen einer mangelhaften Rechnungslegung Klasmeyer/Kübler, BB 1978, 369.

147 So ausdrücklich die Begr. zu § 174 RegE = § 155 InsO (BR-Drucks. 1/92 S. 172/173), abgedruckt in W. Uhlenbruck, Das neue Insolvenzrecht, S. 511 f.

148 Vgl. die Begr. zu § 174 RegE = § 155 InsO (BR-Drucks. 1/92 S. 172/173), abgedruckt in W. Uhlenbruck, Das neue Insolvenzrecht, S. 511 f.

149 Ebenso Pink, S. 86.

Da den Geschäftsführern hinsichtlich der handels- und steuerrechtlichen Rechnungslegung keine Kompetenzen verbleiben, ist der Insolvenzverwalter auch Adressat diesbezüglicher Zwangsmittel. Kommt der Verwalter seiner Verpflichtung zur Rechnungslegung während des Insolvenzverfahrens nicht nach, kann gegen ihn und nicht gegen die Geschäftsführer gemäß § 335 HGB bzw. § 58 Abs.2 InsO ein Zwangsgeld verhängt werden.[150]

VII. Abführung von Steuern und Sozialversicherungsbeiträgen

Nach § 34 Abs.1 AO hat der Geschäftsführer die steuerlichen Pflichten der GmbH zu erfüllen, d.h. er hat die erforderlichen Bücher und Aufzeichnungen zu führen, die Steuererklärungen abzugeben, Auskünfte zu erteilen, die Steuern aus dem verwalteten Vermögen zu entrichten sowie die Steuern für Rechnung Dritter einzubehalten und an das Finanzamt abzuführen.[151] Weiterhin obliegt es dem Geschäftsführer, die jeweils anfallenden Sozialversicherungsbeiträge bestehend aus dem Arbeitgeber- und dem Arbeitnehmeranteil an die Sozialkassen abzuführen. Als Pflichten mit öffentlich-rechtlichem Charakter bestehen diese zum Schutz von Allgemeininteressen.[152] Verletzt der Geschäftsführer diese Pflichten, kann dies sowohl in einer strafrechtlichen als auch in einer zivilrechtlichen Haftung des Geschäftsführers resultieren.

Die Pflicht und die daraus abgeleitete Haftung knüpft an die Organstellung des Geschäftsführers an.[153] Da der Geschäftsführer seine Organstellung mit Eröffnung des Insolvenzverfahrens nicht verliert, könnte hieraus zunächst geschlossen werden, daß diese Pflichten auch nach Verfahrenseröffnung von ihm und nicht vom Insolvenzverwalter zu erfüllen sind. Dagegen spricht jedoch entscheidend, daß die nach Verfahrenseröffnung fälligen Beträge aus der Insolvenzmasse zu bezahlen sind, der Geschäftsführer mangels Verfügungsbefugnis also weder berechtigt noch in der Lage ist, dieser Pflicht weiter nachzukommen. Das gleiche gilt für die vorbereitenden und begleitenden Maßnahmen. Denn die Geschäftsbücher[154] gehören gemäß § 36 Abs.2 Nr.1 InsO ebenfalls zur Insolvenzmasse und

---

150 KG, ZIP 1997, 1511; zustimmend Smid/Rattunde/Schmid, InsO § 155 Rn. 14; Pink, EWiR § 335 HGB 1/97, 755 (756).

151 Scholz/Schneider, GmbHG § 43 Rn. 259.

152 Michalski/Haas, GmbHG § 43 Rn. 352 ff. und 374 ff.

153 Michalski/Haas, GmbHG § 43 Rn. 355 und 377.

154 Hierzu gehört nicht nur das gesamte Rechnungswesen sodern auch Tagnotizbücher, Beibücher, Kontobücher, Kundenbücher, Lohnlisten, Rechnungen, Quittungen, Umsatzsteuerunterlagen, EDV-Unterlagen sowie Programme und der Datenbestand, vgl. Uhlenbruck, InsO § 36 Rn. 34 m.w.N.

sind vom Verwalter nach § 148 Abs.1 InsO in Besitz zu nehmen. Ohne Zugriff auf die Geschäftsbücher ist es dem Geschäftsführer gar nicht möglich, dem Finanzamt Auskünfte zu erteilen, Steuererklärungen abzugeben und das Zahlenwerk für die an den Fiskus und die Sozialversicherungsträger abzuführenden Beträge zusammenzustellen. Im Ergebnis bedeutet dies, daß der Geschäftsführer mit der Verfahrenseröffnung von einer häufig als lästig empfundenen Pflicht entbunden wird, deren Erfüllung nunmehr allein dem Insolvenzverwalter obliegt. Dieser kann den Geschäftsführer allenfalls noch im Wege der allgemeinen Mitwirkungspflicht zur Unterstützung anhalten.

Dieses Ergebnis mag befremden, wenn sich herausstellt, daß der Geschäftsführer maßgeblich für die Insolvenz der Gesellschaft verantwortlich ist und nun mit dem Wegfall einer unangenehmen Pflicht und dem damit verbundenen Haftungsrisiko „belohnt“ wird. Andererseits darf nicht außer acht gelassen werden, daß sich auch hier die verdrängende Kompetenzverschiebung konsequent in einer organähnlichen Position des Insolvenzverwalters niederschlägt und die dogmatische Einordnung der Rechtsstellung des Insolvenzverwalters insoweit erleichtert.[155]

B. Die Kompetenzen der Gesellschafter

Nachstehend soll untersucht werden, inwieweit die Kompetenzen der Gesellschafter mit der Eröffnung des Insolvenzverfahrens beschnitten werden und gegebenenfalls auf den Insolvenzverwalter übergehen. Dabei wird das Augenmerk zunächst auf solche Gesellschafterbefugnisse gerichtet, zu deren Ausübung eine Satzungsänderung nicht erforderlich ist und deren Wahrnehmung während des Insolvenzverfahrens nicht davon abhängt, ob die GmbH liquidiert oder mittels eines Insolvenzplans saniert wird. Konkret handelt es sich um die den Gesellschaftern in § 46 Nr.1 – 8 GmbHG vorbehaltenen Rechte, die regelmäßig durch einfachen Gesellschafterbeschluß ausgeübt werden sowie um die Befugnisse der Gesellschafter im Zusammenhang mit der actio pro socio und der Übertragung von Geschäftsanteilen.

Maßgebliches Kriterium zur Kompetenzabgrenzung zwischen Insolvenzverwalter und Gesellschaftern ist zunächst wiederum die Vermögensbezogenheit der einzelnen Befugnisse. Es ist jeweils danach zu fragen, ob die Ausübung der Befugnisse durch die Gesellschafter im eröffneten Verfahren zu einer Masseschmälerung führen kann und somit dem Verfahrensziel bestmöglicher Gläubigerbefriedigung zuwiderläuft oder aber die Übertragung der Kompetenz auf den Insol-

155 Siehe dazu oben 1. Teil A. II.

venzverwalter einen Eingriff in den Kernbereich der gesellschaftsrechtlichen Organisationshoheit der Gesellschafter bedeutete, welche nicht Gegenstand des Verfahrens ist. Daneben kann freilich auch das Verfahrensziel der Vollbeendigung insolventer Gesellschaften für die Kompetenzabgrenzung zwischen Insolvenzverwalter und Gesellschaftern von Bedeutung sein, nämlich wenn feststeht, daß die insolvente GmbH liquidiert und nicht saniert wird.

I. Feststellung des Jahresabschlusses und Verwendung des Ergebnisses (§ 46 Nr. 1 GmbHG)

Der Jahresabschluß ist von den Geschäftsführern aufzustellen und wird sodann von den Gesellschaftern durch Beschluß festgestellt. Der Ergebnisverwendungsbeschluß der Gesellschafter ist vom Feststellungsbeschluß formal zu trennen, in der Praxis fallen beide Beschlüsse jedoch meist zusammen.[156] Im Hinblick auf die Kompetenzverteilung zwischen den Gesellschaftern und dem Insolvenzverwalter ist vor allem der Ergebnisverwendungsbeschluß von Bedeutung.

Im wesentlichen sind drei Fallkonstellationen denkbar, die in der GmbH-Insolvenz im Zusammenhang mit einem Ergebnisverwendungsbeschluß für die Kompetenzabgrenzung relevant werden können. Die Fälle unterscheiden sich durch den Zeitpunkt, in dem der Beschluß jeweils gefaßt wird. Im ersten Fall hat die GmbH das vergangene Geschäftsjahr noch mit einem Gewinn abgeschlossen; die Gesellschafter haben beschlossen, den Jahresüberschuß an sich auszahlen zu lassen, allerdings ist die Auszahlung bis zur Eröffnung des Insolvenzverfahrens noch nicht erfolgt. Die zweite Konstellation ist dadurch gekennzeichnet, daß die Gesellschafter bis zur Verfahrenseröffnung noch keinen Beschluß über die Verwendung des im vergangenen Geschäftsjahr erwirtschafteten Gewinns gefaßt haben. Im dritten Fall muß darüber befunden werden, welcher Verwendung die aus der Unternehmensfortführung durch den Verwalter resultierenden Gewinne zugeführt werden sollen.

156 Einzelheiten bei Roth/Altmeppen, GmbHG § 29 Rn. 15 ff. und § 46 Rn. 4.

1. Rechtsprechung und Schrifttum

Nach ständiger Rechtsprechung[157] und herrschender Lehre[158] entsteht mit dem Ergebnisverwendungsbeschluß der Gewinnauszahlungsanspruch der Gesellschafter als ein Gläubigerrecht, das den Gesellschaftern danach nur noch mit ihrer Zustimmung genommen werden kann. Ein später gefaßter, entgegenstehender Gesellschafterbeschluß ist unwirksam. Ebenso ist jedoch anerkannt, daß der Gewinnauszahlungsanspruch der Gesellschafter unter dem Vorbehalt der Kapitalerhaltungsvorschriften steht. Die Auszahlung des Gewinns an die Gesellschafter hat zu unterbleiben, wenn diese zu Lasten des Stammkapitals geht, mithin ein Verstoß gegen § 30 Abs.1 GmbHG vorliegt. Daraus folgt, daß der Zahlungsanspruch in der Insolvenz der Gesellschaft erst befriedigt werden darf, nachdem alle anderen Insolvenzforderungen beglichen wurden.[159]

2. Anwendbarkeit auf die verschiedenen Fallkonstellationen

Die zitierte Rechtsprechung und Literatur bezieht sich nur auf die erste der genannten Fallkonstellationen. Ist der Ergebnisverwendungsbeschluß bereits gefaßt, jedoch noch nicht umgesetzt worden, scheitert eine Auszahlung nach Eröffnung des Insolvenzverfahrens regelmäßig daran, daß die zu verteilende Masse nicht ausreichen wird, alle Insolvenzgläubiger zu befriedigen. Letztlich bedeutet dies, daß der aus dem Mitgliedschaftsrecht resultierende Anspruch der Gesellschafter auf Gewinnbeteiligung zu Gunsten einer höheren Insolvenzquote der Drittgläubiger zurücksteht. Beachtlich ist hierbei, daß dieses Ergebnis schon aus den im Gesellschaftsrecht enthaltenden Kapitalerhaltungsgrundsätzen abgeleitet werden kann. Denn der mit den Kapitalerhaltungsvorschriften bezweckte Gläubigerschutz besteht selbstverständlich auch nach Verfahrenseröffnung weiter. Es bedarf insoweit keines Rückgriffs mehr auf rein insolvenzrechtliche Grundsätze, um die mangelnde Durchsetzbarkeit des Zahlungsanspruchs der Gesellschafter zu begründen.

---

157 RGZ 87, 383 (386); RGZ 98, 318 (320); RGZ 167, 65 (68); für die AG: BGHZ 23, 150 (154).

158 Vgl. nur Roth/Altmeppen, GmbHG § 29 Rn. 49 ff.; Hueck/Fastrich in Baumbach/Hueck, GmbHG § 29 Rn. 49; Scholz/Emmerich, GmbHG § 29 Rn. 82; Hachenburg/Goerdeler/Müller, GmbHG § 29 Rn. 89.

159 Roth/Altmeppen, GmbHG § 29 Rn. 54; Hueck/Fastrich in Baumbach/Hueck, GmbHG § 29 Rn. 56; Scholz/Emmerich, GmbHG § 29 Rn. 85a; Hachenburg/Goerdeler/Müller, GmbHG § 29 Rn. 99; abweichend Pentz in Rowedder/Schmidt-Leithoff, GmbHG § 29 Rn. 28.

Wird dem Auszahlungsanspruch der Gesellschafter im Ergebnis bereits in der ersten Fallvariante seine Werthaltigkeit genommen, so muß dies erst recht für die zweite Fallkonstellation gelten. Mangels eines Ergebnisverwendungsbeschlusses besteht zum Zeitpunkt der Verfahrenseröffnung noch kein selbständiger, klagbarer Zahlungsanspruch der Gesellschafter gegenüber der Gesellschaft. Holen die Gesellschafter den Beschluß während des Insolvenzverfahrens nach, wäre der dadurch entstehende Anspruch – ebenso wie in der ersten Fallkonstellation – schon auf Grund des Vorrangs der Kapitalerhaltungsvorschriften[160] gegenüber allen Insolvenzforderungen nachrangig. Fraglich ist allein, ob die Gesellschafter nach Eröffnung des Verfahrens überhaupt noch befugt sind, sich ihren – wenn auch meist wertlosen – Gewinnauszahlungsanspruch mittels Gesellschafterbeschluß selbst zu schaffen, oder ob die Kompetenz, über die Verwendung in der Vergangenheit erwirtschafteter Gewinne zu befinden, mit Verfahrenseröffnung vollständig auf den Insolvenzverwalter übergegangen ist. Ausgangspunkt ist hierbei § 35 InsO. Der erzielte Gewinn ist Bestandteil des Vermögens der Gesellschaft und fällt als solcher in die Insolvenzmasse. Folglich geht gemäß § 80 Abs.1 InsO mit Eröffnung des Insolvenzverfahrens die Verfügungsbefugnis darüber auf den Insolvenzverwalter über. Ein nach Verfahrenseröffnung gefaßter Ergebnisverwendungsbeschluß der Gesellschafter wäre demnach unwirksam. Dem könnte allenfalls entgegenstehen, daß der vor Verfahrenseröffnung erwirtschaftete Gewinn bereits zum Zeitpunkt seiner Entstehung mit dem mitgliedschaftlichen Gewinnbezugsrecht der Gesellschafter „belastet" war und daraus etwa abgeleitet werden könnte, daß der Gewinn erst gar nicht Massebestandteil wurde. Dieses allgemeine Recht auf Beteiligung am Vermögenszuwachs (Gewinnstammrecht) verdichtet sich durch den Ergebnisverwendungsbeschluß zu einem konkreten Zahlungsanspruch; zuvor besteht lediglich ein jeweils wiederkehrender zukünftiger Anspruch auf Ausschüttung.[161] Dieser Anspruch berechtigt die Gesellschafter aber keinesfalls zur Aussonderung des Gewinns, was zugleich den Erhalt ihrer Verfügungsbefugnis bedeutete. Anderenfalls könnte mit dem Argument, das gesamte Gesellschaftsvermögen sei von vornherein mit dem noch nicht näher konkretisierten Anspruch der Gesellschafter auf den Liquidationserlös behaftet, Sinn und Zweck des Insolvenzverfahrens an sich in Frage gestellt werden. Festzuhalten ist somit, daß der im Geschäftsjahr vor Eröffnung des Insolvenzverfahrens erwirtschaftete Gewinn in jedem Fall zur Insolvenzmasse gehört und die Gesellschafter ihr Recht, über dessen Verwendung zu beschließen, durch die Verfahrenseröffnung an den Insolvenzverwalter verlieren.

---

160 Die Auszahlung des Gewinns würde wiederum gegen § 30 Abs.1 GmbHG verstoßen.
161 Hachenburg/Goerdeler/Müller, GmbHG § 29 Rn. 6.

Da die Gesellschafter nach Eröffnung des Insolvenzverfahrens keinen wirksamen Ergebnisverwendungsbeschluß mehr fassen können, bereitet die dritte Fallkonstellation keine Schwierigkeiten. Mit Eröffnung des Verfahrens beginnt ein neues Geschäftsjahr. Die im Rahmen der Unternehmensfortführung und gegebenenfalls Sanierung erzielten Gewinne werden gemäß § 35 InsO Bestandteil der Insolvenzmasse und unterliegen der alleinigen Verfügungsmacht des Insolvenzverwalters.

II. Einforderung von Einzahlungen auf die Stammeinlagen (§ 46 Nr.2 GmbHG)

Die werbende GmbH hat gegen ihre Gesellschafter nur dann einen *klagbaren* Anspruch auf Einzahlung noch nicht vollständig geleisteter Stammeinlagen, wenn zuvor ein entsprechender Gesellschafterbeschluß gefaßt wurde.[162] Damit ist es den Gesellschaftern überlassen, darüber zu befinden, ob die Zahlungen tatsächlich benötigt werden. Haben die Gesellschafter die Einforderung beschlossen, hat der Geschäftsführer die Forderung für die Gesellschaft gegenüber den betroffenen Gesellschaftern geltend zu machen.[163]

Mit Eröffnung des Insolvenzverfahrens könnte die Kompetenz der Gesellschafter, über die Einforderung von Einzahlungen auf die Stammeinlagen zu entscheiden, auf den Insolvenzverwalter übergehen. Konkret bedeutete das, daß das Erfordernis eines besonderen Gesellschafterbeschlusses entfiele.[164] Für die Beantwortung der Frage ist entscheidend, daß es sich bei der Forderung der GmbH gegen ihre Gesellschafter um einen zur Insolvenzmasse gehörigen Anspruch handelt, dessen Geltendmachung allein dem Insolvenzverwalter obliegt. Darüber hinaus besteht nach Verfahrenseröffnung für ein Ermessen der Gesellschafter aber auch deshalb kein Raum, weil die Einlage zur Befriedigung der Gläubiger nunmehr unbedingt benötigt wird.[165] Aus diesem Grund ist der Verwalter auch nicht an im Gesellschaftsvertrag festgesetzte Fälligkeitstermine gebunden, denn es liefe dem Verfahrenszweck zuwider, wenn das allein der Gläubigersicherung

162 Allg. Meinung, vgl. nur Lutter/Hommelhoff, GmbHG § 46 Rn. 7; Hachenburg/Hüffer, GmbHG § 46 Rn. 26; anders freilich, wenn die Stammeinlage bis zu einem im Gesellschaftsvertrag festgelegten Termin nicht voll eingezahlt wurde.

163 Im Verhältnis zu den bei dem Beschluß anwesenden Gesellschaftern ist eine besondere Anforderung entbehrlich, vgl. OLG Dresden, GmbHR 1999, 233; Scholz/K. Schmidt, GmbHG § 46 Rn. 49; Lutter/Hommelhoff, GmbHG § 46 Rn. 7.

164 Vgl. RGZ 138, 106 (111); BGHZ 84, 47 (48); Hachenburg/Hüffer, GmbHG § 46 Rn. 27; Scholz/K. Schmidt, GmbHG § 46 Rn. 53.

165 Vgl. Hachenburg/Hüffer, GmbHG § 46 Rn. 27; RGZ 149, 293 (301 f.) für den Fall, daß ein Gläubiger den Anspruch der Gesellschaft hat pfänden lassen.

dienende Haftungskapital erst zu einem späteren Zeitpunkt eingefordert werden könnte.[166] Der Insolvenzverwalter kann also noch nicht erbrachte Einzahlungen auf Stammeinlagen von den Gesellschaftern auch ohne Gesellschafterbeschluß direkt einfordern. Existiert zum Zeitpunkt der Verfahrenseröffnung bereits ein wirksamer Gesellschafterbeschluß, ist ebenfalls allein der Insolvenzverwalter befugt, den daraus resultierenden Zahlungsanspruch gegen die betroffenen Gesellschafter durchzusetzen.

III. Einforderung und Rückzahlung von Nachschüssen (§§ 26, 30 Abs.2, 46 Nr.3 GmbHG)

1. Einforderung satzungsmäßig vorgesehener Nachschüsse

Gemäß § 26 Abs.1 GmbHG sind die Gesellschafter nur dann nachschußpflichtig, wenn die Satzung eine Nachschußpflicht vorsieht und die Gesellschafter beschließen, die Einzahlung der Nachschüsse anzufordern. Sinn und Zweck der Vorschrift ist es, den Gesellschaftern mit einem flexibel handhabbaren Instrument zu ermöglichen, die Gesellschaft mit zusätzlichem Kapital auszustatten.

Haben die Gesellschafter bereits vor Eröffnung des Insolvenzverfahrens beschlossen, satzungsmäßig vorgesehene Nachschüsse einzufordern, so ist dadurch ein zur Insolvenzmasse gehöriger Anspruch der Gesellschaft gegen die betroffenen Gesellschafter entstanden, dessen Geltendmachung allein dem Verwalter obliegt.

Fraglich ist hingegen wiederum, ob auch noch nach Verfahrenseröffnung solch ein Gesellschafterbeschluß erforderlich ist bzw. durch eine entsprechende Rechtshandlung des Insolvenzverwalters ersetzt werden kann. Nach einhelliger Meinung in Rechtsprechung[167] und Literatur[168] ist ein Gesellschafterbeschluß zur Einforderung von Nachschüssen auch im eröffneten Insolvenzverfahren nicht entbehrlich. Zur Begründung wird angeführt, daß es nicht, wie etwa bei der Einforderung der Stammeinlagen, um die Geltendmachung einer bereits begründeten – wenn auch ohne Gesellschafterbeschluß noch nicht durchsetzbaren – Forderung gehe. Vielmehr sei der Gesellschafterbeschluß notwendige Bedingung für die

---

166 Ebenso Grüneberg, S. 96.

167 Vgl. RGZ 70, 326 (329 f.); BGH-Beschl. vom 06. 06. 1994, II ZR 221/93, mit Anm. Goette, DStR 1994, 1129.

168 Vgl. nur Hueck/Fastrich in Baumbach/Hueck, GmbHG § 26 Rn. 7; Roth/Altmeppen, GmbHG § 26 Rn. 9; Lutter/Hommelhoff, GmbHG § 26 Rn. 6.

Entstehung der Forderung selbst.[169] Die mangelnde Übertragbarkeit der Gesellschafterkompetenz ergebe sich zudem daraus, daß die Einforderung von Nachschüssen nicht in den Katalog dispositiver Gesellschafterbefugnisse (§ 46 Nr.2 und 3 GmbHG) aufgenommen worden sei.[170]

Ob der soeben dargestellten Ansicht im Ergebnis zuzustimmen ist, läßt sich unter Zuhilfenahme der Gesetzesmaterialien zum GmbHG klären. Daraus ergibt sich der Wille des Gesetzgebers, die Entscheidung über die Einforderung satzungsmäßig vorgesehener Nachschüsse unter allen Umständen, insbesondere auch in der Insolvenz der Gesellschaft, allein den Gesellschaftern vorzubehalten.[171] Anders als beim Stammkapital handelt es sich bei im Gesellschaftsvertrag vorgesehenen Nachschüssen nicht um einen Haftungsfonds, der jederzeit zur Befriedigung von Gläubigeransprüchen zur Verfügung stehen soll. Vielmehr ist Kapital, das dem Gesellschaftsvermögen in Form von Nachschüssen zufließt, mit den aus einer Kapitalerhöhung resultierenden Geldmitteln vergleichbar, auf welche die Gläubiger ebenfalls zu keinem Zeitpunkt einen Anspruch haben. Im Hinblick auf das Verfahrensziel wäre eine Verwalterkompetenz zur Einforderung von Nachschüssen zwar wünschenswert. Allerdings hat der Gesetzgeber auf Zwangseingriffe in Vermögensrechte der Gesellschafter ausdrücklich verzichtet und insoweit am Fortbestand der zivilrechtlichen Güterzuordnung auch während des Insolvenzverfahrens festgehalten.[172] Demnach besteht für den Insolvenzverwalter keine Möglichkeit, den erforderlichen Gesellschafterbeschluß zugunsten der Gläubiger zu erzwingen. Beschließen die Gesellschafter dennoch nach Verfahrenseröffnung, Nachschüsse einzufordern, verlieren sie – anders als unter der Konkursordnung – auf Grund der §§ 35, 80 Abs.1 InsO die Verfügungsbefugnis über die der GmbH auf diese Weise zugeführte Liquidität. Aus demselben Grund ist es ihnen verwehrt, einen einmal gefaßten Einforderungsbeschluß nach Verfahrenseröffnung wieder aufzuheben. Sie werden sich daher nur dann zu einem entsprechenden Beschluß bewegen lassen, wenn die Gläubiger im Gegenzug im Rahmen eines Insolvenzplans teilweise auf ihre Forderungen verzichten oder die Gesellschafter aus einer eventuell bestehenden persönlichen Mithaft entlassen.

---

169 RGZ 70, 326 (330) unter Berufung auf die Begründung zu § 26 des zweiten Entwurfs des GmbH-Gesetzes vom 11. Februar 1892.

170 Hachenburg/Müller, GmbHG § 26 Rn. 40.

171 So ausdrücklich im allgemeinen Teil der Begründung zum zweiten Entwurf des GmbH-Gesetzes vom 11. Februar 1892, Aktenstück Nr. 660, abgedruckt in Stenographische Berichte über die Verhandlungen des Reichstages, 8. Legislaturperiode, I. Session 1890/92, Fünfter Anlageband S. 3724 (3730) ; vgl. auch die Begründung zu § 26 GmbHG, ebenda, S. 3742; auf letzere beruft sich auch RGZ 70, 326 (330).

172 Vgl. die Allgemeine Begr. zum RegE, 3 a ee (BR-Drucks. 1/92), abgedruckt in W. Uhlenbruck, Das neue Insolvenzrecht, S. 233 f.

2. Rückzahlung von Nachschüssen

Von den Gesellschaftern eingezahlte Nachschüsse gehören zum Gesellschaftsvermögen und werden mit Eröffnung des Insolvenzverfahrens Bestandteil der Insolvenzmasse. Den Gesellschaftern ist es somit nicht gestattet, nach Verfahrenseröffnung die Rückzahlung bereits geleisteter Nachschüsse zu beschließen. Problematisch ist daher allein der Fall, daß die Gesellschafter in zulässiger Weise einen Rückzahlungsbeschluß gefaßt haben, der allerdings bis zur Verfahrenseröffnung noch nicht ausgeführt wurde. Hierbei bedeutete eine Rückzahlung während des Insolvenzverfahrens regelmäßig einen Verstoß schon gegen § 30 Abs.1 GmbHG. Da der den Kapitalerhaltungsvorschriften immanente Gläubigerschutz aber gerade in der Insolvenz der Gesellschaft zum Tragen kommen muß, ist die Rückzahlung der Nachschüsse in diesem Fall erst zulässig, nachdem alle anderen Gläubiger befriedigt worden sind.[173]

IV. Einziehung von Geschäftsanteilen (§§ 34, 46 Nr.4 GmbHG)

Die entgeltliche Einziehung von Geschäftsanteilen steht – ebenso wie die Auszahlung des Jahresüberschusses und die Rückzahlung geleisteter Nachschüsse – unter dem Vorbehalt des § 30 Abs.1 GmbHG.[174] Dem ausscheidenden Gesellschafter kann eine Abfindung für seinen eingezogenen Geschäftsanteil aus dem Gesellschaftsvermögen daher nur insoweit gezahlt werden, als das zur Erhaltung des Stammkapitals erforderliche Vermögen dadurch nicht angegriffen wird. Ein Einziehungsbeschluß der Gesellschafter, der eine Abfindung unter Verstoß gegen die §§ 30 Abs.1, 34 Abs.3 GmbHG vorsieht, ist demnach unwirksam.[175] Aber auch die Durchführung eines zunächst wirksam gefaßten Einziehungsbeschlusses scheitert im später eröffneten Insolvenzverfahren regelmäßig schon an § 30 Abs.1 GmbHG, da es in diesem Fall auf den Zeitpunkt der Auszahlung und nicht den der Beschlußfassung ankommt.[176]

Auch nach Eröffnung des Insolvenzverfahrens ist die Amortisation von Geschäftsanteilen grundsätzlich zulässig. Dem steht nicht entgegen, daß die Gesell-

173 Vgl. die insoweit ähnliche Situation bei einem bis zur Verfahrenseröffnung nicht ausgeführten Ergebnisverwendungsbeschluß, oben, 2. Teil B. I.

174 So ausdrücklich § 34 Abs.3 GmbHG.

175 RGZ 142, 286 (290); BGHZ 9, 157 (173 f.); Hueck/Fastrich in Baumbach/Hueck, GmbHG § 34 Rn. 10; Hachenburg/Ulmer, GmbHG § 34 Rn. 30, 60; vgl. auch BGH DStR 2001, 1898 mit Anmerkung von Goette, DStR 2001, 1899; abweichend Roth/Altmeppen, GmbHG § 34 Rn. 17, 22.

176 BGHZ 9, 157 (173).

schaft gemäß § 60 Abs.4 GmbHG aufgelöst ist, denn eine Zwangseinziehung aus wichtigem Grund kann etwa geboten sein, wenn der betroffene Gesellschafter versucht, die sachgemäße Liquidation oder Sanierung der GmbH nachhaltig zu stören.[177] Aus dem oben Gesagten folgt jedoch, daß die Gesellschafter nach Verfahrenseröffnung einen wirksamen Einziehungsbeschluß nur dann fassen können, wenn die Einziehung der Geschäftsanteile unentgeltlich erfolgen soll.[178] Diese Lösung steht im Einklang mit den Kapitalerhaltungsgrundsätzen und dem Verfahrenszweck, setzt aber zugleich voraus, daß der betroffene Geschäftsanteil in der Insolvenz der Gesellschaft regelmäßig wertlos ist. Dies trifft immer dann zu, wenn feststeht, daß die insolvente GmbH liquidiert wird.[179] Etwas anderes würde nur ausnahmsweise gelten, wenn im Rahmen der Vollbeendigung der Gesellschaft soviel erlöst wird, daß nach Befriedigung aller Gläubiger auch noch ein Überschuß für die Gesellschafter verbleibt (§ 199 S.2 InsO). In den aller meisten Verfahren wird man allerdings schon kurz nach deren Eröffnung eindeutig feststellen können, ob dieser Fall überhaupt eintreten kann.

Dagegen stellt sich die Situation bei einer geplanten Sanierung der Gesellschaft schwieriger dar. Hat jene eine gewisse Aussicht auf Erfolg, kann der Wert der Geschäftsanteile schlechterdings nicht mit Null angesetzt werden,[180] so daß dem ausscheidenden Gesellschafter eine Abfindung aus der Insolvenzmasse gezahlt werden müßte. Dabei ist insbesondere problematisch, daß die Gesellschafterrechte bis zur Leistung des Einziehungsentgelts uneingeschränkt fortbestehen.[181] Denn um einen Verstoß gegen die §§ 30 Abs.1, 34 Abs.3 GmbHG auszuschließen, könnte die Abfindung regelmäßig erst dann gezahlt werden, wenn feststeht, daß die Sanierung der GmbH erfolgreich verläuft und wieder frei verfügbare Mittel der Gesellschaft existieren, mit denen der Zahlungsanspruch beglichen werden kann. Bis zu diesem Zeitpunkt könnte der betreffende Gesellschafter weiter versuchen, den Ablauf der Sanierung zu stören.

Um einen hinsichtlich der Wirksamkeit der Einziehung unerwünschten und konfliktträchtigen Schwebezustand zu vermeiden, werden im gesellschaftsrechtlichen Schriftum alternative Lösungsmöglichkeiten diskutiert. Zum einen wird in

---

177 Vgl. BGHZ 9, 157 (179) für den Fall der Liquidation außerhalb des Insolvenzverfahrens; ebenso Grüneberg, S. 97.

178 Etwas anderes kann allenfalls dann gelten, wenn zugleich vereinbart wird, daß die Abfindung nicht von der Gesellschaft, sondern von einem Dritten (z. B. den übrigen Gesellschaftern) zu zahlen ist.

179 Hierbei spielt keine Rolle, ob das Unternehmen oder Teile davon im Wege einer übertragenden Sanierung weitergeführt werden sollen.

180 Häufig dürfte sich die Ermittlung des Verkehrswertes des Geschäftsanteils hier noch schwieriger gestalten als bei einer werbenden GmbH.

181 OLG Frankfurt, NJW RR 1997, 612 f.; OLG Schleswig, GmbHR 2000, 935 (936); Hueck/Fastrich in Baumbach/Hueck, GmbHG § 34 Rn. 16.

Erwägung gezogen, die Mitgliedschaftsrechte des betroffenen Gesellschafters bis zur Zahlung der Abfindung ruhen zu lassen.[182] Dies wird jedoch von der ganz überwiegenden Auffassung zu Recht nur für den Fall anerkannt, daß eine entsprechende Satzungsregelung existiert;[183] anderenfalls fehle es an einer Rechtsgrundlage für diese Rechtsfolge.[184] Zum anderen wird vorgeschlagen, anstelle der aufschiebenden Bedingung der Zahlung des Entschädigungsentgelts den Einziehungsbeschluß mit einer auflösenden Bedingung der Nichtleistung der Abfindung zu versehen, so daß der Einziehungsbeschluß letztlich nur bei Nichtzahlung rückwirkend unwirksam wird und der Geschäftsanteil des betroffenen Gesellschafters wieder auflebt.[185] Dagegen sprechen jedoch in der Praxis kaum zu lösende Probleme bei der Rückabwicklung[186] sowie die Tatsache, daß dem betroffenen Gesellschafter schon in der werbenden GmbH das Insolvenzrisiko aufgebürdet wird, ohne daß er während des Zeitraumes bis zur Zahlung der Abfindung Einfluß auf die Geschäftsführung der Gesellschaft nehmen könnte.[187] Im eröffneten Insolvenzverfahren führte Letzeres dazu, daß der betroffene Gesellschafter das Risiko des Scheiterns der Sanierung trüge. Nach Verfahrenseröffnung hilft schließlich auch der Vorschlag nicht weiter, dem betroffenen Gesellschafter das Recht zur Auflösung der Gesellschaft einzuräumen, wenn die Abfindungszahlung wegen der §§ 30 Abs.1, 34 Abs.3 GmbHG scheitert.[188]

Zusammenfassend läßt sich somit festhalten, daß eine unentgeltliche Einziehung eines Geschäftsanteils regelmäßig nur dann unproblematisch zulässig ist, wenn feststeht, daß die insolvente GmbH liquidiert wird. Wird hingegen eine aussichtsreiche Sanierung der Gesellschaft in die Wege geleitet, ist grundsätzlich nur eine entgeltliche Einziehung möglich. Auf Grund der §§ 30 Abs.1, 34 Abs.3 GmbHG wird diese allerdings erst dann endgültig wirksam werden können, wenn die Sanierung erfolgreich abgeschlossen worden ist.

Soll dem ausscheidenden Gesellschafter eine Abfindung aus der Insolvenzmasse gezahlt werden, ist zudem zu beachten, daß es auf Grund der Vermögensbezogenheit des Einziehungsbeschlusses zu dessen Wirksamkeit auch der Zu-

---

182 Vgl. Scholz/Westermann, GmbHG § 34 Rn. 56.

183 BGHZ 88, 320 (325 ff.); OLG Frankfurt, NJW RR 1997, 612 f.; OLG Schleswig, GmbHR 2000, 935 (936); Hueck/Fastrich in Baumbach/Hueck, GmbHG § 34 Rn. 35; Lutter/Hommelhoff, GmbHG § 34 Rn. 10 b.

184 OLG Schleswig, GmbHR 2000, 935 (936).

185 Vgl. Hachenburg/Ulmer, GmbHG § 34 Rn. 61.

186 OLG Schleswig, GmbHR 2000, 935 (936); OLG Frankfurt, NJW RR 1997, 612 (613); Hueck/Fastrich in Baumbach/Hueck, GmbHG § 34 Rn. 36.

187 OLG Schleswig, GmbHR 2000, 935 (936); OLG Frankfurt, NJW RR 1997, 612 (613).

188 Vgl. zu diesem Lösungsansatz Hueck/Fastrich in Baumbach/Hueck, GmbHG § 34 Rn. 36.

stimmung des Verwalters bedarf.[189] Gleichzeitig bedeutet die Einziehung einen schwerwiegenden Eingriff in die gesellschaftsrechtlichen Verhältnisse des Schuldners, welche nicht Gegenstand des Insolvenzverfahrens sind. Deshalb ist der Verwalter auch nicht befugt, den Einziehungsbeschluß der Gesellschafter durch einen eigenen Beschluß zu ersetzen. Gesellschafter und Insolvenzverwalter müssen in einem solchen Fall daher zusammenwirken.

V. Die Bestellung, Abberufung und Entlastung von Geschäftsführern sowie die Beendigung ihres Anstellungsvertrages (§ 46 Nr.5 GmbHG)

Die Entscheidungsbefugnis darüber, wer mit der Führung der Geschäfte der GmbH betraut wird, gehört zu den wichtigsten Kompetenzen der Gesellschafter. Im Wege der Annexkompetenz sind die Gesellschafter auch für den Abschluß und die Beendigung des Anstellungsvertrages des Geschäftsführers zuständig. Indem die Gesellschafter von diesen Kompetenzen Gebrauch machen, wirken sie jeweils direkt auf die Rechtsstellung des Geschäftsführers ein. Im Folgenden soll deshalb nicht nur erörtert werden, ob und gegebenenfalls inwieweit diese Befugnisse der Gesellschafter im Insolvenzverfahren beschränkt sind, sondern auch, ob sich die Ausübung einer der Kompetenzen über ihre unmittelbare Folge hinaus auf die Rechtsstellung des betroffenen Geschäftsführers auswirkt.

1. Bestellung und Abberufung von Geschäftsführern

An anderer Stelle[190] wurde bereits ausgeführt, daß die Eröffnung des Insolvenzverfahrens die Organstellung des Geschäftsführers nicht beseitigt; denn die Gesellschaft bedarf auch während des Insolvenzverfahrens eines vertretungsberechtigten Organs, das die ihr gegenüber dem Verwalter eingeräumten Verfahrensrechte geltend macht. Die Insolvenzmasse wird dabei durch das Fortbestehen der Organschaft nicht tangiert, da der Vergütungsanspruch des Geschäftsführers nicht von seiner Organstellung, sondern allein vom Schicksal des zwischen ihm und der Gesellschaft bestehenden Anstellungsverhältnisses abhängt. Mit Beendigung der Organstellung endet aber nicht auch automatisch das Dienstverhältnis.[191]

---

189 Dies gilt freilich nicht im Falle einer unentgeltlichen Einziehung, da diese die Masse nicht schmälern kann.

190 Siehe oben, 1. Teil B. II.

191 Allg. Meinung, vgl. nur BGHZ 79, 38 (41); Zöllner in Baumbach/Hueck, GmbHG § 35 Rn. 109; Koppensteiner in Rowedder/Schmidt-Leithoff, GmbHG § 38 Rn. 31; etwas anderes gilt allenfalls dann, wenn die Abberufung ausnahmsweise zugleich als Kündigung des Dienstverhältnisses ausgelegt werden kann.

Beide Rechtsverhältnisse sind vielmehr voneinander zu trennen. Mangels Vermögensbezogenheit ist die Entscheidungbefugnis darüber, wer Geschäftsführer der insolventen Gesellschaft sein soll, dem Kompetenzbereich des Verwalters demnach entzogen. Es handelt sich dabei um eine allein die gesellschaftsinterne Organisation betreffende Frage, deren Beantwortung auch nach Verfahrenseröffnung den Gesellschaftern überlassen ist.

2. Beendigung des Anstellungsverhältnisses durch den Insolvenzverwalter

Zu den Pflichten des Insolvenzverwalters gehört es, die Insolvenzmasse im Interesse der Gläubiger vor unnötigen Kosten zu bewahren. Da der Verwalter mit der Verfahrenseröffnung weitestgehend die Aufgaben des Geschäftsführers übernimmt, erscheint von diesem Zeitpunkt an eine ungekürzte Zahlung des Geschäftsführergehalts nicht mehr gerechtfertigt. Bei den Gläubigern dürfte die Fortzahlung der Bezüge häufig sogar auf blankes Unverständnis stoßen, wenn sich herausstellt, daß der Geschäftsführer die Hauptschuld an der Insolvenz des Unternehmens trägt. Es stellt sich daher die Frage, ob und gegebenenfalls wie der Verwalter das Anstellungsverhältnis des Geschäftsführers masseschonend beenden kann.

a) Die Rechtsnatur des Anstellungsverhältnisses

Der Anstellungsvertrag des GmbH-Geschäftsführers wird nach ganz überwiegender Meinung als ein Dienstverhältnis in der Gestalt eines Geschäftsbesorgungsvertrags charakterisiert.[192] Dagegen vertritt das BAG seit kurzem die Auffassung, daß es sich beim Anstellungsverhältnis des Geschäftsführers im Einzelfall auch um ein Arbeitsverhältnis handeln könne.[193] Das Gericht begründet seine Ansicht damit, daß zumindest bei einer Mehrpersonen-Geschäftsführung die Repräsentation der Gesellschaft, die unternehmerische Willensbildung und die Wahrnehmung von Arbeitgeberfunktionen auch dann noch möglich seien, wenn einzelne Mitglieder der Geschäftsführung wegen entsprechender Weisungsabhängigkeit materiellrechtlich als Arbeitnehmer anzusehen seien.[194] Die Arbeitnehmereigenschaft des Geschäftsführers und somit ein Arbeitsverhältnis liege vor, wenn die Gesellschaft dem Geschäftsführer über ihr gesellschaftsrechtliches Weisungrecht

---

192 Vgl. nur Zöllner in Baumbach/Hueck, GmbHG § 35 Rn. 97; Roth/Altmeppen, GmbHG § 6 Rn. 39; Lutter/Hommelhoff, GmbHG Anh. § 6 Rn. 3; Boemke, ZfA 1998, 209 (213); Lohr, NZG 2000, 1204 (1206), jeweils m.w.N.

193 BAG ZIP 1999, 1456 (1457); BAG ZIP 1999, 1854, wobei es sich jeweils um ein obiter dictum handelt; ebenso Schaub, S. 101 Rn. 5.

194 BAG ZIP 1999, 1854 (1855).

hinausgehend, auch arbeitsbegleitende und verfahrensorientierte Weisungen erteilen und auf diese Weise die konkreten Modalitäten der Leistungserbringung bestimmen könne.[195] Dieser Argumentation ist mit der herrschenden Ansicht entgegenzuhalten, daß die Einordnung des Geschäftsführers als Repräsentationsorgan der Gesellschaft eine arbeitsrechtliche Weisungsabhängigkeit zwingend ausschließt.[196] Das Recht und die Pflicht des Geschäftsführers, die Gesellschaft gerichtlich und außergerichtlich – sei es allein oder gemeinsam mit anderen – zu vertreten und damit deren rechtliche Handlungsfähigkeit aufrechtzuerhalten, ist die von ihm zuvörderst geschuldete Leistung und läßt insoweit keinen Raum für konkrete Modalitäten der Leistungserbringung. Daß die Gesellschafter dem Geschäftsführer in seinem Anstellungsvertrag in bezug auf die Führung der Geschäfte möglicherweise auch verfahrensorientierte Weisungen erteilen, kann den Geschäftsführer deshalb nicht zu einem Arbeitnehmer machen.

Handelt es sich bei dem Anstellungsvertrag des Geschäftsführers also stets um ein Dienstverhältnis in Form eines Geschäftsbesorgungsvertrags, müßte der Vertrag konsequenterweise – soweit er sich auf das zur Insolvenzmasse gehörende Vermögen bezieht – gemäß §§ 115 Abs.1, 116 InsO mit der Eröffnung des Insolvenzverfahrens erlöschen, so daß eine Kündigung seitens des Verwalters nicht mehr erforderlich wäre. Rechtsprechung und Literatur zur Konkursordnung haben sich jedoch fast ausnahmslos gegen diese Rechtsfolge ausgesprochen und den Geschäftsführervertrag als Dienstverhältnis i. S. d. § 22 KO behandelt, zu dessen Beendigung es der Kündigung durch den Verwalter bedarf.[197]

Die Rechtslage hat sich mit dem Inkrafttreten der Insolvenzordnung insoweit nicht geändert. Dienstverhältnisse, bei denen der Schuldner der Dienstberechtigte ist, bestehen nach Verfahrenseröffnung mit Wirkung für die Insolvenzmasse fort (§ 108 Abs.1 S.1 InsO) und können vom Insolvenzverwalter mit maximal dreimonatiger Kündigungsfrist gekündigt werden (§ 113 Abs.1 InsO). Geschäftsbesorgungsverträge erlöschen demgegenüber gemäß den §§ 115, 116 InsO.[198] Da der Gesetzgeber die Frage nach der Einordnung des Geschäftsführervertrages somit nicht entschieden hat, ist eine Auseinandersetzung mit den bereits zur Konkursordnung vorgebrachten Argumenten erforderlich.

---

195 BAG ZIP 1999, 1854 (1855).

196 Boemke, ZfA 1998, 209 (213 f.); Lohr, NZG 2000, 1204 (1206).

197 Vgl. nur BGHZ 75, 209 (211); Hachenburg/Ulmer, GmbHG § 63 Rn. 102, Scholz/K. Schmidt, GmbHG (8. Aufl.) § 63 Rn. 64; Schulze-Osterloh in Baumbach/Hueck, GmbHG (16. Aufl.) § 63 Rn. 38; Kuhn/W. Uhlenbruck, KO § 22 Rn. 5, m.w.N.; für ein Erlöschen des Geschäftsbesorgungsvertrags gemäß § 23 Abs.2 KO hingegen Weber, KTS 1970, 73 (81 ff.).

198 Nach altem Recht ergab sich diese Rechtsfolge aus § 23 KO.

b) Anwendbarkeit der §§ 115, 116 InsO?

Die Behandlung des Anstellungsvertrages als ein kündigungsbedürftiges Dienstverhältnis stützt sich im wesentlichen auf die folgenden Argumente: zunächst wird geltend gemacht, daß der mit dem Erlöschen von Geschäftsbesorgungsverträgen verfolgte Zweck nicht auf den Geschäftsleitervertrag passe.[199] Ziel der §§ 115, 116 InsO ist es, sicherzustellen, daß die Verwaltung der Masse vom Zeitpunkt der Verfahrenseröffnung an allein in den Händen des Verwalters liegt;[200] Dritte, die Geschäfte des Schuldners besorgen durften, sollen dazu nicht länger berechtigt sein. Für das „Innenverhältnis" zwischen Geschäftsführer und Insolvenzverwalter ergibt sich diese Rechtsfolge jedoch schon aus dem Übergang der Verwaltungs- und Verfügungsbefugnis gemäß § 80 Abs.1 InsO. Eine Anwendung der §§ 115, 116 InsO kann demnach außer Betracht bleiben.

Daneben wird gegen die Anwendbarkeit der §§ 115, 116 InsO die Vorschrift des § 87 Abs.3 S.1 AktG ins Feld geführt, wonach ein Vorstandsmitglied, dessen Anstellungsvertrag vom Insolvenzverwalter gekündigt wurde, Ersatz für den aus der Aufhebung des Dienstverhältnisses resultierenden Schaden verlangen kann. Voraussetzung dafür ist aber, daß das Dienstverhältnis nicht bereits mit der Verfahrenseröffnung erloschen ist. Für den Anstellungsvertrag eines GmbH-Geschäftsführers könne insoweit nichts anderes gelten.[201]

Weiterhin läßt sich auch der den §§ 108 Abs.1 S.1, 113 InsO innewohnende soziale Schutzgedanke zur Begründung heranziehen. Als leitender Angestellter soll der GmbH-Geschäftsführer ebensowenig wie die übrigen Mitarbeiter des Schuldners von heute auf morgen ohne Einkommen sein.[202]

Schließlich wirft die Anwendung der §§ 115, 116 InsO im Hinblick auf die Vergütung des Geschäftsführers ein kaum lösbares Problem auf. Denn der Geschäftsbesorgungsvertrag erlischt nur insoweit als er sich auf das zur Insolvenzmasse gehörende Vermögen bezieht. Im Schuldnerbereich vertritt der Geschäftsführer die GmbH bis zur Beendigung seiner Organstellung weiter, so daß dieser Teilbereich des Anstellungsvertrags nicht von der Rechtsfolge der §§ 115, 116 InsO erfaßt wird. Dieser Vertragsaufspaltung müßte dann durch eine in der Praxis nur schwer bestimmbare prozentuale Herabsetzung der Bezüge Rechnung getragen werden.[203]

---

199 So schon RGZ 81, 332 (336) zum Verhältnis zwischen Aufsichtsrat und Konkursverwalter.

200 So ausdrücklich die Begr. zu §§ 133, 134 RegE = §§ 115, 116 InsO (BR-Drucks. 1/92 S. 151), abgedruckt in W. Uhlenbruck, Das neue Insolvenzrecht, S. 444.

201 BGHZ 75, 209 (210 f.).

202 Weber, KTS 1970, 73 (84); Jaeger/Henckel, KO § 23 Rn. 13.

203 Weber, KTS 1970, 73 (84); Grüneberg, S. 116 f.

Diese Argumente sprechen überzeugend gegen ein Erlöschen des Geschäftsführervertrags mit Verfahrenseröffnung. Obwohl der Geschäftsleitervertrag unstreitig als Geschäftsbesorgungsvertrag qualifiziert wird, ist seine Behandlung als Dienstverhältnis nach § 108 Abs.1 S.1 InsO, welches vom Verwalter gemäß § 113 InsO gekündigt werden kann, daher gerechtfertigt.

c) Der Anstellungsvertrag des Unternehmer-Geschäftsführers

Fraglich ist, ob dieses Ergebnis auch uneingeschränkt auf den Anstellungsvertrag eines an der GmbH beteiligten Geschäftsführers übertragbar ist. Zwar wird hier nicht mehr die Anwendbarkeit der §§ 115, 116 InsO erwogen, jedoch sollen nach einer in der Literatur vertretenen Ansicht[204] auf den Anstellungsvertrag des Unternehmer-Geschäftsführers, insbesondere wenn es sich dabei um einen Alleingesellschafter-Geschäftsführer handelt, nicht die §§ 108, 113 InsO anwendbar sein, sondern § 103 InsO. Danach stünde es dem Verwalter frei, vom Geschäftsführer die weitere Erfüllung des Anstellungsvertrages zu verlangen oder aber diese abzulehnen mit der Folge, daß der Geschäftsführer seinen Nichterfüllungsschaden nur als Insolvenzgläubiger geltend machen kann. Die Rechtsprechung[205] unterscheidet dagegen nicht zwischen einem Fremdgeschäftsführer und einem Gesellschafter-Geschäftsführer und wendet die §§ 108, 113 InsO einheitlich an.

Eine Stellungnahme muß zunächst zur Kenntnis nehmen, daß die gegen die Anwendbarkeit der §§ 115, 116 InsO vorgebrachten Argumente hier nur insoweit verwendet werden können, als sie gleichzeitig auch gerade für die Anwendung der §§ 108, 113 InsO bzw. des § 103 InsO sprechen. So kann die richtige Behandlung des Anstellungsvertrags eines Gesellschafter-Geschäftsführers nicht allein aus der Tatsache abgeleitet werden, daß der mit den §§ 115, 116 InsO verfolgte Zweck nicht auf den Geschäftsführervertrag paßt. Auch der Rückgriff auf § 87 Abs.3 S.1 AktG bereitet Schwierigkeiten. Einerseits fehlt es hier regelmäßig an einer dem Aktienrecht vergleichbaren Interessenlage. Denn anders als bei einer GmbH besitzt ein Vorstandsmitglied einer AG nur selten ein so großes Aktienpaket, daß von einer unternehmerähnlichen Stellung gesprochen werden kann. Andererseits geht aber auch das Argument fehl, die Vorschrift des § 87 Abs.3 S.1 AktG sage nichts darüber aus, wann sie zur Anwendung komme, sondern gelte nur für die Fälle, in denen der Verwalter gemäß § 113 InsO gekündigt habe.[206]

204 Heilmann, ZIP 1980, 344 ff.; Timm, ZIP 1981, 10 (14 ff.); ders., ZIP 1987, 69 ff.; Jaeger/Henckel, KO § 23 Rn. 13.
205 BGHZ 75, 209 (210 f.); OLG Hamm, ZIP 1987, 121 (122 f.); OLG Hamm, DB 1992, 1040.
206 So aber Heilmann, ZIP 1980, 344 (345); Timm, ZIP 1981, 10 (15); ders., ZIP 1987, 69 (73).

Denn diese Sichtweise mag zwar gegen eine uneingeschränkte Übernahme des § 87 Abs.3 S.1 AktG in das GmbH-Recht sprechen, sie bietet jedoch keinen Rechtsgrund dafür, im GmbH-Recht zwischen Fremdgeschäftsführer und Gesellschafter-Geschäftsführer zu differenzieren und auf den Anstellungsvertrag des letzteren gerade § 103 InsO anzuwenden.[207]

Das Erfordernis, zwischen Fremdgeschäftsführer und Gesellschafter-Geschäftsführer zu differenzieren, kann deshalb letztlich nur damit begründet werden, daß der Gesellschafter-Geschäftsführer den – wenn auch begrenzten – sozialen Schutz der §§ 108, 113 InsO nicht verdient.[208] Auch der BGH[209] räumt ein, daß dieser Schutzgedanke jedenfalls auf den Alleingesellschafter-Geschäftsführer als den Unternehmer des in Konkurs gefallenen Unternehmens nicht recht zutreffe. Er verweist hierbei auf den Einzelkaufmann, der – weil er sich nicht die Vorteile einer GmbH zunutze gemacht habe – auch nicht in der Lage sei, sich nach Verfahrenseröffnung in der Gestalt von Gehaltsansprüchen noch Teile der Masse zum Nachteil der Insolvenzgläubiger zu verschaffen. Diese Erwägungen verdeutlichen, worum es bei dem Streit eigentlich geht: auf Grund einer wertenden Betrachtung erscheint die Rechtsfolge der §§ 108, 113 InsO für Anstellungsverträge von Gesellschafter-Geschäftsführern unangemessen. Vor dem Hintergrund der bestmöglichen Gläubigerbefriedigung als primärem Verfahrensziel wird daher nach einem Weg gesucht, der drohenden Aushöhlung der Insolvenzmasse wirksam zu begegnen.

Der BGH[210] versucht dieses Ziel zu erreichen, indem er bei der Kündigung des Dienstverhältnisses aus wichtigem Grund im Einzelfall einen besonderen Maßstab anlegen will. Er hält an der Anwendbarkeit der §§ 108, 113 fest, da anderenfalls die Existenz eines Dienstverhältnisses zwischen dem Alleingesellschafter und der rechtlich selbständigen GmbH, das sonst privatrechtlich wie steuerrechtlich in der Rechtspraxis anerkannt sei, insolvenzrechtlich geleugnet werde. Die Gegenansicht gelangt über eine teleologische Reduktion des § 108

---

207 Für die Behandlung des Anstellungsvertrags eines *Fremdgeschäftsführers* nach §§ 108, 113 InsO beruft sich auch Timm, ZIP 1987, 69 (72) auf die Regelung des § 87 Abs.3 S.1 AktG.

208 Vgl. dazu insbesondere Jaeger/Henckel, KO § 23 Rn. 13.

209 BGHZ 75, 209 (211).

210 BGHZ 75, 209 (211 ff.), wobei die Eröffnung des Insolvenzverfahrens an sich noch keinen außerordentlichen Kündigungsgrund darstellt; vgl. insoweit auch OLG Hamm, ZIP 1987, 121 (123); U. Noack, Gesellschaftsrecht, Rn. 300; nach Gottwald/Haas, § 92 Rn. 142 genügt ein insolvenzverursachendes Verhalten, welches dem dem Entgeltanspruch des Geschäftsführers in der Praxis zumindest einredeweise entgegengehalten werden könne, m.w.N.

InsO zur Anwendung des § 103 InsO.[211] § 108 InsO sei eine Ausnahmevorschrift zu § 103 InsO deren Wortlaut zu weit gefaßt sei. Ihr Anwendungsbereich könne daher ihrem Zweck entsprechend durch einen Rückgriff auf die Grundnorm des § 103 InsO reduziert werden. Dieser Ansatz macht eine Abwägung im Einzelfall zunächst entbehrlich und hat daher manches für sich. Die Schwächen dieser Lösung zeigen sich jedoch bei einer Folgenbetrachtung. Es stellt sich nämlich dann die Frage, unter welchen Voraussetzungen § 103 InsO und nicht § 108 InsO anzuwenden ist. Soll § 103 InsO nur für den Alleingesellschafter-Geschäftsführer gelten oder genügt schon eine beherrschende Stellung auf Grund eines Geschäftsanteils von mehr als 50% bzw. 75%? Ergibt sich schon aus einer 25%igen Beteiligung (Sperrminorität) ein maßgeblicher Einfluß auf die Geschäftsführung der Gesellschaft, so daß von einer Unternehmerstellung des Geschäftsführers gesprochen werden kann, oder soll sogar jeder auch noch so geringe Geschäftsanteil die Anwendung des § 103 InsO rechtfertigen können? Denkbar ist auch, auf die Größe des Geschäftsanteils als Abgrenzungskriterium ganz zu verzichten und in jedem Einzelfall unter Berücksichtigung der Bestimmungen des Gesellschaftsvertrags zu klären, ob der jeweilige Geschäftsführer wie ein Unternehmer zu behandeln ist. In der Literatur wurden bereits zahlreiche Versuche unternommen, durch Typisierung zu praktikablen Lösungen zu gelangen.[212] Dabei hat sich jedoch herausgestellt, daß es nicht möglich ist, die Unternehmereigenschaft eines Geschäftsführers widerspruchsfrei von einer bestimmten Größe seines Geschäftsanteils abhängig zu machen. Ganz gleich welchen Prozentsatz man befürwortet, es sind jeweils eine Fülle von Beteiligungskonstellationen denkbar, welche die Festlegung auf gerade diese Größe unangemessen erscheinen lassen. Klarheit könnte insoweit allein der Gesetzgeber schaffen.[213] Gegen die Lösung über § 103 InsO sprechen demnach vor allem ihre mangelnde Praktikabilität sowie ein Mehr an Rechtsunsicherheit.

Diese Nachteile werden durch eine einheitliche Anwendung der §§ 108, 113 InsO vermieden. Die Möglichkeit der außerordentlichen Kündigung gemäß § 626 BGB stellt hierbei ein Instrument dar, Mißbrauchsfällen wirksam zu begegnen.

---

211 Timm, ZIP 1987, 69 (72 f.); ihm folgend Kautz, S. 124 f.; im Ergebnis ebenso U. Noack, Gesellschaftsrecht, Rn. 298.

212 Vgl. dazu die Zusammenstellung bei Kautz, S. 129 ff.

213 Bereits der GmbHG-Entwurf von 1939 sowie § 68 Abs.1 des Referentenentwurfs von 1969 sahen entsprechende Regelungen zur Kündigung von geschäftsführenden Gesellschaftern im Insolvenzverfahren vor; dazu näher Timm, ZIP 1987, 69 (74 f.); Kautz, S. 128 f.; im übrigen spricht die Tatsache, daß der Gesetzgeber dieses Problem im Rahmen der Insolvenzrechtsreform nicht angegangen ist, obwohl eine entsprechende Vorschrift ohne großen gesetzgeberischen Aufwand in das GmbHG eingefügt hätte werden können, dafür, daß er die von der Rechtsprechung bisher praktizierte Lösung nicht für korrekturbedürftig hielt.

Die in der Literatur an diesem Lösungsweg geübte Kritik soll im Folgenden auf ihre Stichhaltigkeit überprüft werden.

Zunächst ist der Behauptung entgegenzutreten, mit der Anwendung des § 108 InsO werde das Abgrenzungsproblem zwischen Fremdgeschäftsführer und Unternehmer-Geschäftsführer lediglich auf die Kündigungsebene verlagert.[214] In § 113 Abs.1 S.2 InsO hat der Gesetzgeber nunmehr eine einheitliche Kündigungsfrist für das Insolvenzverfahren normiert, der unterschiedslos auch alle Geschäftsführertypen unterliegen. Gleichzeitig sorgt die maximale Kündigungsfrist von drei Monaten dafür, daß sich die Belastung der Masse durch Gehaltsansprüche der Geschäftsführer in vertretbaren Grenzen hält. Bestand das Dienstverhältnis weniger als acht Jahre, kann der Verwalter auf die noch kürzeren Kündigungsfristen des § 622 Abs.2 Nr.1 und 2 BGB zurückgreifen.[215] Im Gegensatz zu § 103 InsO führt die Anwendung der §§ 108, 113 InsO in der Praxis somit nicht zu einer Einbuße an Rechtssicherheit.

Auch das Argument, mit der Anwendung des § 103 InsO werde ein Kündigungsprozeß vermieden,[216] vermag nicht zu überzeugen. Denn ebenso wie der Geschäftsführer sich gegen eine Kündigung seitens des Verwalters wehren kann, ist es ihm auch möglich, klageweise gegen dessen Erfüllungsablehnung vorzugehen. Dabei wird er sich regelmäßig darauf berufen, daß die Anwendung des § 103 InsO in seinem Fall nicht gerechtfertigt sei. Dem Gericht bleibt also auch hier eine Entscheidung nicht erspart.

---

214 So Timm, ZIP 1981, 10 (15), der hinsichtlich der für Geschäftsführer geltende Kündigungsfristen auf Abgrenzungsschwierigkeiten zwischen § 621 Nr.3 und § 622 BGB hinweist.

215 Ausgehend von der Rechtsprechung des BGH, ergeben sich in diesen Fällen auch keine Abgrenzungsschwierigkeiten zu § 621 Nr.3 BGB. Diese hat das Gericht (BGHZ 79, 291 (292 ff.); BGHZ 91, 217 (220 f.)) nämlich vermieden, indem es entscheidend darauf abgestellt hat, daß der Geschäftsführer der GmbH seine Arbeitskraft hauptberuflich zur Verfügung stellt und von ihr je nach Höhe seines Gehalts mehr oder weniger wirtschaftlich abhängig ist. Außerdem bedürfe der Geschäftsführer hinreichender Zeit, um sich nach einer neuen hauptberuflichen Beschäftigung umzusehen. Zwar hat der BGH so ausdrücklich nur für alle nicht beherrschenden Gesellschafter-Geschäftsführer argumentiert, dies aber nur, weil der Anstellungsvertrag des beherrschenden Geschäftsführers ohnehin nicht gegen seinen Willen gekündigt werden könne, die Kündigungsfristen für diesen somit bedeutungslos seien. Folgt man der Argumentation des BGH konsequent, kommt aber auch für den Alleingesellschafter-Geschäftsführer, dessen Anstellungsvertrag in der Insolvenz „seiner" GmbH selbstverständlich auch gegen seinen Willen gekündigt werden kann, allein § 622 analog und nicht § 621 Nr.3 BGB in Betracht.

216 Heilmann, ZIP 1980, 344 (346); Timm, ZIP 1981, 10 (15); ders., ZIP 1987, 69 (73); Grüneberg, S. 123; Kautz, S. 125 f.

Unter welchen Voraussetzungen eine fristlose Kündigung nach § 626 BGB gerechtfertigt ist, hat die Rechtsprechung bereits geklärt. Dem Verwalter wird insbesondere ermöglicht, das bisherige Verhalten des geschäftsführenden Gesellschafters zu berücksichtigen, so daß die Insolvenzmasse gerade in Mißbrauchsfällen[217] entlastet wird. Daß der Verwalter die Beweislast für das Vorliegen eines wichtigen Grundes trägt, macht die Kündigungsmöglichkeit nicht zu einem stumpfen Schwert. Denn in dem oft mehrere Monate andauernden Eröffnungsverfahren hat der Verwalter ausreichend Gelegenheit, zu prüfen, ob die Voraussetzungen für eine fristlose Kündigung vorliegen. Die zweiwöchige Ausschlußfrist des § 626 Abs.2 S.1 BGB gilt allerdings auch für den Insolvenzverwalter. Diese beginnt aber erst mit seiner Kenntnis der Umstände, die den Kündigungsgrund ausmachen. Handelt es sich dabei um einen Dauerzustand[218], der bereits vor Übergang der Verwaltungs- und Verfügungsmacht begann, beginnt die Frist nicht vor Beendigung dieses Zustands, so daß dem Insolvenzverwalter kein rechtlicher Nachteil daraus entsteht, daß er als Außenstehender in das Unternehmen eintritt.

d) Zusammenfassung

Der Anstellungsvertrag sowohl des Fremdgeschäftsführers als auch des Gesellschafter-Geschäftsführers ist als Dienstverhältnis i. S. d. § 108 Abs.1 InsO zu behandeln, welches gemäß § 113 InsO gekündigt werden kann. Daneben kann der Insolvenzverwalter das Anstellungsverhältnis auch gemäß § 626 BGB durch eine fristlose Kündigung beenden. Eine Anwendung des § 103 InsO kommt hingegen nicht in Betracht, da diese zu einer erheblichen Einbuße an Rechtssicherheit führte.

3. Folgerungen für die Organstellung des Geschäftsführers

Daß der Geschäftsführer mit der Eröffnung des Insolvenzverfahrens nicht aus seiner Organstellung verdrängt wird, wurde bereits dargelegt. Es stellt sich aber die Frage, ob seine Organstellung möglicherweise so eng mit seinem Anstellungsverhältnis verknüpft ist, daß sie mit dessen Kündigung durch den Verwalter automatisch erlischt.

217 Hierunter fallen vor allem gläubigerschädigende Handlungen, wie z. B. die Verletzung der Insolvenzantragspflicht oder anfechtungsrelevante Tatbestände.

218 Z. B. eigenmächtiges Fernbleiben.

a) Rechtliche Trennung von Organstellung und Anstellungsverhältnis

Rechtsprechung[219] und herrschende Lehre[220] gehen nahezu einhellig davon aus, daß die Organstellung einerseits und das Anstellungsverhältnis andererseits zwei verschiedene Rechtsverhältnisse sind, die grundsätzlich auch verschiedene rechtliche Schicksale haben können. Diese Trennungstheorie wird zum einen damit begründet, daß die Organbestellung durch körperschaftlichen Organisationsakt (§ 46 Nr.5 GmbHG) erfolge und der Geschäftsführer als solcher gemäß § 38 GmbHG jederzeit ohne Angabe von Gründen abberufen werden könne, während sich die Beendigung des Anstellungsverhältnisses nach Dienstvertragsrecht regele.[221] Zum anderen wird darauf verwiesen, daß die Unterscheidung zwischen den beiden Rechtsverhältnissen jedenfalls im Aktienrecht (§ 84 Abs.1 S.1 und 5, Abs.3 S.1 und 5 AktG) deutlich zum Ausdruck komme.[222] Daraus ergibt sich, daß die Beendigung des Anstellungsverhältnisses nicht notwendig auch das gleichzeitige Erlöschen der Organstellung zur Folge hat.

b) Die abweichende Auffassung Baums'

Dem Trennungsdogma der ganz herrschenden Meinung stellt Baums[223] eine Einheitstheorie gegenüber. Er beruft sich dabei auf eine Aussage des BGH[224], wonach eine wirksame Kündigung des Dienstverhältnisses regelmäßig zugleich der Organstellung den Boden entziehe, weil ein Geschäftsführer im allgemeinen nicht ohne Vertragsgrundlage weiterarbeiten werde. Baums schließt daraus, daß der Geschäftsführer auf die Kündigung hin ausnahmslos von seinem Recht zur sofortigen Amtsniederlegung[225] Gebrauch machen werde.[226] Das mit der Kündigung verfolgte Ziel, nämlich die Masse von den Gehaltsansprüchen des Geschäftsführers zu entlasten, ohne daß die Gesellschaft zugleich ihr auch im Insolvenzverfahren notwendiges Vertretungsorgan verliert, könne demnach auch mit der Tren-

---

219 BGHZ 78, 82 (84); zuletzt OLG Frankfurt, GmbHR 1994, 549 (550).

220 Hachenburg/Mertens, GmbHG § 35 Rn. 41; Hachenburg/Hüffer, GmbHG § 46 Rn. 39; Zöllner in Baumbach/Hueck, GmbHG § 35 Rn. 10; Lutter/Hommelhoff, GmbHG § 6 Rn. 1; Roth/Altmeppen, GmbHG § 6 Rn. 18.

221 OLG Frankfurt, GmbHR 1994, 549 (550).

222 Hachenburg/Hüffer, GmbHG § 46 Rn. 39.

223 Baums, S. 351 ff.

224 BGHZ 79, 38 (41).

225 Das Recht des Geschäftsführers, sein Amt aus dem wichtigen Grund der Kündigung niederzulegen, wird auch von der h. M. nicht bestritten; vgl. nur Hachenburg/Ulmer, GmbHG § 63 Rn. 102.

226 Baums, S. 421.

nungstheorie nicht erreicht werden.[227] In der Praxis bedeute dies vielmehr, daß der Verwalter es in der Hand habe, mit der Kündigung nicht nur das Anstellungsverhältnis, sondern auch die Organstellung zu beenden.[228]

c) Stellungnahme

Welcher Ansicht zu folgen ist, zeigt sich, wenn unter Berücksichtigung der Verfahrensziele untersucht wird, wie sich die Rechtsfolgen der Kündigung zu den verschiedenen Kompetenzbereichen verhalten. Ausgangspunkt ist hierbei, daß der Verwalter mit der Kündigung des Dienstverhältnisses eine Masseschmälerung zu Lasten der Gläubiger zu vermeiden versucht. Ist der Rechtsgrund für die Vergütung des Geschäftsführers damit entfallen, wird die Insolvenzmasse allein durch die Organstellung des Geschäftsführers nicht mehr belastet. Festzuhalten ist demnach, daß im Hinblick auf den Verfahrenszweck überhaupt keine Notwendigkeit besteht, mit der Beendigung des Anstellungsverhältnisses zugleich auch die Organstellung entfallen zu lassen.

Daneben darf nicht außer acht gelassen werden, daß die Abberufung von Geschäftsführern eine rein innergesellschaftliche Maßnahme darstellt, die grundsätzlich in den Kompetenzbereich der Gesellschafter fällt (§ 46 Nr.5 GmbHG). Der Gesetzgeber hat bewußt davon abgesehen, Eingriffe in die verbandsrechtliche Organisation des Schuldners durch den Insolvenzverwalter zuzulassen.[229] Eine entsprechende Kompetenz des Verwalters käme allenfalls dann in Betracht, wenn der Eingriff zugleich einen vermögensrechtlichen Bezug dergestalt aufwiese, daß ohne ihn das Verfahrensziel der bestmöglichen Gläubigerbefriedigung gefährdet wäre. Soweit die Abberufung des Geschäftsführers in Frage steht, ist dies aber nicht der Fall.

Schließlich sei hier nochmals betont, daß es Aufgabe des Geschäftsführers ist, als vertretungsberechtigtes Organ im Schuldnerbereich die Verfahrensrechte der Gesellschaft wahrzunehmen. Im übrigen ist es keinesfalls zwingend, daß der Geschäftsführer die Kündigung des Dienstvertrags ausnahmslos mit einer Amtsniederlegung quittieren wird. Wenn die Sanierung der Gesellschaft aussichtsreich erscheint, wird er selbst ein gewisses Interesse daran haben, den Verwalter bei der Unternehmensfortführung[230] zu unterstützen; das gilt um so mehr, wenn er

---

227 Baums, S. 431.

228 Baums, S. 421.

229 Vgl. die allg. Begr. zum RegE Anm. 4 a cc (BR-Drucks. 1/92), abgedruckt in W. Uhlenbruck, Das neue Insolvenzrecht, S. 241 f.

230 In Betracht kommt insoweit vor allem eine Unterstützung bei der Forderungsprüfung sowie bei der Ausarbeitung eines Insolvenzplans, falls der Geschäftsführer nicht selbst einen solchen formuliert.

zugleich Gesellschafter der insolventen GmbH ist. *Baums*[231] schlägt für einen solchen Fall vor, daß die Gesellschafter den Geschäftsführer nach der Kündigung durch den Verwalter erneut bestellen. Diese Vorgehensweise ist jedoch umständlich und führt zu zusätzlichen Kosten, die aus der Masse zu begleichen wären, da sie ihren Grund in der Kündigung des Anstellungsverhältnisses und damit letztlich in der Verwaltung der Insolvenzmasse haben.[232] Nicht zuletzt deshalb wäre ein an die Kündigung des Anstellungsverhältnisses geknüpftes Erlöschen der Organstellung im Insolvenzverfahren unpraktikabel. Die Neubestellung eines Geschäftsführers sollte nur dann erforderlich werden, wenn der (alte) Geschäftsführer sein Amt tatsächlich niedergelegt hat oder von der Gesellschafterversammlung gemäß § 38 GmbHG abberufen worden ist.

Die von Baums vertretene Einheitstheorie ist demnach jedenfalls für das Insolvenzverfahren abzulehnen.[233] Entsprechend der Reichweite der Verwalterkompetenz bewirkt die Kündigung des Dienstverhältnisses das Ende der Rechtsbeziehungen zwischen Geschäftsführer und Gesellschaft nur insoweit als sie die Insolvenzmasse betreffen, d. h. vermögensorientiert sind. Die organisationsrechtliche Stellung des Geschäftsführers bleibt davon unberührt.

4. Entlastung von Geschäftsführern

Mit der Entlastung des Geschäftsführers billigen die Gesellschafter dessen Amtsführung für die zurückliegende Amtsperiode und sprechen ihm zugleich für die künftige Geschäftsführung ihr Vertrauen aus.[234] Die Entlastung hat ferner zur Folge, daß die GmbH mit Ersatzansprüchen und Kündigungsgründen ausgeschlossen ist, die der Gesellschafterversammlung bei sorgfältiger Prüfung aller Vorlagen und Berichte erkennbar sind oder von denen alle Gesellschafter privat

---

231 Baums, S. 432.

232 Gegen eine Kostentragungspflicht der Masse könnte hier zwar angeführt werden, daß die Neubestellung des Geschäftsführers dazu dient, sein Tätigwerden allein im Schuldnerbereich zu ermöglichen und die Masse mit den damit zusammenhängenden Kosten nicht belastet werden dürfe; diese Argumentation vermag jedoch nicht an der Tatsache zu rütteln, daß allein der Verwalter die Ursache für die erforderliche Neubestellung gesetzt hat. Im übrigen könnten die Gesellschafter – um ihrerseits der Kostentragungspflicht zu entgehen – sich weigern, die Neubestellung zu beschließen und das Verfahren somit zumindest verzögern.

233 Ebenso Grüneberg, S. 111; Kautz, S. 120 f.

234 Letzteres jedoch nur soweit sich aus den Umständen des Einzelfalls nicht ergibt, daß nur eine Entscheidung für die Vergangenheit gewollt ist; vgl. BGHZ 94, 324 (326); Hachenburg/Hüffer, GmbHG § 46 Rn. 55.

Kenntnis haben.[235] Im Hinblick auf die Kompetenzverteilung ist deshalb sorgfältig zwischen dem Entlastungsbeschluß selbst und seinen Rechtsfolgen zu unterscheiden. Dies verkennt das Kammergericht[236], wenn es feststellt, daß die Entlastungsbefugnis nach Eröffnung des Insolvenzverfahrens allein dem Verwalter zustehe, da den Gesellschaftern anderenfalls ermöglicht werde, die Durchsetzung von Ersatzansprüchen der Gesellschaft gegen ihren Geschäftsführer zu vereiteln. Denn die in dem Entlastungsbeschluß enthaltene nachträgliche Billigung der Geschäftsführung sowie das damit für die Zukunft ausgesprochene Vertrauen sind gesellschaftsinterne, wertende Äußerungen, die den Bestand der Insolvenzmasse nicht berühren. Lediglich der Verzicht auf eventuell bestehende Ersatzansprüche ist vermögensbezogen und unterliegt somit gemäß § 80 Abs.1 InsO der Verfügungsgewalt des Insolvenzverwalters. Danach verbleibt die Entlastungsbefugnis bei den Gesellschaftern und nur die massebezogene Verzichtswirkung des Entlastungsbeschlusses entfällt im Insolvenzverfahren.[237]

Dieser Lösung kann auch nicht entgegengehalten werden, daß die praktische Bedeutung der Entlastung sich allein im Verzicht auf Ersatzansprüche der insolventen Gesellschaft erschöpfe, weil die gegenüber dem Geschäftsführer abgegebene Vertrauenserklärung ohne gleichzeitigen Verzicht auf Ersatzansprüche für diesen keinen Wert habe. Denn die Verzichtswirkung ist lediglich im Hinblick auf vermögensrechtliche Ansprüche der Insolvenzmasse gegen den Geschäftsführer ausgeschlossen. Dagegen bleibt es bei nicht vermögensbezogenen Rechten (Rügen etc.) bei der Präklusion.[238] Die Entlastung der Geschäftsführer durch die Gesellschafter hat also durchaus auch über den Tatbestand eines Vertrauensbeweises hinaus eine eigenständige Bedeutung.

VI. Weisungsbefugnis gegenüber den Geschäftsführern sowie deren Überwachung (§§ 37 Abs.1, 46 Nr.6 GmbHG)

Das Weisungsrecht der Gesellschafter gegenüber den Geschäftsführern beruht auf ihrer in jeder Hinsicht übergeordneten Geschäftsführungskompetenz, die ihren Ausdruck vor allem in den Vorschriften der §§ 37 Abs.1 und 45 Abs.1

---

235 Allg. Meinung, vgl. nur BGHZ 94, 324 (326); Hachenburg/Hüffer, GmbHG § 46 Rn. 56, 62 ff., jeweils m. w. N.; § 120 Abs.2 S.2 AktG ist nicht auf die GmbH übertragbar.

236 KG, GmbHR 1959, 257.

237 So auch Hachenburg/Ulmer, GmbHG § 63 Rn. 95; Scholz/K. Schmidt, GmbHG vor § 64 Rn. 65; Schmidt-Leithoff in Rowedder/Schmidt-Leithoff, GmbHG § 63 Rn. 132; Grüneberg, S. 50 ff.; Robrecht, DB 1968, 471 (472).

238 Knoche, S. 105.

GmbHG gefunden hat.[239] Da die innergesellschaftliche Organisationsstruktur des Schuldners durch die Eröffnung des Insolvenzverfahrens nicht berührt wird, behält die Gesellschafterversammlung als oberstes Gesellschaftsorgan grundsätzlich auch ihre Weisungsbefugnis. Sie wird freilich dadurch erheblich eingeschränkt, daß die Geschäftsführer als Weisungsempfänger ihre Kompetenzen größtenteils an den Insolvenzverwalter verloren haben. Nach Verfahrenseröffnung können die Gesellschafter dem Geschäftsführer deshalb bindende Weisungen nur noch im Rahmen des ihm verbliebenen Aufgabenbereichs erteilen.[240] Da es nach der Insolvenzordnung kein insolvenzfreies Vermögen mehr zu verwalten gibt, beschränkt sich der Geschäftsführer im wesentlichen auf die Wahrnehmung von Verfahrensrechten gegenüber dem Verwalter. So können die Gesellschafter die Geschäftsführer insbesondere anweisen, Rechtsmittel gegen den Eröffnungsbeschluß[241], die Anordnung einer Postsperre oder die gerichtliche Entscheidung bezüglich der Bestätigung eines Insolvenzplans einzulegen (§§ 34 Abs.2, 99 Abs.3, 253 InsO), angemeldete Insolvenzforderungen zu bestreiten, einen Insolvenzplan auszuarbeiten (§ 218 Abs.1 InsO) oder die vorläufige Untersagung einer besonders bedeutsamen Rechtshandlung des Verwalters zu beantragen (§§ 160, 161 InsO).

Anders verhält es sich dagegen im Hinblick auf die vom Geschäftsführer als Schuldnervertreter während des Insolvenzverfahrens zu erfüllenden Pflichten. Dazu zählen die in § 97 InsO aufgeführten Mitwirkungspflichten[242], die Pflicht, die Vollständigkeit der vom Verwalter aufzustellenden Vermögensübersicht eidesstattlich zu versichern (§ 153 Abs.2 InsO) sowie die Pflicht zur Einreichung einer Gesellschafterliste gemäß den in § 40 Abs.1 S.1 GmbHG aufgeführten Fällen. Ein Weisungsrecht der Gesellschafter scheitert hier schon am öffentlichrechtlichen Charakter dieser Pflichten.[243]

Ist eine Weisungsbefugnis der Gesellschafter mangels Dispositivität dieser Geschäftsführerpflichten abzulehnen, so kann daraus allerdings noch nicht geschlossen werden, daß statt dessen dem Insolvenzverwalter ein entsprechendes

---

239 Allg. Meinung, vgl. nur Roth/Altmeppen, GmbHG § 37 Rn. 3; Zöllner in Baumbach/Hueck, GmbHG § 37 Rn. 10.

240 Für die KO ebenso Grüneberg, S. 49.

241 Hat der Geschäftsführer gemäß § 64 Abs.1 GmbHG selbst Antrag auf Eröffnung des Insolvenzverfahrens gestellt, dürfte es allerdings regelmäßig an der erforderlichen Beschwer fehlen.

242 Hierbei handelt es sich allerdings nicht um der Gesellschaft oder den Gesellschaftern gegenüber bestehende Gebote, sondern um eigenständige, allein dem Insolvenzverwalter gegenüber bestehende Pflichten, welche gemäß § 98 InsO durchgesetzt werden können.

243 Für die KO so auch schon Grüneberg, S. 49, 135; Hachenburg/Ulmer, GmbHG § 63 Rn. 100.

Weisungsrecht zusteht. Vielmehr ist danach zu differenzieren, ob eine Weisungsbefugnis des Verwalters bezogen auf die Erfüllung der jeweiligen Pflicht aus dem Verfahrenszweck abgeleitet werden kann; d.h. bei der Bestimmung des Bereichs, in welchem der Insolvenzverwalter den Geschäftsführern gegenüber weisungsbefugt ist, kommt es ebenso wie bei der Kompetenzverteilung selbst darauf an, ob die Weisung den Verdrängungsbereich oder aber den Schuldner- oder gesellschaftsinternen Bereich betrifft. Der Insolvenzverwalter kann den Geschäftsführern also in allen massebezogenen Angelegenheiten Weisungen erteilen.[244] Dabei bestimmt der Verwalter sowohl den Umfang als auch die Art und Weise der Mitwirkung der Geschäftsführer. Bezüglich der Einreichung der Gesellschafterliste ist eine Weisungsbefugnis des Verwalters demnach zu verneinen, da ihre Nichterfüllung den Bestand der Insolvenzmasse nicht berührt.[245] Dagegen kann der Verwalter die in § 153 Abs.2 InsO vorgesehene Abgabe der eidesstattlichen Versicherung erzwingen, da das Gericht sie auf seinen Antrag hin anordnet. Damit hat der Gesetzgeber der Bedeutung dieser Pflicht für den Verfahrenszweck Rechnung getragen. Im Hinblick auf die in §§ 97 Abs.2, 101 Abs.1 InsO normierte allgemeine Mitwirkungspflicht des Geschäftsführers hat der Gesetzgeber dem Verwalter kein ausdrückliches Weisungsrecht eingeräumt. Die Mitarbeit des Geschäftsführers im Rahmen der Unternehmensfortführung kann für die Insolvenzmasse jedoch von großem Wert sein. Um diesen Vorteil für die Gläubiger nutzen zu können, ist dem Insolvenzverwalter als Ausfluß seiner Verwaltungsmacht auch insoweit eine Weisungsbefugnis gegenüber den Geschäftsführern zu gewähren.

Die Kontrollbefugnis der Gesellschafterversammlung korreliert mit ihrem Weisungsrecht. Den Gesellschaftern wird das Recht, die Geschäftsführer durch geeignete Maßnahmen zu überwachen daher mit der Eröffnung des Insolvenzverfahrens nicht genommen. Es beschränkt sich jedoch – wie auch das Weisungsrecht – auf den den Geschäftsführern verbleibenden Kompetenzbereich.[246]

244 Ebenso Grüneberg, S. 132.

245 Im übrigen ist ein Weisungsrecht des Insolvenzverwalters hier auch überflüssig, weil das Gesetz Umfang und Zeitpunkt der Pflichterfüllung so konkretisiert, daß insoweit ohnehin keine Dispositionsmöglichkeit mehr bestünde.

246 Ebenso Grüneberg, S. 50.

VII. Bestellung von Prokuristen und Generalhandlungsbevollmächtigten (§ 46 Nr. 7 GmbHG)

Nach einhelliger Auffassung[247] bezieht sich die Gesellschafterkompetenz des § 46 Nr.7 GmbHG nur auf die Willensbildung im Innenverhältnis, d. h. die Gesellschafter entscheiden über die Bestellung von Prokuristen. Die Erteilung der Prokura erfolgt hingegen durch die Geschäftsführer. Ohne entsprechenden Gesellschafterbeschluß dürfen die Geschäftsführer keine Prokura erteilen; dessen Fehlen führt im Außenverhältnis jedoch nicht zur Unwirksamkeit der Prokuraerteilung. Für den Widerruf der Prokura gilt § 46 Nr.7 GmbHG dagegen überhaupt nicht, so daß die Geschäftsführer die Prokura auch widerrufen dürfen, ohne zuvor einen entsprechenden Gesellschafterbeschluß herbeigeführt zu haben.[248]

Mit der Eröffnung des Insolvenzverfahrens erlischt eine zuvor erteilte Prokura.[249] Dies folgt unmittelbar aus dem Übergang der Verwaltungs- und Verfügungsmacht auf den Insolvenzverwalter. Die Rechtsmacht des Prokuristen leitet sich nämlich gerade aus der Befugnis des Schuldners zum Betrieb seines Handelsgeschäfts ab. Verliert der Schuldner diese Befugnis an den Verwalter, muß auch die Vertretungsbefugnis des Prokuristen von diesem abgeleitet sein. Eine nicht vom Insolvenzverwalter erteilte Vertretungsmacht ist mit § 80 Abs.1 InsO nicht vereinbar. Da insolvenzfreies Vermögen nicht existiert, kann die Prokura auch nicht auf diesen Bereich beschränkt wirksam bleiben, sondern erlischt vollständig.

Im Hinblick auf die Kompetenzverteilung stellen sich somit zwei Fragen. Zunächst ist zu klären, ob der Insolvenzverwalter als solcher überhaupt berechtigt ist, Prokura zu erteilen. Ist dies der Fall, fragt sich weiter, ob er dazu gemäß § 46 Nr.7 GmbHG auf einen Gesellschafterbeschluß angewiesen ist.

1. Kompetenz des Insolvenzverwalters zur Prokuraerteilung?

Festzuhalten ist zunächst, daß eine Prokuraerteilung seitens der Geschäftsführer nach Eröffnung des Insolvenzverfahrens ausgeschlossen ist. Zwar wird die Insolvenzmasse durch den Akt der Bestellung selbst nicht berührt. Die dem Prokuri-

247 Siehe nur BGHZ 62, 166 (168 f.); Hachenburg/Hüffer, GmbHG § 46 Rn. 81; Scholz/K. Schmidt, GmbHG, § 46 Rn. 124; Zöllner in Baumbach/Hueck, GmbHG § 46 Rn. 33; Roth/Altmeppen, GmbHG § 46 Rn. 49.

248 Allg. Meinung, siehe nur Hachenburg/Hüffer, GmbHG § 46 Rn. 84 m. w. N.

249 Ganz herrschende Meinung: BGH, WM 1958, 430 (431); Hopt in Baumbach/Hopt, HGB § 52 Rn. 5; Koller/Roth/Morck, HGB § 52 Rn. 9; Staub/Joost, HGB § 52 Rn. 50 f.; MüKo-HGB/Lieb/Krebs, § 52 Rn. 29; Hofmann, S. 171 f.; K. Schmidt, BB 1989, 229 (234); a. A. Kuhn/W. Uhlenbruck, KO § 23 Rn. 7b.

sten erteilte Vollmacht erlaubt ihm jedoch, Masseverbindlichkeiten zu begründen und über Vermögensgegenstände aus der Masse zu verfügen. Diese Rechtsfolge ist mit § 80 Abs.1 InsO unvereinbar, so daß eine Prokuristenbestellung allenfalls durch den Insolvenzverwalter in Betracht kommt.

Die Rechtsprechung[250] und ein Teil des Schrifttums[251] zur Konkursordnung rechneten aber auch den Konkursverwalter nicht zu dem Personenkreis tauglicher Vollmachtgeber. Dies wurde damit begründet, daß die Prokuristenbestellung durch den Verwalter mit dem Liquidationszweck des Verfahrens und der sich daraus ergebenden begrenzten Handlungsbefugnis des Verwalters nicht vereinbar sei. Dem wurde von anderer Seite entgegengehalten, daß die höchstrichterliche Rechtsprechung[252] auch die Betriebsfortführung durch den Verwalter als vom Konkurszweck gedeckt ansehe. Berücksichtige man die Vielfalt der im Rahmen der Unternehmensfortführung anfallenden Aufgaben, könne es zur Erreichung des Verfahrensziels durchaus notwendig sein, beauftragte Personen mit den Vollmachten eines Prokuristen auszustatten.[253]

Daß die Befugnis des Verwalters zur Prokuristenbestellung nicht mit dem Verfahrenszweck in Einklang stehe, mag nach altem Recht noch vertretbar gewesen sein; de lege lata ist die Auffassung jedenfalls nicht haltbar. In § 1 S.1 InsO hat der Gesetzgeber als Mittel zur Erreichung des Verfahrensziels die Sanierung des Unternehmens[254] mittels eines Insolvenzplans ausdrücklich als gleichwertige Alternative zu dessen Liquidation genannt. Die vorläufige Fortführung des Unternehmens durch den Insolvenzverwalter ist zum gesetzlichen Regelfall erhoben,[255] und gemäß § 157 InsO entscheidet die Gläubigerversammlung – ohne an ihren Beschluß gebunden zu sein – frühestens im Berichtstermin über Sanierung oder Liquidation der Gesellschaft. Ein vorrangiger Liquidationszweck existiert nach der Insolvenzordnung nicht. Vielmehr besteht auch ein praktisches Bedürfnis, dem Verwalter zur effektiven Wahrnehmung seiner Aufgaben die Möglichkeit zu eröffnen, Personen seines Vertrauens Prokura zu erteilen. Dies gilt insbesondere für zeitintensive Unternehmensfortführungen im Rahmen von Großinsolvenzen; aber auch dann, wenn feststeht, daß die Gesellschaft liquidiert wird, kann

250 BGH WM 1958, 430 (431).

251 Jaeger/Henckel, KO § 6 Rn. 52; Hofmann, S. 38, jeweils m. w. N.

252 BGHZ 99, 151 (155).

253 Wagner in Röhricht/Graf von Westphalen, HGB § 48 Rn. 10; Staub/Joost, HGB § 48 Rn. 17.

254 Darunter ist sowohl die Sanierung des Schuldners als Unternehmensträger als auch eine übertragende Sanierung zu verstehen, vgl. die allgemeine Begründung zum RegE 3 a bb sowie die Begr. zu § 1 RegE = § 1 InsO (BR-Drucks. 1/92), abgedruckt in W. Uhlenbruck, Das neue Insolvenzrecht, S. 232 f., 296 f.

255 Vgl. §§ 157, 158 InsO und für den vorläufigen Insolvenzverwalter mit Verwaltungs- und Verfügungsbefugnis § 22 Abs.1 Nr.2 InsO.

die Bestellung eines Prokuristen im Interesse einer zügigen und komplikationslosen Verfahrensabwicklung geboten sein.

Da der Insolvenzverwalter die Geschäftsführer in bezug auf die Verwaltung der Insolvenzmasse aus ihrer Position verdrängt, erteilt er Prokura als gesetzlicher Vertreter der GmbH. Vollmachtgeber bleibt also die insolvente Gesellschaft, die ihre Kaufmannseigenschaft mit Verfahrenseröffnung nicht verloren hat und weiterhin Inhaberin des Handelsgeschäfts i. S. d. § 48 Abs.1 HGB ist.[256] Aus der Befugnis des Insolvenzverwalters zur Prokuristenbestellung ergibt sich notwendig auch dessen Zuständigkeit für deren Anmeldung zur Eintragung in das Handelsregister gemäß § 53 Abs.1 HGB. Da die Erteilung der Prokura durch den Verwalter letztlich dem Verfahrensziel dient, fallen die mit der Handelsregistereintragung verbundenen Kosten der Insolvenzmasse zur Last.

2. Erfordernis eines Gesellschafterbeschlusses?

Die in § 46 GmbHG genannten Gesellschafterrechte sind dispositiv. Haben die Gesellschafter ihre Befugnis, über die Bestellung von Prokuristen zu entscheiden, an die Geschäftsführer übertragen, bereitet die Lösung keine Schwierigkeiten. Denn damit haben die Gesellschafter zum Ausdruck gebracht, daß sie von ihrem Recht keinen Gebrauch machen wollen. Der Insolvenzverwalter ist dann – ebenso wie die Geschäftsführer der werbenden GmbH – nicht auf die Zustimmung der Gesellschafter angewiesen. Aber auch in dem Fall, daß die Gesellschafter ihre Kompetenz nicht durch eine Satzungsbestimmung auf ein anderes Organ der Gesellschaft übertragen haben, besteht kein Zustimmungserfordernis seitens der Gesellschafterversammlung. Denn dem am Verfahrenszweck orientierten Interesse des Verwalters, nach seinem Ermessen Prokura zu erteilen, steht kein entsprechend schützenswertes Interesse der Gesellschafter gegenüber. Der Verlust ihrer Zustimmungskompetenz[257] bedeutet keinen schwerwiegenden Eingriff in die innergesellschaftliche Organisationsstruktur. Zwar ist ein Prokurist mit besonderen Vollmachten ausgestattet, seine Stellung ist jedoch nicht mit der eines Gesellschaftsorgans vergleichbar. Sofern die Gesellschaft nach Aufhebung des Insolvenzverfahrens fortgesetzt wird, können die Gesellschafter die vom Verwalter erteilten Prokuren gemäß § 52 Abs.1 HGB jederzeit widerrufen. Bis zu diesem Zeitpunkt muß es aber allein vom Willen des Insolvenzverwalters abhängen, ob

---

256 So auch schon zur KO K. Schmidt, BB 1989, 229 (233); nach der herrschenden Amtstheorie wäre der Verwalter dagegen selbst Vollmachtgeber.

257 Die Befugnis, allein über die Prokuristenbestellung zu entscheiden, haben die Gesellschafter bereits mit Eröffnung des Insolvenzverfahrens verloren, weil ihnen im Hinblick auf die Prokuraerteilung gegenüber dem Verwalter keine Weisungsbefugnis zusteht.

und mit wem er die ihm gemäß § 80 Abs.1 InsO übertragene Verwaltungs- und Verfügungsmacht teilt.

Der Insolvenzverwalter kann die von ihm erteilten Prokuren während der Dauer des Insolvenzverfahrens auch jederzeit widerrufen. Die Zustimmung der Gesellschafter ist insoweit schon deshalb nicht erforderlich, weil § 46 Nr.7 GmbHG auch außerhalb des Verfahrens nur für die Erteilung und nicht für den Widerruf der Prokura gilt.

3. Die Bestellung von Generalhandlungsbevollmächtigten

Bezüglich der Bestellung von Generalhandlungsbevollmächtigten kann nach dem oben Gesagten nichts anderes gelten als für die Erteilung von Prokuren. Denn die Erteilung einer Handlungsvollmacht bedeutet im Verhältnis zur Prokura ein Weniger; der Umfang der erteilten Vollmacht ist geringer und damit auch der Eingriff in die innergesellschaftliche Organisationsstruktur. Demnach ist der Insolvenzverwalter berechtigt, auch Generalhandlungsbevollmächtigte ohne Zustimmung der Gesellschafter zu bestellen.

VIII. Geltendmachung von Ersatzansprüchen der Gesellschaft (§ 46 Nr. 8 GmbHG)

Die Vorschrift betrifft alle Ersatz- und Erstattungsansprüche der Gesellschaft, gleichviel aus welcher Anspruchsgrundlage, die aus Pflichtverstößen in sachlichem Zusammenhang mit der Gründung und Geschäftsführung resultieren.[258] Dazu rechnen insbesondere Ansprüche gegen die Gründungsgesellschafter und Geschäftsführer aus § 9a GmbHG sowie aus pflichtwidriger Geschäftsführung gemäß den §§ 43 Abs.2, 64 Abs.2 GmbHG. Der Grund für die Kompetenzzuweisung an die Gesellschafter liegt zum einen darin, daß mit der Geltendmachung der Ansprüche Interna der Gesellschaft, die für ihr Ansehen und ihren Kredit bedeutsam sind, aufgedeckt werden;[259] zum anderen können dadurch auch die persönlichen Beziehungen der auf eine vertrauensvolle Zusammenarbeit angewiesenen Beteiligten erheblich belastet werden.[260] Es soll allein den Gesellschaftern überlassen bleiben, darüber zu befinden, ob der finanzielle Nutzen einer erfolg-

---

258 Zöllner in Baumbach/Hueck, GmbHG § 46 Rn. 38a; Roth/Altmeppen, GmbHG § 46 Rn. 58, jeweils m. w. N.

259 BGHZ 28, 355 (357).

260 So OLG Nürnberg, GmbHR 1959, 10 (12); vgl. dazu auch Lutter/Hommelhoff, GmbHG § 46 Rn. 21; Koppensteiner in Rowedder/Koppensteiner, GmbHG § 46 Rn. 39.

reichen Klage diese mit der Geltendmachung der Ansprüche verbundenen Nachteile aufwiegt. Nach ganz herrschender Auffassung dient der Gesellschafterbeschluß hierbei nicht nur der Willensbildung im Innenverhältnis, sondern ist zugleich Voraussetzung für die klageweise Durchsetzung der Ersatzansprüche, deren Fehlen die Abweisung der Klage als unbegründet nach sich zieht.[261]

Hinsichtlich der Kompetenzverteilung im eröffneten Verfahren ist zunächst festzustellen, daß es nach der Insolvenzordnung nicht mehr darauf ankommt, ob die den Anspruch begründende Pflichtverletzung vor oder nach Verfahrenseröffnung begangen wurde. Denn anders als noch unter der Konkursordnung[262] fällt auch ein erst nach Verfahrenseröffnung entstehender Ersatzanspruch gemäß § 35 InsO in die Insolvenzmasse.

Ob der Verwalter nach Verfahrenseröffnung zur erfolgreichen Durchsetzung der Ersatzansprüche eines entsprechenden Gesellschafterbeschlusses bedarf, erschließt sich durch einen Vergleich mit der Einforderung satzungsmäßig vorgesehener Nachschüsse. Dort hatte der Gesetzgeber ausdrücklich einen entsprechenden Gesellschafterbeschluß auch in der Insolvenz der GmbH gefordert und festgelegt, daß dieser Beschluß für die Entstehung der Forderung selbst unabdingbar sei. Hinsichtlich der Vorschrift des § 46 Nr.8 GmbHG findet sich in der Entwurfsbegründung zum GmbHG jedoch kein entsprechender Hinweis. Hier entsteht der Ersatzanspruch daher bereits im Zeitpunkt der schadstiftenden Pflichtverletzung und wird mit Verfahrenseröffnung Bestandteil der Insolvenzmasse.[263] Gilt das Erfordernis eines Gesellschafterbeschlusses somit nur für die *Geltendmachung* der Forderung, muß dieses Erfordernis allerdings mit Eröffnung des Insolvenzverfahrens entfallen.[264] Denn zur Geltendmachung von massezugehörigen Ansprüchen ist gemäß § 80 Abs.1 InsO allein der Verwalter befugt. Mit der Geltendmachung der Ansprüche ist auch kein Eingriff in die Verbandsstruktur der Gesellschaft verbunden. Nicht zuletzt wird dieses Ergebnis auch dadurch gestützt, daß die oben aufgeführten Gründe für eine Kompetenzzuweisung an die Gesellschafter mit Verfahrenseröffnung entfallen: Ansehen und Kredit der Ge-

---

261 BGHZ 28, 355 (359); Roth/Altmeppen, GmbHG § 46 Rn. 60; Lutter/Hommelhoff, GmbHG § 46 Rn. 22; Koppensteiner in Rowedder/Schmidt-Leithoff, GmbHG § 46 Rn. 40; Hachenburg/Hüffer, GmbHG § 46 Rn. 97 f.; Scholz/K. Schmidt, GmbHG § 46 Rn. 142; kritisch dagegen Zöllner in Baumbach/Hueck, GmbHG § 46 Rn. 40.

262 Vgl. dazu Grüneberg, S. 92 ff.

263 Insoweit ist die Rechtslage mit der in § 46 Nr.2 GmbHG geregelten Einforderung von Einzahlungen auf die Stammeinlagen vergleichbar.

264 Im Ergebnis ebenso die ganz h. M.: vgl. RGZ 76, 244 (248) (für die AG); BGH NJW 1960, 1667 (für die Genossenschaft); Roth/Altmeppen, GmbHG § 46 Rn. 61; Zöllner in Baumbach/Hueck, GmbHG § 46 Rn. 39; Lutter/Hommelhoff, GmbHG § 46 Rn. 22; Koppensteiner in Rowedder/Schmidt-Leithoff, GmbHG § 46 Rn. 41; Hachenburg/Hüffer, GmbHG § 46 Rn. 89; Scholz/K. Schmidt, GmbHG § 46 Rn. 152.

sellschaft sind bereits durch den Antrag auf Eröffnung des Insolvenzverfahrens derart beschädigt, daß darüber hinausgehende Nachteile durch die Geltendmachung eines Ersatzanspruchs nicht zu befürchten stehen und auch das Vertrauensverhältnis zwischen den Beteiligten dürfte zu diesem Zeitpunkt häufig zutiefst erschüttert sein.

Bedarf es zur Geltendmachung der Ersatzansprüche während des Insolvenzverfahrens somit keines Gesellschafterbeschlusses, ist der Verwalter selbstverständlich auch nicht an bereits gefaßte Beschlüsse gebunden. Etwas anderes kommt allenfalls dann in Betracht, wenn die Gesellschafterversammlung noch vor Verfahrenseröffnung auf einen Ersatzanspruch verzichtet oder sich darüber verglichen hat, da die vom Verwalter geltend zu machende Forderung in diesem Fall gar nicht mehr besteht. Dabei ist jedoch zu berücksichtigen, daß gemäß § 9b Abs.1 S.1 GmbHG ein Verzicht oder Vergleich hinsichtlich der Ersatzansprüche aus §§ 9a, 43 Abs.3, 64 Abs.2 GmbHG seine Wirksamkeit gegenüber den Gesellschaftsgläubigern mit Eröffnung des Insolvenzverfahrens verliert, weil der Ersatz nunmehr zu deren Befriedigung benötigt wird.[265]

IX. Die actio pro socio

Actio pro socio bedeutet die Verfolgung und gerichtliche Durchsetzung mitgliedschaftlicher Ansprüche der Gesellschaft gegen ihre Gesellschafter durch deren Mitgesellschafter. Ihre Existenz im GmbH-Recht ist von Rechtssprechung[266] und Schrifttum[267] grundsätzlich anerkannt. Grundlage der actio pro socio ist die Mitgliedschaft als solche; ihre Voraussetzungen und Grenzen sind im Einzelnen allerdings umstritten.[268] So besteht insbesondere keine Einigkeit darüber, ob ein Gesellschafter im Wege der actio pro socio ausschließlich gegen Mitgesellschafter oder aber auch gegen Dritte vorgehen kann. Diese Frage muß hier jedoch nicht vertieft werden, da ihre Beantwortung nichts zur Kompetenzabgrenzung zwischen dem Insolvenzverwalter und den Gesellschaftsorganen beitragen würde.

---

265 Hinsichtlich der Ersatzansprüche aus §§ 43 Abs.3, 64 Abs.2 GmbHG können sich die Geschäftsführer auch nicht darauf berufen, daß sie durch einen Gesellschafterbeschluß zu der die Ersatzpflicht begründenden Pflichtverletzung angewiesen worden seien (vgl. §§ 43 Abs.3 S.3, 64 Abs.2 S.3).

266 OLG Köln, GmbHR 1993, 816; OLG Düsseldorf, DB 1993, 2474; vgl. auch BGH, WM 1982, 928; BGH 1990, 2627.

267 Vgl. nur Hueck/Fastrich in Baumbach/Hueck, GmbHG § 13 Rn. 32 mit den dort aufgeführten zahlreichen weiteren Nachweisen.

268 Vgl. Hueck/Fastrich in Baumbach/Hueck, GmbHG § 13 Rn. 33 f.

Für einen Kompetenzverlust der Gesellschafter ist zunächst wiederum entscheidend, ob die Gesellschafterklage geeignet ist, sich im eröffneten Verfahren auf den Bestand der Insolvenzmasse auszuwirken. Als der actio pro socio zugrunde liegende Ansprüche kommen alle Ansprüche der Gesellschaft gegen ihre Gesellschafter aus der Mitgliedschaft in Betracht, insbesondere also Ansprüche auf Einlagenleistung und Nachschüsse, auf Verlustdeckung und Rückzahlungen gemäß § 31 GmbHG, aber auch Unterlassungsansprüche z. B. bei einem Verstoß gegen ein Wettbewerbsverbot.[269] Diese Ansprüche wirken sich zumindest mittelbar auf den Bestand der Insolvenzmasse aus, so daß in diesen Fällen regelmäßig der Insolvenzverwalter und nicht mehr die Gesellschafter für deren Geltendmachung im Wege der actio pro socio zuständig sind.

Darüber hinaus ist auch zu beachten, daß nach überwiegender Meinung[270] die innere Zuständigkeitsordnung der Gesellschaft grundsätzlich Vorrang gegenüber der Gesellschafterklage hat und diese somit ausgeschlossen ist, wenn das an sich zuständige Gesellschaftsorgan den Anspruch verfolgt. Da es sich stets um einen Anspruch der Gesellschaft gegen ihre Gesellschafter[271] handelt, ist für dessen Geltendmachung außerhalb des Insolvenzverfahrens – vorbehaltlich eines möglicherweise zusätzlich erforderlichen Gesellschafterbeschlusses – die Gesellschaft, vertreten durch ihre Geschäftsführer, zuständig. Im eröffneten Insolvenzverfahren geht diese Kompetenz der Geschäftsführer auf Grund der Massebezogenheit des Anspruchs auf den Verwalter über; meist entfällt dann auch das Erfordernis eines zusätzlichen Gesellschafterbeschlusses.[272] Um seine Pflicht zur Erhaltung bzw. Anreicherung der Insolvenzmasse zu erfüllen, wird der Verwalter einen solchen Anspruch daher regelmäßig auf diesem Wege und ohne Rückgriff auf die Rechtsfigur der actio pro socio geltend machen.

Im Ergebnis wird der actio pro socio in der Praxis des eröffneten Insolvenzverfahrens demnach nur ein sehr eingeschränkter Anwendungsbereich verbleiben. Soll im Einzelfall ein Anspruch der insolventen GmbH im Wege der actio pro socio verfolgt und durchgesetzt werden, so ist hierfür auf Grund der regelmäßig vorliegenden Massebezogenheit des Anspruchs der Insolvenzverwalter zuständig.

269 Hueck/Fastrich in Baumbach/Hueck, GmbHG § 13 Rn. 34 m.w.N.

270 Vgl. Hueck/Fastrich in Baumbach/Hueck, GmbHG § 13 Rn. 34a mit zahlreichen weiteren Nachweisen.

271 Teilweise wird die actio pro socio auch auf Ansprüche der Gesellschaft gegen Dritte ausgedehnt, vgl. Hueck/Fastrich in Baumbach/Hueck, GmbHG § 13 Rn. 34 m.w.N.

272 Siehe dazu die Ausführungen oben zur Geltendmachung bestimmter Ersatzansprüche der Gesellschaft gemäß § 46 Nr.8 GmbHG (B. VIII.).

X. Die Übertragung von Geschäftsanteilen (§ 15 GmbHG)

Bei der Frage nach der Kompetenzverteilung hinsichtlich der Übertragung von Geschäftsanteilen der insolventen GmbH ist danach zu unterscheiden, ob die Anteile von der Gesellschaft selbst oder von Dritten gehalten werden.

Sind Dritte Inhaber der Geschäftsanteile, fallen diese mit Verfahrenseröffnung nicht in die Insolvenzmasse. Die Gesellschafter können grundsätzlich weiterhin nach Maßgabe des § 15 GmbHG über ihre Beteiligung verfügen.[273] Macht die Satzung die Wirksamkeit der Abtretung eines Geschäftsanteils von der Zustimmung der Gesellschaft abhängig (§ 15 Abs.5 GmbHG), ist fraglich, ob diese nach Verfahrenseröffnung vom Insolvenzverwalter erteilt wird. Entscheidend ist hierfür, daß der Gesellschafterwechsel lediglich die innergesellschaftliche Organisationsstruktur und nicht die Insolvenzmasse betrifft. Folglich wird die Zustimmung auch im eröffneten Insolvenzverfahren von den dazu berufenen Gesellschaftsorganen[274] und nicht vom Insolvenzverwalter erteilt.[275] Soweit auf den abgetretenen Anteil noch rückständige Leistungen zu erbringen sind, kann die Übertragung für die Masse sogar vorteilhaft sein, da der Erwerber gemäß § 16 Abs.3 GmbHG nunmehr neben dem Veräußerer haftet.

Hält die insolvente Gesellschaft dagegen eigene Geschäftsanteile, werden diese mit Eröffnung des Verfahrens Bestandteil der Insolvenzmasse und unterliegen damit grundsätzlich der alleinigen Verwaltungs- und Verfügungsbefugnis des Insolvenzverwalters.[276] Dabei ist jedoch zu beachten, daß die dem Mitgliedschaftsrecht innewohnenden Mitverwaltungsrechte mit dem Erwerb eigener Anteile zu ruhen begonnen haben, insbesondere um zu vermeiden, daß die Geschäftsführung Einfluß auf Beschlüsse der Gesellschafterversammlung nehmen kann.[277] Fraglich ist dann, ob sich daran durch die Eröffnung des Insolvenzverfahrens etwas ändert mit der Folge, daß der Insolvenzverwalter befugt ist, das Stimmrecht des gesellschaftseigenen Geschäftsanteils auszuüben. Allerdings wäre auch im Insolvenz-

---

273 Beschränkungen ihrer Verfügungsbefugnis können sich allenfalls aus den Grundsätzen der gesellschaftsrechtlichen Treuepflicht ergeben.

274 Ist im Gesellschaftsvertrag nichts Näheres bestimmt, wird die Zustimmung der Gesellschaft durch die Geschäftsführer erteilt, gegebenenfalls ist im Innenverhältnis zudem ein entsprechender Gesellschafterbeschluß erforderlich; vgl. dazu Hueck/Fastrich in Baumbach/Hueck, GmbHG § 15 Rn. 41, m.w.N.

275 So auch Hachenburg/Zutt, GmbHG § 15 Rn. 107; Scholz/Winter, GmbHG § 15 Rn. 210 f.; unklar dagegen RGZ 64, 149 (153 f.).

276 Ebenso Robrecht, DB 1968, 471 (472).

277 Allgemeine Meinung, vgl.nur Scholz/Westermann, GmbHG § 33 Rn. 37; Pentz in Rowedder/Schmidt-Leithoff, GmbHG § 33 Rn. 44 ff.; Hueck/Fastrich in Baumbach/Hueck, GmbHG § 33 Rn. 19; Roth/Altmeppen, GmbHG § 33 Rn. 24, jeweils m. w. N.

verfahren eine Verschiebung der Stimmverhältnisse zu Gunsten der Verwaltung nicht tolerierbar soweit es um Gesellschafterbeschlüsse geht, die die Insolvenzmasse nicht berühren. Außerdem können dem Insolvenzverwalter insoweit nicht mehr Rechte zustehen als zuvor der Gesellschaft selbst. Folglich bleibt es auch nach Verfahrenseröffnung dabei, daß die Mitverwaltungsrechte bezüglich eigener Geschäftsanteile ruhen. Auch hinsichtlich der Veräußerung eigener Geschäftsanteile kann der Verwalter nicht mehr Rechte beanspruchen als die Gesellschaft zuvor selbst. Außerhalb des Insolvenzverfahrens wären die Anteile zwar grundsätzlich nach Maßgabe des § 15 GmbHG frei veräußerlich. Es besteht jedoch weitgehend Einigkeit darüber, daß die Geschäftsführer nicht befugt sind, aus eigener Machtvollkommenheit über die Zusammensetzung des Gesellschafterkreises zu entscheiden.[278] Die Veräußerung eines gesellschaftseigenen Geschäftsanteils durch die Geschäftsführer bedarf daher stets der Zustimmung der Gesellschafter. Dieser Zustimmungsvorbehalt wird allein durch die Eröffnung des Insolvenzverfahrens nicht beseitigt, da der Verwalter – ebenso wie der Geschäftsführer einer werbenden GmbH – ohne das Einverständnis der Gesellschafter nicht berechtigt ist, strukturverändernde Maßnahmen vorzunehmen. Denkbar wäre allenfalls, daß die Gesellschafter auf Grund gesellschaftsrechtlicher Treuepflichten verpflichtet sind, der Veräußerung der Geschäftsanteile zuzustimmen.[279] Im Ergebnis können gesellschaftseigene Geschäftsanteile somit regelmäßig nur durch ein Zusammenwirken von Insolvenzverwalter und Gesellschaftern veräußert werden.

C. Kompetenzbeschränkungen der Gesellschafter bei Satzungsänderungen

Nachdem geklärt ist, welche durch einfachen Beschluß wahrzunehmende Kompetenzen den Gesellschaftern nach Verfahrenseröffnung noch verbleiben, soll nachstehend untersucht werden, ob und gegebenenfalls inwieweit die Satzungsänderungskompetenz der Gesellschafter auf den Insolvenzverwalter übergeht. Hierbei wird zunächst auf solche Änderungen des Gesellschaftsvertrags eingegangen, deren Durchführung in der Praxis nicht zwingend mit der Aufstellung

278 OLG Hamm, ZIP 1983, 1332 (1334) (für bergrechtliche Gewerkschaft); Scholz/Westermann, GmbHG § 33 Rn. 38; Hachenburg/Hohner, GmbHG § 33 Rn. 61 ff. unter Hinweis auf die Vergleichbarkeit mit einer Kapitalerhöhung; vgl. auch BGHZ 83, 122 (137); abweichend Pentz in Rowedder/Schmidt-Leithoff, GmbHG § 33 Rn. 51 f.

279 Siehe zu den den Gesellschaftern im Rahmen der gesellschaftsrechtlichen Treuepflicht obligenden Pflichten bei Sanierungsmaßnahmen ausführlich unten 2. Teil D.

und Umsetzung eines auf die Sanierung der Gesellschaft gerichteten Insolvenzplans verbunden ist.[280]

Heute ist allgemein anerkannt, daß Satzungsänderungen auch nach Eröffnung des Insolvenzverfahrens grundsätzlich zulässig sind.[281] Als Grundlage der juristischen Person regelt der Gesellschaftsvertrag vornehmlich die Beziehungen der Gesellschaft zu ihren Organen, sowie das Verhältnis ihrer Organe untereinander. Trotz der mit Verfahrenseröffnung erfolgten Auflösung der GmbH, muß es weiterhin möglich bleiben, das organisationsrechtliche Innenleben der Gesellschaft durch geeignete Änderungen der Satzungsbestimmungen den Erfordernissen der neuen Situation anzupassen. Mit Inkrafttreten der Insolvenzordnung ist dies noch deutlicher geworden, da das Unternehmen nunmehr regelmäßig zunächst vom Insolvenzverwalter fortzuführen ist. Von der Existenz eines primären Liquidationszwecks, welcher einer Satzungsänderung nach Verfahrenseröffnung entgegenstünde, kann deshalb nicht mehr ausgegangen werden.[282] Freilich steht die Zulässigkeit von Satzungsänderungen auch nach der Insolvenzordnung unter dem Vorbehalt des Verfahrenszwecks. Konkret bedeutet dies, daß nur solche Änderungen des Gesellschaftsvertrags erlaubt sind, die die im Einzelfall bestmögliche Gläubigerbefriedigung nicht gefährden. Unzulässig sind demnach insbesondere Satzungsänderungen, die zu einer Schmälerung der Insolvenzmasse führen.

I. Änderung und Veräußerung der Firma

1. Massezugehörigkeit der Firma und Verwertungsbefugnis des Insolvenzverwalters

Nach heute einhelliger Meinung in Rechtsprechung[283] und Literatur[284] fällt die Firma der GmbH mit Verfahrenseröffnung in die Insolvenzmasse. Zwar unterliegt die Firma nicht der Einzelzwangsvollstreckung, so daß § 36 Abs.1 InsO gegen ihre Massezugehörigkeit spricht. Aus § 160 Abs.2 Nr.1 InsO ergibt sich je-

---

280 Vgl. zu den gesellschaftsrechtlichen Maßnahmen, die ausschließlich auf die Sanierung des insolventen Rechtsträgers abzielen, unten 2. Teil, D.

281 Schulze-Osterloh in Baumbach/Hueck, GmbHG § 64 Rn. 53; Hachenburg/Ulmer, GmbHG § 63 Rn. 95; Scholz/K. Schmidt, GmbHG vor § 64 Rn. 65; Meyer-Landrut/Miller/Niehus, GmbHG § 63 Rn. 13; Grüneberg, S. 52 f.

282 So aber noch OLG Bremen, GmbHR 1958, 180 f.; RGZ 77, 152 (154 f.); RGZ 85, 205 (207 f.).

283 BGHZ 85, 221 (222 f.); a. A. noch RGZ 9, 104 (106); RGZ 58, 166 (169).

284 Siehe nur Hess/Weis/Wienberg, InsO §§ 35, 36 Rn. 137; Eickmann in HK-InsO, § 35 Rn. 19; Scholz/K. Schmidt, GmbHG vor § 64 Rn. 63; Hachenburg/Ulmer, GmbHG § 63 Rn. 77, m. w. N.

doch, daß der Insolvenzverwalter das schuldnerische Unternehmen als ganzes veräußern darf, dieses mithin Bestandteil der Masse ist. Zum Unternehmen gehören aber nicht nur pfändbare Gegenstände, sondern auch alle vermögenswerten, dem Geschäftsbetrieb dienenden, unpfändbaren Güter, also auch der Name, unter welchem die Gesellschaft am Rechtsverkehr teilnimmt. Folglich geht gemäß § 80 Abs.1 InsO auch die alleinige Verwaltungs- und Verfügungsmacht hinsichtlich der Firma mit Eröffnung des Insolvenzverfahrens auf den Verwalter über. Er kann die insolvente Gesellschaft sowohl unter ihrer bisherigen Firma fortführen als auch das Unternehmen samt Firma veräußern, ohne daß dazu die Zustimmung der Gesellschafter erforderlich ist. Etwas anderes wäre allenfalls dann denkbar, wenn es sich um eine Personenfirma handelt, die aus dem Namen eines Gesellschafters gebildet ist. Allerdings ist der Gesellschafter einer GmbH von Rechts wegen nicht gezwungen, der Gesellschaft seinen Familiennamen zur Verfügung zu stellen. Er kann vielmehr zwischen einer Sach- und einer Personenfirma wählen. Hat er sich für letztere entschieden, so überwiegt jedoch das vermögensrechtliche Interesse der Gläubiger an einer freien Verwertung der Firma regelmäßig dasjenige des Gesellschafters an der Erhaltung des mit der Namenswahl zwischen ihm und seinem Unternehmen hergestellten personalen Bezug.[285] Da der Gesellschafter mit dem Gebrauch seines Namens als Firma wirksam über sein Namensrecht disponiert hat, kann er nun auch nicht mehr das Recht für sich in Anspruch nehmen, nach Aufhebung des Verfahrens wieder kaufmännisch unter seinem Namen zu handeln und die Werbekraft seines Namens für einen Neubeginn zu nutzen.[286] Folglich besteht das uneingeschränkte Verwertungsrecht des Insolvenzverwalters auch dann, wenn es sich um eine Personenfirma handelt, die aus dem Namen eines Gesellschafters gebildet ist.[287]

285 So BGHZ 85, 221 (223 f.); etwas anderes gilt allenfalls dann, wenn der Gesellschafter seinen Namen von vornherein lediglich für die Dauer seiner Zugehörigkeit zur Gesellschaft zur Verfügung gestellt hatte oder sein Einverständnis mit der Aufnahme seines Namens in die Firma der Gesellschaft ausdrücklich auf die Firmenfortführung durch diese beschränkt hatte; vgl. hierzu auch Jaeger/Henckel, KO § 1 Rn. 15.

286 So Jaeger/Henckel, KO § 1 Rn. 15.

287 Allgemeine Meinung, siehe nur BGHZ 85, 221; Schulze-Osterloh in Baumbach/Hueck, GmbHG § 64 Rn. 55; Roth/Altmeppen, GmbHG vor § 64 Rn. 48; Scholz/K. Schmidt, GmbHG vor § 64 Rn. 63; Schmidt-Leithoff in Rowedder/Schmidt-Leithoff, GmbHG § 63 Rn. 106; Hachenburg/Ulmer, GmbHG § 63 Rn. 77, 90; Hess/Weis/Wienberg, InsO § 80 Rn. 171; Smid, InsO § 35 Rn. 11; Eickmann in HK-InsO, § 35 Rn. 19.

2. Folgeprobleme

Wie dargelegt, besteht im Ergebnis zwar Einigkeit darüber, daß dem Insolvenzverwalter hinsichtlich der Firma der GmbH die uneingeschränkte Verwertungsbefugnis zusteht. Dagegen ist heftig umstritten, wie die aus der Veräußerung der Firma resultierenden Probleme zu lösen sind. Hier stellt sich zunächst die Frage, wie die Gesellschaft bis zur Aufhebung des Insolvenzverfahrens weiter zu firmieren hat. Bedarf sie für diesen Zeitraum überhaupt noch einer Firma, darf sie ihre bisherige Firma trotz der Veräußerung – gegebenenfalls mit einem ihre Insolvenz kennzeichnenden Zusatz – weiter führen, oder muß eine neue Firma gebildet werden. Sollte sich die Bildung einer sogenannten Ersatzfirma als notwendig erweisen, ist weiter zu klären, wie und durch wen diese zu erfolgen hat.

a) Meinungsstand

In einem Beschluß aus dem Jahre 1914 vertrat das Reichsgericht[288] noch die Ansicht, daß eine GmbH, die ihre Firma veräußere, ihre Eigenschaft als Handelsgesellschaft und damit zugleich die Befähigung zur Führung einer Firma überhaupt verliere. In diese Richtung weist auch die nicht näher begründete Ansicht *Meyer-Landruts*[289], daß die Firma einer AG ohne weiteres erlösche, wenn der Konkursverwalter sie mit dem Unternehmen veräußere. Beiden Auffassungen ist gemeinsam, daß sie das Vorhandensein einer Firma der insolventen Gesellschaft – nachdem ihre bisherige mit dem Unternehmen veräußert worden ist – nicht für erforderlich halten. Dagegen spricht jedoch, daß die Existenz der GmbH als Handelsgesellschaft und damit als Formkaufmann nicht davon abhängig ist, daß sie ein Handelsgeschäft betreibt. Sie endet erst mit ihrer Löschung im Handelsregister bei gleichzeitiger völliger Vermögenslosigkeit.[290] Bis zu diesem Zeitpunkt muß sie aber auch im Rahmen eines Insolvenzverfahrens weiterhin identifizierbar bleiben, um überhaupt am Rechtsverkehr teilnehmen zu können. Anderenfalls ergäben sich insbesondere im Hinblick auf Grundbuch- und Registereintragungen sowie bei der Parteibezeichnung in einem Rechtsstreit unlösbare Probleme, kurz: ohne Firma ist die GmbH zu keinem Zeitpunkt handlungsfähig. Der oben genannte Lösungsansatz ist daher weder praxistauglich noch dogmatisch haltbar und wurde deshalb zu Recht wieder aufgegeben.[291] Bestätigt wird dieses Ergebnis zudem dadurch, daß der Gesetzgeber das Fehlen einer Firma gemäß §§ 3 Abs.1

---

288 RGZ 85, 397 (399).
289 Meyer-Landrut in Großkommentar AktG, § 4 Anm. 4.
290 So die heute h. M. vom Doppeltatbestand der Beendigung, vgl. nur Roth/Altmeppen, GmbHG § 60 Rn. 7, m. w. N.
291 RGZ 107, 31 (33 f.); Meyer-Landrut/Miller/Niehus, GmbHG, § 63 Rn. 14.

Nr.1, 60 Abs.1 Nr.6 GmbHG i.V.m. § 144a Abs.4 FGG mit der Auflösung der Gesellschaft sanktioniert, falls die Gesellschafter nicht im Wege einer Satzungsänderung Abhilfe schaffen.

Ausgehend von der nunmehr einhelligen Meinung[292], daß die GmbH auch nach Veräußerung ihres Unternehmens samt Firma durch den Insolvenzverwalter einer Firma bedarf, werden in Rechtsprechung und Literatur ganz unterschiedliche Lösungen hinsichtlich der Firmenführung diskutiert.

Teilweise wird vertreten, daß die Veräußerung der Firma durch den Verwalter die insolvente Gesellschaft nicht daran hindere, dieselbe bis zu ihrer endgültigen Liquidation weiterzuführen.[293] § 30 HGB verlange zwar eine deutliche Unterscheidbarkeit der im Handelsregister eingetragenen Firmen. Diese Vorschrift sei aber auf das Verhältnis der Firma der Konkursgesellschaft zu der vom Geschäftserwerber fortzuführenden Firma nicht anzuwenden, da Verwechslungen praktisch nicht zu erwarten seien und der Zweck der Vorschrift in diesem Fall somit leerlaufe.[294]

Eine andere Ansicht erlaubt ebenfalls eine sogenannte Firmenverdoppelung, modifiziert den oben erwähnten Lösungsansatz jedoch insoweit, als sie aus Gründen der Unterscheidbarkeit entweder auf Veräußererseite[295] oder aber auf Erwerberseite[296] einen Firmenzusatz für erforderlich hält.[297] Hierbei kommen auf seiten des Schuldners ein die Insolvenz der Gesellschaft kennzeichnender Zusatz (z.B.: „in Insolvenz“ oder „i.I.“) und auf seiten des Erwerbers ein das Nachfolgeverhältnis andeutender Zusatz i.S.d. § 22 HGB in Betracht.

Die heute überwiegende Meinung spricht sich allerdings gegen die Zulässigkeit der Firmenbeibehaltung seitens der insolventen GmbH aus.[298] Die Bildung einer Ersatzfirma sei insbesondere notwendig, weil die Veräußerung der bisherigen Firma die vollständige Übertragung eines vermögenswerten Immaterialguts

---

292 Siehe nur RGZ 107, 31 (33); BayObLGZ 29 (1979), 65 (68); Meyer-Landrut/Miller/Niehus, GmbHG § 63 Rn. 14; Hachenburg/Ulmer, GmbHG § 63 Rn. 90; Schulze-Osterloh in Baumbach/Hueck, GmbHG § 64 Rn. 55; Schmidt-Leithoff in Rowedder/Schmidt-Leithoff, GmbHG § 63 Rn. 135.

293 KG, JW 1937, 2976 (2978); Weber, KTS 1970, 73 (85 f.); Meyer-Landrut/Miller/Niehus, GmbHG § 63 Rn. 14.

294 So das KG, JW 1937, 2976 (2978).

295 Scholz/K. Schmidt, GmbHG vor § 64 Rn. 63.

296 Bokelmann, KTS 1982, 27 (45 f.).

297 Dabei gehen die Vertreter dieser Ansicht allerdings jeweils davon aus, daß zwischen Insolvenzverwalter und Erwerber Einvernehmen über die auf solche Weise praktizierte Firmenfortführung besteht.

298 OLG Düsseldorf, ZIP 1989, 457 f.; Schulze-Osterloh in Baumbach/Hueck, GmbHG § 64 Rn. 55; Hachenburg/Ulmer, GmbHG § 63 Rn. 91; Rowedder, GmbHG (3. Aufl.) § 63 Rn. 39.

beinhalte, nach deren Vollzug die Weiterverwendung der Firma dem Veräußerer materiell-rechtlich nicht mehr zustehe.[299] Hierbei stellt sich nun die höchst umstrittene Frage der Kompetenzverteilung. Ausgehend davon, daß die Firma notwendiger Bestandteil des Gesellschaftsvertrags ist, wird zum Teil die Auffassung vertreten, die Bildung einer Ersatzfirma könne nur mittels eines – ausschließlich durch die Gesellschafter zu fassenden – satzungsändernden Beschlusses erfolgen.[300] Im Ergebnis bedeutet dies, daß es die Gesellschafter in der Hand haben, eine verfahrenskonforme Veräußerung der Firma durch ihre Weigerung, eine entsprechende Satzungsänderung zu beschließen, zu blockieren.

Ein von *W. Schulz*[301] und *Ulmer*[302] entwickelter Lösungsansatz will den Gesellschaftern diese Obstruktionsmöglichkeit nehmen, ohne zugleich deren Satzungsänderungskompetenz zu beschneiden. Danach soll die alleinige Befugnis des Verwalters zur Bildung einer Ersatzfirma schon aus seiner konkursrechtlich bestimmten Verwaltungstätigkeit resultieren; sie brauche deshalb nicht zugleich auch als Kompetenz zur Satzungsänderung verstanden zu werden. Das Registergericht habe die vom Verwalter nach Maßgabe des § 4 GmbHG neu gebildete Firma trotz entgegenstehender Satzungsregelung einzutragen. Nach Aufhebung des Verfahrens soll es den Gesellschaftern dann wieder unbenommen sein, der Gesellschaft im Wege eines satzungsändernden Beschlusses eine neue Firma zu geben. *Grüneberg*[303] hat diesen Lösungsvorschlag aufgegriffen und dahingehend abgewandelt, daß zunächst den Gesellschaftern Gelegenheit gegeben werden müsse, eine Ersatzfirma zu bilden. Nur wenn sich diese weigerten, eine entsprechende Satzungsänderung zu beschließen, sei der Verwalter berechtigt, die Firmenänderung in der oben dargestellten Weise selbst vorzunehmen, um die Verwertung der (Alt-)Firma zu gewährleisten.

Noch einen Schritt weiter geht schließlich eine neuere, von *Joussen*[304] und *Raffel*[305] vertretene Auffassung, wonach der Verwalter befugt sein soll, zum Zwecke der Bildung einer Ersatzfirma die Satzung der insolventen GmbH ohne Zustimmung der Gesellschafter zu ändern. Der von *W. Schulz* und *Ulmer* eingeschlagene Lösungsweg führe zu einer nicht hinnehmbaren Inkongruenz zwischen Gesellschaftsvertrag und Handelsregister, die beseitigt werden könne, wenn man

---

299 Dazu ausführlich Ulmer, NJW 1983, 1697 (1699 f.) m. w. N.

300 So z. B. AG München, KTS 1964, 125 (126).

301 W. Schulz, ZIP 1983, 194 f.

302 Ulmer, NJW 1983, 1697 (1701 f.); ihm folgend Emmrich, S. 133; in diesem Sinne jetzt wohl auch Bokelmann, Rn. 678.

303 Grüneberg, S. 63 ff.; ihm folgend Schmidt-Leithoff in Rowedder/Schmidt-Leithoff, GmbHG § 63 Rn. 135 und jetzt auch Hachenburg/Ulmer, GmbHG § 63 Rn. 92.

304 Joussen, GmbHR 1994, 159 (162 f.).

305 Raffel, S. 58 f.

dem Verwalter die Befugnis einräume, die Satzung der Gesellschaft entsprechend zu ändern. Zudem enthalte die Befugnis des Verwalters, eine Ersatzfirma zu bilden und deren Eintragung ins Handelsregister durchzusetzen, de facto eine Satzungsänderungsbefugnis. Es sei daher reiner Formalismus, ihm diese Kompetenz nicht ausdrücklich zuzuerkennen.

b) Stellungnahme

Ausgangspunkt für praktikables und dogmatisch vertretbares Ergebnis muß wiederum der Hauptzweck des Insolvenzverfahrens sein, nämlich die bestmögliche Befriedigung der Gläubiger. Hierbei darf nicht außer acht gelassen werden, daß die zu klärende Frage in direktem Zusammenhang mit der Verwertungsbefugnis des Insolvenzverwalters steht. Demnach müssen all jene Lösungen ausscheiden, die geeignet sind, das uneingeschränkte Verwertungsrecht des Verwalters mittels einer verfahrenszweckwidrigen Kompetenzverteilung wieder auszuhöhlen. Darüber hinaus ist davon auszugehen, daß es in der Praxis regelmäßig zu einem echten Kompetenzkonflikt zwischen Insolvenzverwalter und Gesellschaftern kommt.[306] Es gilt also, eine Lösung zu finden, die sich gerade dann bewährt, wenn Gesellschafter und Verwalter nicht einverständlich zusammenwirken.[307]

aa) Notwendigkeit einer Ersatzfirma

Die Schwierigkeit der richtigen Kompetenzverteilung im Hinblick auf die Bildung einer Ersatzfirma bestünde nicht, wenn es dem Verwalter gestattet wäre, die insolvente Gesellschaft unter ihrer bisherigen Firma trotz deren Veräußerung bis zur Aufhebung des Insolvenzverfahrens und der nachfolgenden Löschung der Gesellschaft im Handelsregister weiterzuführen. Gegen eine sogenannte Firmenverdoppelung sprechen jedoch eine Reihe gewichtiger Gründe. Die mangelnde Praktikabilität dieses Lösungsansatzes zeigt sich schon an den Schwierigkeiten, welchen der Erwerber der Firma im Hinblick auf § 30 Abs.1 HGB ausgesetzt ist, wenn er diese zur Eintragung ins Handelsregister anmelden will. Entgegen der

---

306 Dies dürfte insbesondere immer dann der Fall sein, wenn die Firma der GmbH aus dem Familiennamen eines Gesellschafters besteht und der betroffene Gesellschafter beabsichtigt, seinen Namen auch bei seinen zukünftigen geschäftlichen Aktivitäten als Firma zu gebrauchen.

307 Wenig hilfreich ist in diesem Zusammenhang daher die Entscheidung des OLG Karlsruhe, ZIP 1993, 133, wonach die Gesellschafter einer im Konkurs befindlichen GmbH jedenfalls mit Zustimmung des Verwalters zur Änderung der Firma befugt seien.

Ansicht des KG[308] gilt diese Vorschrift auch im eröffneten Insolvenzverfahren, da der Sinn und Zweck der Norm, die Verwechslung verschiedener Unternehmen mit gleichlautenden Namen zu vermeiden, gerade in der Insolvenz zum Tragen kommt.[309] Das Registergericht wird dem Erwerber des Unternehmens die Eintragung der miterworbenen Firma in ein neu anzulegendes Registerblatt daher zu Recht verweigern. Die Eintragung in das bisherige Registerblatt scheitert hingegen schon daran, daß dieses gemäß § 32 Abs.1 S.1 HGB mit dem den Schuldner betreffenden Insolvenzvermerk versehen ist.[310] Die in § 30 Abs.1 HGB geforderte deutliche Unterscheidbarkeit kann auch nicht dadurch hergestellt werden, daß der Firma auf Veräußerer- oder Erwerberseite ein entsprechender Zusatz angefügt wird. Ebenso wie ein Liquidationszusatz („in Liquidation" oder „i.L.") nach herrschender Meinung[311] keine ausreichende Unterscheidungskraft besitzt, trifft dies auch auf die Insolvenz des Schuldners andeutende Zusätze wie „in Insolvenz" oder gar „i.I." zu. Denn ein solcher Zusatz trägt zur hinreichenden Individualisierung durch das (nichtkaufmännische) Publikum nichts bei. Nichts anderes gilt für einen Nachfolgezusatz i.S.d. § 22 HGB. Er läßt die Identität der Firmen letztlich unberührt[312] und gibt keinen Hinweis darauf, daß neben der insolventen GmbH nun auch wieder eine werbende Gesellschaft unter der gleichen Firma am Rechtsverkehr teilnimmt.[313] Festzuhalten ist schließlich noch, daß das aus § 30 Abs.1 HGB resultierende Eintragungshindernis auch nicht umgangen werden kann, indem Insolvenzverwalter und Geschäftserwerber einverständlich auf den durch diese Vorschrift gewährten Schutz vor Verwechslung verzichten. Denn der in § 30 Abs.1 HGB verankerte Grundsatz der Firmenausschließlichkeit dient in erster Linie dem Schutz des gesamten Rechtsverkehrs und damit einem öffentlichen Interesse, welches nicht zur Disposition der Parteien steht.[314]

Soweit die Eintragung der erworbenen Firma keine Probleme bereitet, weil diese nicht in demselben Registerbezirk erfolgen soll, in dem die insolvente Gesellschaft ihren Sitz hat, bestehen gegen eine Firmenverdoppelung immer noch erhebliche Bedenken, die sich aus der Rechtsnatur der Firma ergeben. Begreift

---

308 KG, JW 1937, 2976 (2978).

309 Dazu ausführlich Raffel, S. 40 f.

310 Darauf weisen schon Groschuff, JW 1937, 2978 (2979) sowie Bokelmann, KTS 1982, 27 (43) hin.

311 Ammon in Röhricht/Graf von Westphalen, HGB § 30 Rn. 16; Ruß in HK-HGB § 30 Rn. 2; Müko-HGB/Lieb, § 30 Rn. 15, m.w.N.; Staub/Hüffer, HGB § 30 Rn. 17, m.w.N.

312 W. Schulz, ZIP 1983, 194 (195).

313 Vgl. dazu die ausführliche Darstellung bei Raffel, S. 44 ff.

314 BGHZ 46, 11; Hopt in Baumbach/Hopt, HGB § 30 Rn. 1; Koller/Roth/Morck, HGB § 30 Rn. 1; Ruß in HK-HGB § 30 Rn. 1.

man die Firma der GmbH als vermögenswertes Immaterialgut,[315] führt dessen Übertragung auf den Erwerber auf seiten des Veräußerers zu einem vollständigen Rechtsverlust, der mit der Beibehaltung der Firma dogmatisch nicht vereinbar ist. Das Problem kann auch nicht gelöst werden, indem der Erwerber der insolventen GmbH bis zu ihrer vollständigen Abwicklung durch den Insolvenzverwalter die Weiterverwendung der veräußerten Firma gestattet. Die Abrede könnte regelmäßig als (teilweise) Rückübertragung des Firmenrechts qualifiziert werden. Einen reinen Firmenhandel – bestehend in der Veräußerung der Firma ohne gleichzeitige Übertragung des Unternehmens – hat der Gesetzgeber aber in § 23 HGB gerade für unzulässig erklärt. Dieses Problem dürfte auch nicht dadurch zu umgehen sein, daß man die Einwilligung des Erwerbers dogmatisch nicht als (teilweise) Rückübertragung, sondern als zeitlich begrenzte Überlassung eines Nutzungsrechts qualifiziert. Denn diese Qualifikation würde dem Zweck des § 23 HGB, nämlich die Täuschung des Publikums durch Benutzung der Firma für ein anderes Unternehmen zu verhindern, ebenso entgegenstehen wie eine Rückübertragung.[316] Allerdings hat der BGH[317] die Übertragung einer Firmenkennzeichnung unter gleichzeitiger Erteilung der schuldrechtlichen Erlaubnis an das übertragende Unternehmen, die Bezeichnung im Zuge seiner beschlossenen Liquidation begrenzt weiter zu benutzen, für zulässig erklärt. Diese Entscheidung kann vor dem Hintergrund des Schutzgedankens des § 23 HGB nicht überzeugen. Denn gerade bei Firmengleichheit von zwei Unternehmen von denen sich eines in Insolvenz befindet, ist es besonders geboten, jegliche Irreführung des Rechtsverkehrs, sei es auch nur für eine begrenzte Übergangszeit[318], zu vermeiden. Zudem führt die Entscheidung zur Aufweichung der in bezug auf § 23 HGB fehlenden Dispositionsfreiheit der Parteien.

Neben den bereits geäußerten Bedenken steht der Zweck des Insolvenzverfahrens der Zulässigkeit einer Firmenverdoppelung entscheidend entgegen. Die bestmögliche Gläubigerbefriedigung ist insbesondere dann gefährdet, wenn der Insolvenzverwalter das Unternehmen samt Firma verwerten will, ohne daß es zwischen den Beteiligten zu einem Einvernehmen hinsichtlich der Firmenfortführung gekommen ist. Sollte es dem Erwerber des Unternehmens gelingen, die Firma ohne Komplikationen ins Handelsregister eintragen zu lassen, ist seinem Interesse daran, alleiniger Inhaber des Firmenrechts zu sein, noch nicht ausreichend Rechnung getragen. Denn die gleichlautende Firma der insolventen GmbH

---

315 Vgl. nur BGHZ 85, 221 (223) sowie die eingehenden Erörterungen bei Ulmer, NJW 1983, 1697 (1699 f.) und Raffel, S. 51 ff., jeweils m.w.N.

316 Vgl. Staub/Hüffer, HGB § 23 Rn. 4; Hopt in Baumbach/Hopt, HGB § 23 Rn. 2.

317 BGH NJW 1991, 1353 (1354 f.).

318 In dem vom BGH entschiedenen Fall dauerte diese Übergangsphase bis zur vollständigen Liquidation drei (!) Jahre.

wird im Handelsregister erst gelöscht, wenn die Gesellschafter die Firma mittels eines satzungsändernden Beschlusses geändert haben und dieser gemäß § 54 Abs.1 GmbHG zur Eintragung angemeldet worden ist. Weigern sich die Gesellschafter, eine entsprechende Änderung des Gesellschaftsvertrags vorzunehmen,[319] kann der Erwerber die Unterlassung des weiteren Firmengebrauchs nur auf dem Klageweg durchsetzen.[320] Dadurch wird aber die eingangs postulierte uneingeschränkte Verwertungsbefugnis des Insolvenzverwalters erheblich beschnitten. Obwohl die Firma ohne Einschränkung in die Masse fällt, ist es ihm letztlich verwehrt, deren Vermögenswert vollständig zu realisieren. Denn das Firmenrecht ist stets mit dem Makel behaftet, daß zu seiner endgültigen Durchsetzung ein Rechtsstreit erforderlich ist. Es versteht sich von selbst, daß dieser Sachverhalt geeignet ist, potentielle Unternehmenskäufer von einem gleichzeitigen Erwerb der Firma abzuschrecken. Soweit dies nicht schon zur faktischen Unverkäuflichkeit des Firmenrechts führt, wird der Erwerber in jedem Fall einen entsprechend hohen Kaufpreisabschlag fordern.[321]

Zusammenfassend ist festzuhalten, daß eine Firmenverdoppelung keinen verfahrenszweckkonformen Lösungsansatz bietet. Eine optimale Gläubigerbefriedigung kann deshalb nur dann gewährleistet werden, wenn auch eine Ersatzfirma gebildet wird.

bb) Zeitpunkt der Ersatzfirmenbildung

Wie soeben dargelegt, stehen sowohl § 30 Abs.1 HGB als auch die Rechtsnatur des Firmenrechts einer Eintragung der veräußerten Firma für den Erwerber entgegen. Um sicherzustellen, daß der Eintragungsantrag des Geschäfts- und Firmenerwerbers vom Registergericht nicht abgewiesen wird, ist erforderlich, daß bereits zu diesem Zeitpunkt die Firma des Schuldners gelöscht und statt dessen eine Ersatzfirma eingetragen ist. Nur wenn der Erwerber beim Kauf der Firma Gewißheit darüber hat, daß nach deren Übertragung keine registerrechtlichen Eintragungshindernisse vorliegen, ist der Verwalter in der Lage, die Firma zu

319 Die Gesellschafter werden regelmäßig schon deshalb kein Interesse an einer Firmenänderung haben, weil die damit verbundenen Kosten (§ 54 Abs.1 S.2) nicht aus der Insolvenzmasse beglichen werden können und insolvenzfreies Vermögen der Gesellschaft nicht existiert; folglich müßten die Gesellschafter selbst für die Gerichts- und Notargebühren aufkommen.

320 Dies schlägt Bokelmann, KTS 1982, 27 (47) vor; das gleiche gilt, wenn die erworbene Firma zunächst nur mit einem Nachfolgezusatz eingetragen wurde und der Erwerber nun eine Firmierung ohne diesen Zusatz anstrebt; zu möglichen Anspruchsgrundlagen siehe Raffel, S. 47 ff.

321 Darauf weisen auch W. Schulz, ZIP 1983, 194 (195) sowie Grüneberg, S. 61 und Raffel, S. 46 f. hin.

Gunsten der Gläubiger bestmöglich zu verwerten. Im Interesse des Verfahrenszwecks hat die Bildung der Ersatzfirma demnach vor oder zumindest zeitgleich mit der Veräußerung des Firmenrechts zu erfolgen.

cc) Bildung der Ersatzfirma durch den Insolvenzverwalter

Nimmt man das Erfordernis einer zügigen und störungsfreien Ersatzfirmenbildung ernst, bedeutet dies für die Kompetenzverteilung, daß die Befugnis zur Firmenänderung ausschließlich dem Insolvenzverwalter zustehen muß. Jegliche, den Gesellschaftern eingeräumte Möglichkeit zur Einflußnahme könnten diese nämlich dazu nutzen, die Verwertung zu blockieren oder zumindest zu verzögern. Hier zeigt sich auch die entscheidende Schwäche der von *Grüneberg*[322] vorgeschlagenen Lösung. Denn der Zweck des Insolvenzverfahrens wird nicht nur durch einen geschmälerten Verwertungserlös unterlaufen. Das Verfahrensziel bestmöglicher Gläubigerbefriedigung erfordert auch eine in zeitlicher Hinsicht effektive Verwertung der Masse. Damit ist jedoch unvereinbar, den Insolvenzverwalter zu zwingen, zunächst das Ende des Willenbildungsprozesses der Gesellschafter abzuwarten, bevor er die Firmenverwertung eigenhändig in die Wege leiten kann.[323] Im übrigen führte die Primärzuständigkeit der Gesellschafter in der Praxis zu erheblicher Rechtsunsicherheit, da allenfalls von Fall zu Fall entschieden werden könnte, welche Zeitspanne den Gesellschaftern zur Entscheidungsfindung einzuräumen ist. Äußern sich die Gesellschafter überhaupt nicht, und bildet der Verwalter deshalb eine Ersatzfirma, könnten jene mit dem Argument, der Verwalter habe seine Kompetenzen überschritten, versuchen, die Eintragung der geänderten Firma zu verhindern, indem sie selbst eine entsprechende Satzungsänderung beschließen und die Geschäftsführung anweisen, diese zur Eintragung in das Handelsregister anzumelden, bzw. eine bereits erfolgte Eintragung wieder rückgängig zu machen, indem sie einen entsprechenden Antrag auf Berichtigung des Handelsregisters stellen.[324] Im Hinblick auf den Verfahrenszweck wäre es aber schädlich, wenn erst im nachhinein durch einen Rechtsstreit geklärt werden müßte, ob der Verwalter tatsächlich die Primärkompetenz der Gesellschafter zur Bildung einer Ersatzfirma mißachtet hat.

Schließlich verträgt sich die uneingeschränkte Kompetenzzuweisung an den Insolvenzverwalter auch besser mit dem Begriff der Insolvenzmasse. Anders als

322 Grüneberg, S. 67 ff. vertritt die Auffassung, daß dem Verwalter die Kompetenz zur Bildung einer Ersatzfirma nur subsidiär zustehe, also erst dann, wenn die Gesellschafter sich weigern, diese selbst vorzunehmen.

323 So auch Raffel, S. 58.

324 Je unklarer die Rechtslage hier wäre, um so größer wäre die Chance der Gesellschafter, die Durchsetzung des Verfahrensziels zu gefährden.

noch unter der Konkursordnung wird nun auch die neu gebildete Firma gemäß § 35 InsO Bestandteil der Masse. Es ließe sich daher nur schwer erklären, daß die Kompetenz zur Firmenbildung bei den Gesellschaftern liegen soll, jedoch die Verfügungsbefugnis über die neue Firma – mag ihre Vermögenswert auch noch so gering sein – von Beginn an dem Verwalter zusteht. Zwar ginge es zu weit, aus dem Verfügungsrecht des Insolvenzverwalters generell auch dessen Kompetenz zur Schaffung massezugehöriger Vermögenswerte abzuleiten. Wenn aber durch eine Verwertungshandlung des Verwalters in der Insolvenzmasse eine „ausfüllungsbedürftige Lücke" entsteht, ist es nur konsequent, diese auch wieder von ihm schließen zu lassen.

dd) Satzungsänderungskompetenz des Insolvenzverwalters

Die bisherigen Untersuchungen haben ergeben, daß – will man die Verwertbarkeit des Firmenrechts selbst nicht in Frage stellen – die Bildung und Anmeldung einer Ersatzfirma allein durch den Insolvenzverwalter erfolgen kann. Damit ist aber noch nicht geklärt, wie die mit diesem Ergebnis an der Schnittstelle von Gesellschafts- und Insolvenzrecht hervorgerufenen Spannungen am besten aufgelöst werden können.

Ausgangspunkt des Problems ist die Tatsache, daß die Firma gemäß § 3 Abs.1 Nr.1 GmbHG Bestandteil des Gesellschaftsvertrags ist. Eine Firmenänderung kann somit nur mittels eines Gesellschafterbeschlusses und anschließender Anmeldung der Satzungsänderung zum Handelsregister erfolgen (§§ 53, 54 GmbHG). Die Änderung der Satzung bedeutet aber einen schwerwiegenden Eingriff in die körperschaftliche Verfassung der Gesellschaft, welche nach dem Willen des Gesetzgebers auch während des Insolvenzverfahrens nicht zur Disposition Dritter stehen soll. Nach allgemeiner Auffassung soll die Satzungsänderungskompetenz daher auch nach Verfahrenseröffnung ausschließlich den Gesellschaftern zustehen.[325]

Hält man an der uneingeschränkten Kompetenz des Verwalters zur Bildung einer Ersatzfirma fest, bieten sich im wesentlichen zwei Möglichkeiten, den soeben geschilderten Konflikt zu lösen. Entweder begreift man diese Befugnis nicht als Satzungsänderungskompetenz[326] oder man durchbricht das überkommene Kompetenzschema und räumt dem Verwalter in bezug auf die Firma der insol-

---

325 Daß die Satzungsänderungsbefugnis der Gesellschafter hinsichtlich einer Firmenänderung auf Grund der Massezugehörigkeit des Firmenrechts während des Insolvenzverfahrens ruht, bedeutet dabei noch nicht, daß diese Kompetenz damit automatisch auf den Verwalter übergeht.

326 So W. Schulz, ZIP 1983, 194 (195); Ulmer, NJW 1983, 1697 (1702).

venten Gesellschaft auch formal das Recht ein, deren Satzung zu ändern.[327] Auf den ersten Blick scheint der Lösungsweg von *W. Schulz* und *Ulmer* vorzugswürdig. Er ermöglicht, zu dem gewünschten Ergebnis zu kommen, ohne daß der Verwalter die Satzung der Gesellschaft antasten muß. Danach hat das Registergericht die vom Verwalter gebildete Ersatzfirma trotz entgegenstehender Satzungsregelung einzutragen, da diese durch die Verwertung des Firmenrechts gegenstandslos geworden ist.[328] Zugleich scheint das Interesse der Gesellschafter am (formalen) Erhalt ihres alleinigen Satzungsänderungsrechts gewahrt. Dagegen stellt *Joussen*[329] vornehmlich auf das Postulat der Registerwahrheit ab. Gemäß § 54 Abs.1 S.1 GmbHG sei eine Satzungsänderung zur Eintragung in das Handelsregister anzumelden. Läßt der Verwalter aber eine Ersatzfirma eintragen, ohne daß eine Satzungsänderung erfolgte, werde letztlich eine unwahre Tatsache beurkundet. Außerdem führe der Vorschlag *Ulmers* dazu, daß während des gesamten Zeitraums der Inkongruenz von Handelsregister und Satzung entweder diese oder jenes als falsch angesehen werden müsse. Im Ergebnis habe die Firmenverwertungsbefugnis des Verwalters daher auch das Recht zu umfassen, den Gesellschaftsvertrag der insolventen GmbH zu modifizieren.

Der entscheidende Unterschied der beiden Lösungsansätze ist letztlich darin begründet, daß sie dem Dogma der Satzungsautonomie jeweils verschieden große Bedeutung beimessen. Während bei *Ulmer* der Erhalt der Satzungsänderungskompetenz auf seiten der Gesellschafter geradezu zur Prämisse bei der Suche nach einer Lösung erhoben wird, hält es *Joussen* für wichtiger, daß es zu keinen registerrechtlichen Ungereimtheiten kommen kann. Bemerkenswert ist hierbei, daß das Interesse der Gesellschafter am Erhalt ihrer Satzungsänderungsbefugnis in beiden Fällen nicht näher untersucht wird.[330] Gerade dieses Interesse ist es aber, was dem uneingeschränkten Übergang der Satzungsänderungskompetenz auf den Verwalter entgegenstehen könnte. Will man zu einem tragfähigen Ergebnis gelangen, muß daher zunächst einmal der Frage nachgegangen werden, inwieweit dieses Interesse der Gesellschafter nach Eröffnung des Insolvenzverfahrens in der Praxis überhaupt noch besteht. Hierbei wird sich zeigen, daß sich aus dem der Insolvenzordnung zugrunde liegenden gesetzgeberischen Konzept durchaus eine praktikable Lösung ableiten läßt.

---

327 So Joussen, GmbHR 1994, 159 (162 f.); Raffel, S. 58 f.

328 Ulmer, NJW 1983, 1697 (1702).

329 Joussen, GmbHR 1994, 159 (162).

330 Lediglich Ulmer, NJW 1983, 1697 (1702) weist eher beiläufig darauf hin, daß es den Gesellschaftern unbenommen sei, nach Beendigung des Verfahrens im Rahmen einer Fortsetzung der Gesellschaft dieser wiederum eine neue Firma zu geben, die von der durch den Verwalter gebildeten abweicht.

Das Interesse der Gesellschafter am Erhalt ihrer Satzungsänderungskompetenz rechtfertigt sich aus dem Gedanken, daß die gesellschaftsrechtliche Struktur, die die Gesellschafter ihrem Unternehmen gegeben haben, durch das Insolvenzverfahren nicht berührt werden soll. Haftungsgegenstand des Verfahrens ist allein das Vermögen des Schuldners. Dabei war es den Gesellschaftern unter der Konkursordnung unbenommen, nach Beendigung des Verfahrens den zurückgebliebenen GmbH-Mantel wieder mit Kapital auszustatten und die Fortsetzung der Gesellschaft zu beschließen.[331] Hier zeigt sich die praktische Berechtigung des Interesses der Gesellschafter am Erhalt ihrer Satzungsänderungsbefugnis. Nachdem die Gläubiger befriedigt worden sind, sollen die Gesellschafter ihre GmbH mit *unveränderter* Satzung fortsetzen dürfen. Unabdingbare Voraussetzung für ein berechtigtes Interesse der Gesellschafter am Erhalt ihrer Satzungsautonomie ist also stets die Möglichkeit, die Gesellschaft fortsetzen zu können. Ist den Gesellschaftern dieser Weg hingegen verschlossen, ist nicht mehr einsichtig, warum es nicht auch dem Verwalter gestattet sein soll, den Gesellschaftsvertrag im Rahmen der ihm übertragenen Aufgaben zu ändern.

Mit Inkrafttreten der Insolvenzordnung haben sich hinsichtlich der Fortsetzungsmöglichkeit einer insolventen GmbH einschneidende Veränderungen vollzogen. Auf den ersten Blick scheint § 60 Abs.1 Nr.4 GmbHG lediglich redaktionell angepaßt worden zu sein. Danach können die Gesellschafter die Fortsetzung der Gesellschaft beschließen, wenn das Insolvenzverfahren auf Antrag des Schuldners eingestellt oder nach Bestätigung eines Insolvenzplans, der den Fortbestand der Gesellschaft vorsieht, aufgehoben wurde. Die Bedeutung der Vorschrift erschließt sich jedoch erst vollständig in Verbindung mit dem Vollbeendigungszweck des Insolvenzverfahrens. Da der Verwalter nunmehr verpflichtet ist, die insolvente GmbH bis zur Löschungsreife abzuwickeln, scheidet eine Fortsetzung der Gesellschaft außerhalb der in § 60 Abs.1 Nr.4 GmbH ausdrücklich genannten Fälle aus. Vergegenwärtigt man sich nun die Situation, in welcher der Verwalter das schuldnerische Unternehmen samt Firma veräußert, so wird dabei klar, daß auch die in § 60 Abs.1 Nr.4 GmbHG erwähnten Fortsetzungsmöglichkeiten in einem solchen Fall keine Rolle mehr spielen. Hat sich der Insolvenzverwalter in Abstimmung mit dem Gläubigerausschuß (§ 160 Abs.2 Nr.1 InsO) erst einmal für diese Art der Verwertung des schuldnerischen Vermögens ent-

331 In diesem Zusammenhang war allerdings höchst umstritten, ob die Fortsetzung der Gesellschaft nur in den in § 60 Abs.1 Nr.4 GmbHG a.F. ausdrücklich erwähnten Fällen zulässig sei (so etwa Hachenburg/Ulmer, GmbHG § 60 Rn. 101, m.w.N.) oder, darüber hinausgehend, lediglich die Beseitigung der Konkursreife und Masselosigkeit der Gesellschaft erforderlich sei, um deren Fortsetzung zu ermöglichen (so etwa Roth/Altmeppen, GmbHG (3. Aufl.) § 60 Rn. 27; Scholz/K. Schmidt, GmbHG (8. Aufl.) § 63 Rn. 74, m.w.N.).

schieden, ist damit zugleich die Entscheidung gegen eine Sanierung des Unternehmensträgers mittels eines Insolvenzplans gefallen. Zwar ist es theoretisch möglich, diese sogenannte übertragende Sanierung im Rahmen eines Insolvenzplanverfahrens durchzuführen. Um den Gesellschaftern Gelegenheit zu geben, die „entkernte" GmbH wiederzubeleben, kann in dem Plan auch festgelegt werden, daß die Gesellschaft fortbestehen soll. Es besteht jedoch keine Notwendigkeit für diese Vorgehensweise. Im Gegenteil: das komplizierte Verfahren führte allenfalls zu einer unnötigen Zeitverzögerung und zu einer die Gläubiger benachteiligenden Belastung der Masse mit zusätzlichen Kosten.[332] Gläubiger und Insolvenzverwalter werden sich daher stets für eine übertragende Sanierung außerhalb eines Planverfahrens entscheiden. Auch die zweite, in § 60 Abs.1 Nr.4 GmbHG vorgesehene Fortsetzungsmöglichkeit kommt für die Praxis der hier diskutierten Verwertungsart nicht in Betracht. Die GmbH ist durch den Verkauf ihres Unternehmens samt Firma ihrer Substanz beraubt. Jeglicher Neuerwerb wird gemäß § 35 InsO Bestandteil der Insolvenzmasse und unterliegt somit der alleinigen Verfügungsbefugnis des Verwalters. Insolvenzfreies Vermögen kann die Gesellschaft nicht bilden. Der Versuch der Gesellschafter, durch Kapitalzufuhr die Beseitigung des Eröffnungsgrundes und damit die Einstellung des Verfahrens zu erzwingen (§ 212 InsO), ist deshalb regelmäßig zum Scheitern verurteilt. Wollen sie ihre geschäftlichen Aktivitäten fortsetzen, sind sie de facto darauf angewiesen, eine neue Gesellschaft zu gründen.

Es kann also festgehalten werden, daß die Fortsetzung einer insolventen GmbH in der Praxis ausscheidet, wenn der Insolvenzverwalter das Unternehmen samt Firma veräußert. Auf Grund des Vollabwicklungsgebots ist der Verwalter in einem solchen Fall vielmehr verpflichtet, die Gesellschaft vollständig zu liquidieren und im Handelsregister löschen zu lassen. Dann spielt es aber auch keine Rolle mehr, wie die Satzung der GmbH bis zur deren Löschung ausgestaltet ist und die Gesellschafter können sich nicht mehr auf ein schutzwürdiges Interesse am Erhalt ihrer Satzungsänderungskompetenz berufen. Im Ergebnis bestehen gegen die Befugnis des Verwalters, die Satzung der insolventen GmbH zum Zweck der Bildung einer Ersatzfirma zu ändern, demnach keine durchschlagenden Bedenken.

c) *Zusammenfassung*

Die Firma der insolventen GmbH ist Bestandteil der Masse und unterliegt der uneingeschränkten Vewertungsbefugnis des Insolvenzverwalters. Veräußert der

---

332 Allein die Aufstellung des Insolvenzplans dürfte nicht unerhebliche zusätzliche finanzielle und zeitliche Resourcen in Anspruch nehmen.

Verwalter das Unternehmen des Schuldners samt Firma an einen Dritten, so hat er eine unterscheidungskräftige Ersatzfirma zu bilden. Zu diesem Zweck ist er berechtigt, die Satzung der Gesellschaft ohne die Zustimmung der Gesellschafter entsprechend zu ändern und die Änderung zur Eintragung in das Handelsregister anzumelden.

3. Befugnis zur Firmenänderung in anderen Fällen

Die bisherigen Ausführungen handeln ausschließlich von dem Fall, daß der Insolvenzverwalter das Unternehmen der GmbH mit ihrer Firma veräußert. Damit ist noch nicht geklärt, wie es sich mit der Kompetenz zur Firmenänderung verhält, wenn die Firma der Gesellschaft nicht auf diese Weise verwertet wird. Zunächst ist festzustellen, daß eine Firmenänderung außerhalb der oben erörterten Konstellation praktisch kaum Bedeutung hat. Wird die GmbH ohne gleichzeitige Veräußerung ihrer Firma liquidiert, besteht jedenfalls aus Sicht des Verwalters kein Grund, die Firma noch zu ändern. Das Gleiche gilt für den Fall, daß die insolvente Gesellschaft saniert werden soll. Dagegen scheitert die Firmenänderungsbefugnis der Gesellschafter auch in diesen Fällen schon an der Tatsache, daß die Firma als Massebestandteil dem alleinigen Verfügungsrecht des Verwalters unterliegt.[333] Etwas anderes gilt nur dann, wenn der Verwalter der Firmenänderung zustimmt.[334] Im Interesse des Verfahrensziels wird er sein Einverständnis mit der Firmenänderung allerdings immer nur dann erklären können, wenn eine Verwertung der bisherigen Firma nicht mehr in Betracht kommt und die mit der Änderung verbundenen Kosten nicht aus der Insolvenzmasse zu begleichen sind.

II. Sitzverlegung

Anders als eine Firmenänderung kann eine nach Verfahrenseröffnung beschlossene Verlegung des Gesellschaftssitzes die Insolvenzmasse nicht berühren. Die entsprechende Satzungsänderungskompetenz verbleibt demnach uneingeschränkt bei den Gesellschaftern. Freilich sind dann aber auch die damit verbundenen Kosten von diesen und nicht von der Masse zu tragen.

Auf den Verfahrensablauf hat die Sitzverlegung keine Auswirkung. Um einen „Zuständigkeitstourismus" auszuschließen, bleibt das zuerst angerufene Gericht gemäß § 3 Abs.2 InsO auch dann zuständig, wenn der Schuldner zwischen An-

---

333 Ihre diesbezügliche Satzungsänderungskompetenz ruht während des Insolvenzverfahrens.

334 Vgl. OLG Karlsruhe, ZIP 1993, 133.

tragstellung und Verfahrenseröffnung seinen Sitz verlegt.[335] Dies gilt erst recht, wenn die Sitzverlegung erst nach Eröffnung des Verfahrens erfolgt.

III. Änderung des Unternehmensgegenstandes

Der Unternehmensgegenstand einer Gesellschaft stellt für sich genommen keinen Vermögenswert dar, so daß eine diesbezügliche Satzungsänderung durch die Gesellschafter den Bestand der Insolvenzmasse grundsätzlich nicht schmälern kann. Da es jedoch dem Verwalter obliegt, das schuldnerische Unternehmen fortzuführen und er kraft seiner Verwaltungs- und Verfügungsmacht auch befugt ist, dieses zu veräußern, wird die tatsächliche Geschäftstätigkeit der Gesellschaft während des Insolvenzverfahrens ausschließlich durch ihn bestimmt. Beschließen die Gesellschafter nun willkürlich eine Änderung der Geschäftstätigkeit, führt dies zum Auseinanderfallen von satzungsmäßig festgelegtem und tatsächlichem Unternehmensgegenstand. Ausgehend vom gesetzgeberischen Konzept der Insolvenzordnung kann ein schutzwürdiges Interesse der Gesellschafter an der Änderung des Unternehmensgegenstands allenfalls dann bestehen, wenn feststeht, daß die GmbH nach Bestätigung eines Insolvenzplans, welcher ihren Fortbestand vorsieht, fortgesetzt wird. In allen übrigen Fällen führt das Vollbeendigungsgebot dazu, daß die Gesellschafter jeglichen Einfluß auf die Geschicke der Gesellschaft endgültig verlieren.[336] Können die Gesellschafter also kein berechtigtes Interesse mehr an der Änderung des Unternehmensgegenstands nachweisen, weil feststeht, daß die GmbH liquidiert wird, so ist es nur konsequent, wenn ihre diesbezügliche Satzungsänderungskompetenz auf den Verwalter übergeht. Allerdings wird der Verwalter davon dann nur noch in absoluten Ausnahmefällen Gebrauch machen müssen.

IV. Vor Verfahrenseröffnung beschlossene Kapitalerhöhung

Häufig versuchen die Gesellschafter die Krise der GmbH zu überwinden, indem sie beschließen, der Gesellschaft durch eine Kapitalerhöhung frisches Eigenkapital zuzuführen. Erweist sich diese Maßnahme als nicht ausreichend, die drohende Insolvenz abzuwenden, stellt sich die Frage, ob der Insolvenzverwalter nach Ver-

---

335 Prütting in Kübler/Prütting, InsO § 3 Rn. 10; vgl. zum Zeitpunkt, in dem eine Sitzverlegung die grundsätzliche Zuständigkeit eines Insolvenzgerichts begründet OLG Köln, NZI 2000, 232.

336 Vgl. insoweit die parallele Situation in bezug auf eine Firmenänderung, oben, 2.Teil C. I. 2. b) dd).

fahrenseröffnung berechtigt ist, die aus der zuvor beschlossenen, aber noch nicht eingetragenen Kapitalerhöhung resultierenden Einlageforderungen zur Masse zu ziehen.

Ausgangspunkt der Überlegungen ist die Tatsache, daß die Kapitalerhöhung gemäß § 54 Abs.3 GmbHG erst mit Eintragung in das Handelsregister wirksam wird. Zwar liegt es nahe, anzunehmen, daß die Gesellschaft schon mit Abschluß des Übernahmevertrages einen durchsetzbaren Anspruch auf Zahlung der Stammeinlage gegen den jeweiligen Gesellschafter erwirbt. Dessen Übernahmeerklärung erfolgt jedoch unter der gesetzlichen Bedingung der Eintragung des Kapitalerhöhungsbeschlusses.[337] Deshalb kann auch die Einlageforderung der GmbH vor diesem Zeitpunkt nicht wirksam entstehen.[338] Etwas anderes gilt nach herrschender Meinung lediglich für den gemäß §§ 56a, 7 Abs.2 S.1, 3, Abs. 3 GmbHG bereits vor Anmeldung zu erbringenden Teil der Stammeinlage, da der Gesellschaft die Möglichkeit gegeben werden muß, die Voraussetzungen für die Eintragung der Kapitalerhöhung zu schaffen.[339]

Die Situation ist somit derjenigen bei der Einforderung satzungsmäßig vorgesehener Nachschüsse vergleichbar. Da die Forderung der Gesellschaft auf Zahlung noch ausstehender Stammeinlagen erst mit Eintragung des Kapitalerhöhungsbeschlusses in das Handelsregister Bestandteil der Insolvenzmassse wird, ist es dem Insolvenzverwalter nicht gestattet, schon vor diesem Zeitpunkt in das Kapitalerhöhungsverfahren einzugreifen. Weder ist er befugt, den Kapitalerhöhungsbeschluß zur Eintragung in das Handelsregister anzumelden, noch kann er dessen Eintragung nach bereits erfolgter Anmeldung erzwingen.[340]

Hiervon zu unterscheiden ist die Frage, ob die Gesellschafter überhaupt noch tätig werden müssen, um die Eintragung des Beschlusses zu verhindern, oder ob dazu die Eröffnung des Insolvenzverfahrens als solche genügt. Im Schrifttum wird zum Teil die Auffassung vertreten, die Verfahrenseröffnung entziehe dem Kapitalerhöhungsbeschluß regelmäßig die Grundlage, so daß eine Eintragung in das Handelsregister auch ohne einen förmlichen Aufhebungsbeschluß zu unterbleiben habe.[341] Folglich sei ein bestätigender Gesellschafterbeschluß notwendig,

---

337 RGZ 77, 152 (155); RGZ 82, 375 (378); KG, GmbHR 1984, 124; Scholz/Priester; GmbHG § 55 Rn. 82; Hachenburg/Ulmer, GmbHG § 55 Rn. 29, 76.

338 A. A. offenbar Scholz/Priester, GmbHG § 55 Rn. 93, der gleichwohl einen durchsetzbaren Anspruch der Gesellschaft gegen den Übernehmer bejaht.

339 KG, GmbHR 1984, 124; Hachenburg/Ulmer, GmbHG § 55 Rn. 76 m.w.N. auch zur Gegenmeinung.

340 So auch Hachenburg/Ulmer, GmbHG § 55 Rn. 29; Scholz/Priester, GmbHG § 55 Rn. 32, 88; im Ergebnis auch Robrecht, GmbHR 1982, 126 (127); a. A. W. Schulz, KTS 1986, 389 (399 ff.).

341 Lutter/Hommelhoff, GmbHG § 55 Rn. 37a; Zöllner in Baumbach/Hueck, GmbHG § 55 Rn. 2a; Lutter, in Festschrift für Schilling, S. 207 (212 f.); Grüneberg, S. 80 ff.

um das Kapitalerhöhungsverfahren weiterzubetreiben. Dieser Ansicht hat der BGH[342] in einer jüngeren Entscheidung eine deutliche Absage erteilt. Der BGH stellte fest, es gebe keine Regel, nach der die zwischenzeitliche Verfahrenseröffnung der Eintragung und damit dem Wirksamwerden der zuvor beschlossenen und ordnungsgemäß angemeldeten Kapitalerhöhung entgegenstehe. Erfülle sich die Erwartung der Gesellschafter, mit dem Kapitalerhöhungsbeschluß der Insolvenz entgegenzuwirken, nicht, seien sie dadurch ausreichend geschützt, daß sie die Geschäftsführer bis zur Verfahrenseröffnung anweisen können, die Anmeldung zurückzunehmen. Außerdem stehe es ihnen auch danach noch frei, das Wirksamwerden der Kapitalerhöhung mittels eines Aufhebungsbeschlusses zu verhindern. Die dagegen seitens der Literatur vorgebrachten Einwände schlagen nicht durch. Sofern geltend gemacht wird, die Gesellschafterminderheit könne weder die Weisung an die Geschäftsführer noch den Aufhebungsbeschluß durchsetzen,[343] ist dem entgegenzuhalten, daß – jedenfalls soweit die Krise der GmbH bekannt war – kein Grund besteht, der Minderheit hier ausgeprägteren Schutz zu gewähren als beim Kapitalerhöhungsbeschluß selbst. Denn wenn dieser Beschluß gerade zur Vermeidung der Insolvenz gefaßt wurde, waren die Minderheitsgesellschafter meist schon in diesem Zeitpunkt auf Grund der Treubindung verpflichtet, zumindest nicht *gegen* die Kapitalerhöhung zu stimmen. Es ist daher gerechtfertigt, daß der Beschluß auch nur mit dem Willen der Gesellschaftermehrheit wieder rückgängig gemacht werden kann.[344] Hinzuzufügen ist noch, daß die Gesellschafter die Geschäftsführer auch noch nach Verfahrenseröffnung anweisen können, die Anmeldung zum Handelsregister zurückzunehmen, da diese außerhalb des Kompetenzbereichs des Verwalters den Gesellschaftern gegenüber weisungsgebunden bleiben.[345]

War dem einzelnen Gesellschafter die Krise der GmbH im Zeitpunkt der Beschlußfassung dagegen nicht bekannt, so ist er zusätzlich dadurch geschützt, daß er regelmäßig berechtigt ist, den Übernahmevertrag aus wichtigem Grund zu

---

342 BGH ZIP 1995, 28 mit zustimmender Anmerkung von v. Gerkan, EWiR 1995, 107; ebenso Hachenburg/Ulmer, GmbHG § 55 Rn. 29; Scholz/Priester, GmbHG § 55 Rn. 32; Zimmermann in Rowedder/Schmidt-Leithoff, GmbHG § 55 Rn. 25.

343 Zöllner in Baumbach/Hueck, GmbHG § 55 Rn. 2a; ferner Lutter/Hommelhoff, GmbHG § 55 Rn. 37a.

344 Umstritten ist in diesem Zusammenhang allerdings, ob der Kapitalerhöhungsbeschluß schon mit einfacher Mehrheit aufgehoben werden kann, oder aber spiegelbildlich zu § 53 Abs.2 GmbHG eine Dreiviertelmehrheit erforderlich ist; heute wird ganz überwiegend vertreten, hier genüge ein einfacher Mehrheitsbeschluß, vgl. Scholz/K. Schmidt, GmbHG § 45 Rn. 33; Zöllner in Baumbach/Hueck, GmbHG § 47 Rn. 22; Hachenburg/Ulmer, GmbHG § 53 Rn. 73, jeweils m.w.N.

345 Gottwald/Haas, § 92 Rn. 154; für die KO ebenso Grünewald, S. 49.

kündigen.[346] Daß er seine Nichtkenntnis im Zweifel beweisen muß, ist dem Gesellschafter dabei durchaus zumutbar. Unterbleibt die Eintragung der Kapitalerhöhung auf Grund eines wirksam gefaßten Aufhebungsbeschlusses oder weil die Gesellschafter durch Wahrnehmung ihres Kündigungsrechts von der Übernahmeverpflichtung frei geworden sind, können sie auf die Stammeinlage bereits erbrachte Leistungen (§§ 56a, 7 Abs.2 S.1, 3, Abs. 3 GmbHG) zurückfordern.[347]

Abschließend ist noch anzumerken, daß die der Gesellschaft mit Vollzug der Kapitalerhöhung zugeführten Mittel – anders als noch unter der Konkursordnung – gemäß § 35 InsO in jedem Fall Bestandteil der Insolvenzmasse werden. Da die Gesellschafter mithin die Verfügungsbefugnis über ihre Stammeinlagen zwingend verlieren, werden sie die Eintragung der Kapitalerhöhung nur dann nicht verhindern, wenn die Gläubiger im Gegenzug im Rahmen eines Insolvenzplanverfahrens teilweise auf ihre Forderungen verzichten.[348]

D. Kompetenzbeschränkungen der Gesellschafter bei zur Sanierung erforderlichen gesellschaftsrechtlichen Maßnahmen

Gemäß § 1 S.1 InsO stellt die Sanierung des insolventen Unternehmensträgers neben dessen Liquidation eine gleichberechtigte Alternative zur Erreichung des Verfahrensziels dar. Die Gläubiger werden sich aber nur dann bereit erklären, eine Sanierung mitzutragen, wenn diese zugleich mit einschneidenden Veränderungen in der organisationsrechtlichen Struktur der Gesellschaft einhergeht. So wird es regelmäßig unabdingbar sein, daß der GmbH frisches Eigenkapital zugeführt wird. Häufig wird es auch zur Auswechselung von Gesellschaftern kommen, zumindest aber zu einer Erweiterung des Gesellschafterkreises, da die Gläubiger ihren Anspruch auf die zukünftigen Erträge der GmbH durch eine direkte Beteiligung sichern wollen. Dies gilt insbesondere dann, wenn ihre Forderungen in Geschäftsanteile an der insolventen Gesellschaft umgewandelt werden. Schließlich kann es sich auch als notwendig erweisen, der GmbH eine ganz neue Rechtsform zu geben, um ihr Überleben zu ermöglichen. Nachstehend wird daher untersucht, inwieweit gesellschaftsrechtliche Grundsätze im Rahmen der soeben genannten Sanierungsmaßnahmen durch das Insolvenzrecht überlagert und die Kompetenzen der Gesellschaftsorgane in dieser besonderen Situation beschnitten

---

346 BGH ZIP 1995, 28 (29); OLG Hamm, DB 1989, 167; Scholz/Priester, GmbHG, § 55 Rn. 88; Hachenburg/Ulmer, GmbHG § 55 Rn. 29, 79.

347 Ganz herrschende Meinung, vgl. nur RGZ 77, 152 (156); Hachenburg/Ulmer, GmbHG § 55 Rn. 77; Scholz/Priester, GmbHG § 55 Rn. 96.

348 Vgl. Lutter/Hommelhoff, GmbHG § 55 Rn. 37.

werden. Dabei soll zunächst auf die in der Praxis für die Sanierung bedeutenste Maßnahme, die Kapitalerhöhung, eingegangen werden.

I. Kapitalerhöhung nach Eröffnung des Insolvenzverfahrens

1. Generelle Zulässigkeit und Bindung an einen Insolvenzplan

Nach einer älteren, zur Konkursordnung vertretenen Ansicht sollte eine Kapitalerhöhung nach Eröffnung des Konkursverfahrens grundsätzlich unzulässig sein.[349] Dies wurde vornehmlich damit begründet, daß die Schaffung neuer Mitgliedschaften mit dem Liquidationszweck des Konkursverfahrens nicht vereinbar sei. Auch die Tatsache, daß § 69 Abs.1 GmbHG nicht auf den Vierten Abschnitt des GmbH – Gesetzes mit seinen Vorschriften über die Kapitalerhöhung verweise, spreche dafür, daß eine Kapitalerhöhung bei einer im Abwicklungsstadium befindlichen GmbH ausgeschlossen sei.

Diese Ansicht ließ jedoch außer acht, daß den Gesellschaftern Gelegenheit gegeben werden mußte, die GmbH mittels Kapitalerhöhung mit ausreichender Liquidität zu versorgen, um den Gläubigern einen Zwangsvergleich anbieten zu können, dessen Abschluß gemäß § 60 Abs.1 Nr.4 GmbHG a.F. die Fortsetzung der Gesellschaft erlaubte. Das neuere Schrifttum[350] ging daher einhellig davon aus, daß eine Kapitalerhöhung auch noch nach Verfahrenseröffnung zulässig sei.

Nach Inkrafttreten der Insolvenzordnung steht die Zulässigkeit einer Kapitalerhöhung im eröffneten Insolvenzverfahren außer Frage. In §§ 1, 217 ff. InsO erkennt das Gesetz die Sanierung der insolventen Gesellschaft ausdrücklich als gangbaren Weg zur Verwirklichung des Verfahrenszwecks an. Als Sanierungsinstrument hat der Gesetzgeber den Beteiligten das in den §§ 217 – 269 InsO geregelte Insolvenzplanverfahren bereitgestellt. Hierbei wurde auch berücksichtigt, daß der Erhalt des Unternehmensträgers ohne tiefgehende Eingriffe in dessen gesellschaftsrechtliche Struktur häufig nicht zu bewerkstelligen ist. Die zur Gewin-

---

349 RGZ 77, 152 (154 f.); RGZ 85, 205 (207); OLG Bremen, GmbHR 1958, 180 f. Die Entscheidungen betrafen sämtlich Fälle, in denen der Kapitalerhöhungsbeschluß bereits vor Konkurseröffnung gefaßt worden war und es nurmehr um die Eintragung des Beschlusses in das Handelsregister ging. Die Gerichte ließen allerdings durchblicken, daß für eine erst nach Verfahrenseröffnung beschlossene Kapitalerhöhung insoweit nichts anderes gelten könne.

350 Roth/Altmeppen, GmbHG § 55 Rn. 10; Zimmermann in Rowedder/Schmidt-Leithoff, GmbHG § 55 Rn. 25; Hachenburg/Ulmer, GmbHG § 55 Rn. 28; Scholz/K. Schmidt, GmbHG vor § 64 Rn. 65; Zöllner in Baumbach/Hueck, GmbHG § 55 Rn. 2a; Meyer-Landrut/Miller/Niehus, GmbHG § 63 Rn. 13; Robrecht, GmbHR 1982, 126 (128 f.); Grüneberg, S. 73 ff.; für die AG auch LG Heidelberg, ZIP 1988, 1257.

nung neuer Kapitalgeber erforderlichen Maßnahmen – wie etwa die Änderung der gesellschaftsrechtlichen Struktur, der Rechtsform oder der Beteiligungsverhältnisse – sind daher im darstellenden Teil des Insolvenzplans anzugeben.[351] Darunter fällt auch ein entsprechender Sanierungsbeitrag der Gesellschafter in Form einer Kapitalerhöhung. Noch konkreter äußert sich der Gesetzgeber in der Begründung zu § 296 RegE, der in unveränderter Form als § 249 in die Insolvenzordnung übernommen wurde. Die Vorschrift erlaubt die Aufstellung eines bedingten Insolvenzplans und trägt damit dem Bedürfnis der Gläubiger Rechnung, das Wirksamwerden der im gestaltenden Teil des Plans vorgesehenen Rechtsänderungen davon abhängig machen zu können, daß zuvor bestimmte Leistungen erbracht oder andere Maßnahmen verwirklicht worden sind. Als Bedingung für die Änderung der Rechtsstellung der Gläubiger komme beispielsweise in Betracht, daß bestimmte gesellschaftsrechtliche Beschlüsse gefaßt werden, etwa eine Kapitalerhöhung erfolge.[352] Hiernach kann die Zulässigkeit einer Kapitalerhöhung als Bestandteil eines sanierenden Insolvenzplanverfahrens nicht mehr in Zweifel gezogen werden. Anders als die Konkursordnung erkennt die Insolvenzordnung die Liquidation des Unternehmensträgers nicht mehr als vorrangiges Verfahrensziel an. Daran ändert auch die Tatsache nichts, daß nunmehr die Vollbeendigung der Gesellschaft als Aufgabe des Insolvenzverfahrens in das Gesetz aufgenommen wurde. Dieser Verfahrenszweck setzt nämlich notwendig voraus, daß sich die Gläubiger für die Liquidation der insolventen GmbH entschieden haben. Er hat daher keine Bedeutung, wenn die bestmögliche Befriedigung der Gläubiger im Wege der Sanierung des Schuldners erreicht werden soll.

Auch außerhalb eines Insolvenzplanverfahrens ist eine Kapitalerhöhung theoretisch möglich. Dies ergibt sich aus der Regelung des § 212 InsO, wonach das Insolvenzverfahren auf Antrag des Schuldners einzustellen ist, wenn der Eröffnungsgrund weggefallen ist. Denn die Vorschrift machte keinen Sinn, wenn dem Schuldner nicht zugleich auch die Mittel zur Beseitigung des Eröffnungsgrunds – namentlich die Möglichkeit zur Kapitalerhöhung – an die Hand gegeben würden.[353] In der Praxis dürfte eine Kapitalerhöhung in diesem Zusammenhang

351 So ausdrücklich § 262 RegE (BR-Drucks. 1/92, S. 198), abgedruckt in W. Uhlenbruck, Das neue Insolvenzrecht, S. 597. Die Vorschrift wurde vom Rechtsausschuß im Laufe des weiteren Gesetzgebungsverfahrens gestrichen. Ausweislich der Beschl.-Empfehlung des RechtsA zu den §§ 258 – 262 RegE (BT-Drucks. 12/7302, S.182), abgedruckt in W. Uhlenbruck, Das neue Insolvenzrecht, S. 597 f., diente die Streichung jedoch nur der redaktionellen Straffung des Gesetzes. Die Vorschrift ist in der allgemeiner gehaltenen Formulierung des § 220 Abs.2 InsO aufgegangen.

352 So ausdrücklich die Begr. zu § 296 RegE = § 249 InsO (BR-Drucks. 1/92, S. 211), abgedruckt in W. Uhlenbruck, Das neue Insolvenzrecht, S. 637.

353 Ebenso Kautz, S. 209. § 325 Abs.2 RegE sah sogar noch vor, auch den Gesellschaftern des Schuldners ein entsprechendes Antragsrecht zu gewähren. Die Vorschrift

gleichwohl nur eine geringe Rolle spielen.[354] Im Zeitpunkt der Kapitalerhöhung läßt sich nämlich kaum mit Sicherheit beurteilen, ob die der Gesellschaft zugeführten Mittel tatsächlich ausreichen werden, die Insolvenz zu beheben. Fest steht nur, daß diese Mittel gemäß § 35 InsO uneingeschränkt Bestandteil der Insolvenzmasse und damit der Verfügungsmacht der Gesellschafter entzogen werden. Sie laufen dann Gefahr, nicht nur ihre Investition, sondern in der Folge auch endgültig das gesamte Unternehmen zu verlieren. Diesem Risiko können sanierungswillige Gesellschafter am besten dadurch begegnen, daß sie den Kapitalerhöhungsbeschluß ihrerseits von der Existenz eines den Fortbestand der GmbH sichernden Insolvenzplans abhängig machen. Die folgenden Ausführungen zur Kompetenzabgrenzung beziehen sich deshalb ausschließlich auf eine in das Insolvenzplanverfahren eingebundene Kapitalerhöhung.[355]

2. Der Kapitalerhöhungsbeschluß

Erster Schritt auf dem Weg zur Kapitalerhöhung ist ein satzungsändernder Beschluß der Gesellschafter. Verbleibt die Kompetenz zur Beschlußfassung im eröffneten Insolvenzverfahren uneingeschränkt bei den Gesellschaftern, haben diese die Möglichkeit, durch Untätigkeit auch wirtschaftlich sinnvolle Insolvenzpläne zu obstruieren. Zunächst ist deshalb zu untersuchen, ob und gegebenenfalls wie die Gesellschafter gezwungen werden können, den zur erfolgreichen Umsetzung eines Insolvenzplans erforderlichen Kapitalerhöhungsbeschluß zu fassen.

a) Der Vorschlag der Insolvenzrechtskommission

Die vom Bundesministerium für Justiz 1978 eingesetzte Kommission zur Reform des Insolvenzrechts erkannte, welche Schwierigkeiten sich aus der Notwendigkeit gesellschaftsrechtlicher Beschlüsse für die Durchsetzung eines sanierenden Reorganisationsplans ergeben können und schlug die folgende Lösung vor: die zur Sanierung für erforderlich gehaltenen Änderungen der rechtlichen Verhältnisse

---

wurde allerdings vom Rechtsausschuß aus Gründen der Verfahrensvereinfachung gestrichen. Für die Gesellschafter resultiert daraus jedoch kein Nachteil, da sie – soweit sie nicht selbst Mitglieder der Geschäftsführung sind – den jeweiligen Geschäftsführer verbindlich anweisen können, beim Insolvenzgericht für die GmbH einen Antrag auf Einstellung des Verfahrens zu stellen. Siehe dazu Wortlaut und Begründung zu § 325 RegE = § 212 InsO (BR-Drucks. 1/92) sowie die Beschl.-Empfehlung des RechtsA zu § 234f RegE (BT-Drucks. 12/7302 S. 181), abgedruckt in W. Uhlenbruck, Das neue Insolvenzrecht, S. 580 f.

354 So auch U. Noack, in Festschrift für Zöllner, S. 411 (422).

355 Mangels praktischer Relevanz im Insolvenzverfahren bleibt hierbei auch die Kapitalerhöhung aus Gesellschaftsmitteln (§§ 57c ff. GmbHG) außer Betracht.

der Gesellschaft seien im darstellenden Teil des Plans aufzuführen und von den nach dem Gesellschaftsrecht zuständigen Organen zu beschließen.[356] Das Insolvenzgericht sei jedoch zu ermächtigen, die fehlende Zustimmung der Gesellschafter durch Beschluß zu ersetzen, wenn die mit dem Plan angestrebte Sanierung ohne die zu beschließende Maßnahme nicht durchgeführt werden könne und die erforderliche Mehrheit der Gläubiger dem Plan zugestimmt habe.[357] Diese Ersetzungsbefugnis des Gerichts sollte grundsätzlich für alle Reorganisationsmaßnahmen gelten, folglich auch für einen Kapitalerhöhungsbeschluß.[358]

Die Kommission rechtfertigte die Zulässigkeit solch eines hoheitlichen Eingriffs in den Kernbereich gesellschaftsrechtlicher Mitgliedschaftsrechte in erster Linie damit, daß der Erhalt des Unternehmens nicht am Widerstand der Gesellschafter scheitern dürfe, wenn Gläubiger und Arbeitnehmer eine Reorganisation für sinnvoll und aussichtsreich hielten und ihrerseits bereit seien, die Sanierung durch Inkaufnahme von Rechtsnachteilen mitzutragen.[359] Diese Sichtweise wird durch die Tatsache gestützt, daß die Mitgliedschaftsrechte der Gesellschafter regelmäßig völlig wertlos, zumindest aber stark entwertet sind. Als Alternative bliebe daher ohnehin nur eine konkursmäßige Liquidation des Unternehmens.

Der Vorschlag der Kommission stieß im Schrifttum überwiegend auf Ablehnung. Vor allem *Ulmer*[360] setzte sich kritisch mit der geplanten Ersetzungsbefugnis des Insolvenzgerichts auseinander und wies darauf hin, daß der Ersetzungsbeschluß als umfassendes gerichtliches Gestaltungsrecht weit über ein die Zustimmung ersetzendes Leistungsurteil (§ 894 ZPO) hinausgehe. Insoweit sei bedenklich, daß es weder auf das durch die Gesellschafter definierte Gesellschaftsinteresse ankomme, noch auf die Zumutbarkeit der Änderung für die widersprechenden Gesellschafter abgestellt werde, sondern allein das Interesse der Gläubiger und Arbeitnehmer maßgeblich sei. Außerdem könne nicht in allen Fällen davon

---

356 Erster Bericht, Leitsätze 2.2.20 Abs.1, S. 189 und 2.4.9.2, S. 278.

357 Erster Bericht, Leitsatz 2.2.20 Abs.3, S. 189.

358 Unzulässig sollte es nach den Plänen der Kommission lediglich sein, einen beschränkt haftenden Gesellschafter gegen seinen Willen zum persönlich haftenden Gesellschafter zu machen oder Forderungen von Insolvenzgläubigern gegen deren Willen in Gesellschaftsanteile umzuwandeln (Erster Bericht, Leitsatz 2.4.9.3 Abs.1, S. 279).

359 Erster Bericht, Begründung zu Leitsatz 2.2.20, S. 192. Bei dieser rein ergebnisorientierten Argumentation bleibt allerdings unklar, ob die gerichtliche Ersetzungsbefugnis der Sanierung des Unternehmensträgers als Mittel bestmöglicher Gläubigerbefriedigung lediglich zu mehr Durchschlagskraft verhelfen soll oder ob die Reorganisation der insolventen Gesellschaft als eigenständiges (vorrangiges) Verfahrensziel verstanden wird; vgl. zu diesem Problem die ausführliche Darstellung bei Kautz, S. 31 ff., m.w.N.

360 Ulmer, ZHR 149 (1985), 541 (554 ff.).

ausgegangen werden, daß die Geschäftsanteile der Gesellschafter im eröffneten Insolvenzverfahren tatsächlich wertlos seien, weshalb die Legitimation der gerichtlichen Ersetzungsbefugnis grundsätzlich in Frage zu stellen sei.

b) Das Konzept der Insolvenzordnung

Der Gesetzgeber hat den Vorschlag der Insolvenzrechtskommission nicht aufgegriffen und ausdrücklich auf die Normierung hoheitlicher Eingriffe in die gesellschaftsrechtlichen Verhältnisse des Schuldners verzichtet.[361] Gegenstand der Haftung sei das Vermögen des Schuldners, nicht dessen gesellschafts- oder verbandsrechtliche Organisation. Für den Fall, daß die zur Sanierung des Unternehmensträgers erforderlichen gesellschaftsrechtlichen Maßnahmen nicht zustande kommen, werden die Gläubiger explizit darauf verwiesen, die Vermögenshaftung im Wege einer übertragenden Sanierung zu realisieren.[362] In bezug auf die sanierende Kapitalerhöhung ist damit klargestellt, daß den Gesellschaftern ihre im Gesellschaftsrecht fußende Obstruktionsmöglichkeit erhalten bleiben soll. Dieser gesetzgeberischen Entscheidung wird insbesondere dadurch Rechnung getragen, daß die Kapitalerhöhung als gesellschaftsrechtliche Maßnahme gemäß § 220 Abs.2 InsO zwar in den darstellenden, nicht aber in den gestaltenden Teil des Insolvenzplans (§ 221 InsO) aufgenommen werden kann.[363] Die Gesellschafter des Schuldners rechnen nicht zu den am Insolvenzplanverfahren Beteiligten, so daß ihre Rechtsstellung auch nicht mit Bestätigung eines Insolvenzplans gemäß den im gestaltenden Teil festgelegten Wirkungen geändert werden kann.[364]

Nach den Vorstellungen des Gesetzgebers vollzieht sich die Kapitalerhöhung somit gänzlich außerhalb des Insolvenzplanverfahrens. Ob ein Kapitalerhö-

---

361 Vgl. die Allg. Begr. zum RegE 4 a cc, abgedruckt in W. Uhlenbruck, Das neue Insolvenzrecht, S. 241.

362 Allg. Begr. zum RegE 4 a cc, abgedruckt in W. Uhlenbruck, Das neue Insolvenzrecht, S. 241.

363 Müsgen, MittRhNotK 1997, 409 (429); Burger/Schellberg, DB 1994, 1833 (1834); K. Schmidt, ZGR 1998, 633 (649); a. A. offenbar Hess/Weis, InVo 1996, 169 (170).

364 U. Noack, Gesellschaftsrecht, Rn. 104; ders., in Festschrift für Zöllner, S. 411 (421); K. Schmidt, ZGR 1998, 633 (648 f.); Maus, in Kölner Schrift zur Insolvenzordnung, S. 707 Rn. 19; ausführlich dazu Smid/Rattunde, Der Insolvenzplan, Rn. 336 ff. Die Begr. zu § 264 RegE = § 221 InsO (BR-Drucks. 1/92, S.199), abgedruckt in W. Uhlenbruck, Das neue Insolvenzrecht, S. 599, nannte allerdings auch noch die am Schuldner beteiligten Personen als „Beteiligte", deren Rechtsstellung mittels des gestaltenden Teils des Insolvenzplans geändert werden könne. Der Rechtsausschuß stellte dann aber in der Beschl.-Empfehlung des RechtsA zu § 293 RegE = § 247 InsO (BT-Drucks. 12/7302, S.184), abgedruckt in W. Uhlenbruck, Das neue Insolvenzrecht, S. 635, klar, daß die Rechtsstellung der am Schuldner beteiligten Personen außerhalb des Insolvenzplanverfahrens bleiben solle.

hungsbeschluß gefaßt wird, hängt allein vom Willen der Gesellschafter ab. Sowohl dem Insolvenzgericht als auch dem Insolvenzverwalter ist es versagt, in den Entscheidungsprozeß einzugreifen und gegebenenfalls rechtsgestaltend einen positiven Beschluß im Sinne bestmöglicher Gläubigerbefriedigung herbeizuführen. Der Forderung der Insolvenzrechtskommission nach einem Vorrang des Insolvenzrechts gegenüber dem Gesellschaftsrecht wurde insoweit eine eindeutige Absage erteilt. In der Praxis muß der Insolvenzverwalter den Gesellschaftern, wenn er von diesen einen Sanierungsbeitrag in Form einer Kapitalerhöhung erwartet, stets einen konsensfähigen Insolvenzplan unterbreiten. Die Gesellschafter können das Insolvenzplanverfahren also trotz weitestgehender Entwertung ihres Geschäftsanteils maßgeblich beeinflussen und im äußersten Fall sogar scheitern lassen.

Vergleicht man das soeben gefundene Ergebnis mit den Ausführungen zur Verwertung der Firma durch den Insolvenzverwalter, so wird deutlich, wie entscheidend es für die Kompetenzverteilung darauf ankommen kann, auf welche Art und Weise das Vermögen des Schuldners verwertet wird. Wird die insolvente Gesellschaft liquidiert, führt dies auf Grund der Vollbeendigungspflicht des Verwalters dazu, daß den Interessen der Gesellschafter kaum noch Gewicht beizumessen ist und sie in der Folge sogar ihre Satzungsänderungskompetenz an den Verwalter verlieren können. Soll dagegen die Sanierung der Gesellschaft in die Wege geleitet werden, haben die Gesellschafter freilich weiterhin ein ausgeprägtes Interesse an den Bedingungen gemäß welchen ihre Gesellschaft fortgeführt werden soll. Der Gesetzgeber hat dieses Interesse als berechtigt angesehen und ihm Rechnung getragen, indem er dem gesellschaftsrechtlichen Kompetenzgefüge gegenüber dem Insolvenzrecht insoweit den Vorrang eingeräumt hat.

c) Pflicht zur Beschlußfassung auf Grund gesellschaftsrechtlicher Treuepflicht?

Bietet das geltende Insolvenzrecht auch keine Handhabe, die Gesellschafter zu einem für die erfolgreiche Sanierung der GmbH erforderlichen Kapitalerhöhungsbeschluß zu zwingen, so läßt sich ein solches Bedürfnis dennoch nicht leugnen. Bei Unternehmensinsolvenzen kann es immer wieder zu Konstellationen kommen, in denen die Reorganisation des Unternehmensträgers sich nicht nur als aussichtsreich darstellt, sondern auch die bestmögliche Gläubigerbefriedigung verspricht.[365] Da aber dieses Verfahrensziel nach dem Willen des Gesetzgebers

365 Dies wird insbesondere der Fall sein, wenn sich ein Investor findet, der gewillt ist, die mit der Kapitalerhöhung neu geschaffenen Anteile mehrheitlich zu übernehmen, um die Gesellschaft dann unter seiner Leitung zu sanieren. Dabei spielen nicht zuletzt die steuerrechtlich relevanten Verlustvorträge der insolventen Gesellschaft, die sich der Investor auf diese Weise zunutze machen kann, eine entscheidende Rolle.

die Vorherrschaft des Gesellschaftsrechts nicht zu brechen vermag, kann sich eine Kompetenzbeschränkung der Gesellschafter nur noch aus dem Gesellschaftsrecht selbst ergeben. Als Rechtsgrundlage für die Pflicht der Gesellschafter, eine Kapitalerhöhung zu beschließen, kommt hierbei allein die gesellschaftsrechtliche Treuepflicht in Betracht.[366]

aa) Grundlagen der gesellschaftsrechtlichen Treuepflicht

Eine Treuepflicht des GmbH-Gesellschafters besteht sowohl gegenüber der Gesellschaft als auch gegenüber den Mitgesellschaftern. Inhalt der Treuepflicht ist es, als Mitglied der GmbH deren Interessen zu wahren, sie insbesondere nicht durch schädigendes Verhalten zu beeinträchtigen und sie gegebenenfalls aktiv zu fördern sowie auf die mitgliedschaftlichen Interessen der Mitgesellschafter Rücksicht zu nehmen.[367] Schon die Weitschweifigkeit dieser Formulierung zeigt, daß es sich hierbei um einen die Gesellschafterrechte begrenzenden allgemeinen Rechtsgrundsatz handelt, der nicht auf einzelne Tatbestände beschränkt werden kann. Vielmehr ist die Reichweite der Treuebindung jeweils nur anhand der konkreten Umstände im Einzelfall zu ermitteln. Grundsätzlich beschränkt die gesellschaftsrechtliche Treuepflicht die mitgliedschaftlichen Befugnisse des Gesellschafters und dient damit vor allem dem Zweck, eine Willkürherrschaft der Gesellschaftermehrheit über die Minderheit zu vermeiden. Darüber hinaus kann sie im Einzelfall dem Gesellschafter aber auch positive Pflichten auferlegen, wie z. B. Maßnahmen zuzustimmen, die mit Rücksicht auf das Gesellschaftsverhältnis, insbesondere zur Erhaltung des Geschaffenen dringend geboten und den Gesellschaftern unter Berücksichtigung ihrer eigenen schutzwerten Belange zumutbar sind.[368] Weiterhin ist anerkannt, daß die Intensität der Treuepflicht sich um so mehr abschwächt, je weniger personalistisch die GmbH geprägt ist.[369] Auch ist ein Gesellschafter mit nur geringer Beteiligung und wenig Einfluß bei der Wahrnehmung seiner Rechte durch die Treuepflicht grundsätzlich nicht in dem Maße beschränkt wie z. B. ein Mehrheitsgesellschafter. Desweiteren wird ganz überwiegend vertreten, daß die Treuepflicht in der Einmann-GmbH ebensowenig eine Rolle spielt wie bei Einigkeit aller Gesellschafter. Anderenfalls bestünde die

---

366 Dies gilt freilich nur soweit eine entsprechende Pflicht nicht schon im Gesellschaftsvertrag vereinbart worden ist.

367 Hueck/Fastrich in Baumbach/Hueck, GmbHG § 13 Rn. 22, m.w.N.

368 So ausdrücklich OLG Köln, NZG 1999, 1166 (1167), m.w.N.; vgl. auch Hueck/Fastrich in Baumbach/Hueck, GmbHG § 13 Rn. 24.

369 Vgl. etwa BGHZ 65, 15 (18 f.); Roth/Altmeppen, GmbHG § 13 Rn. 72; Raiser, ZHR 151 (1987), 422 (430 ff.); Dreher, DStR 1993, 1632 ff.

Treuepflicht letztlich nur noch zu Gunsten der Gesellschaftsgläubiger.[370] Deren Schutz richtet sich aber nach den Kapitalerhaltungsvorschriften, insbesondere § 30 GmbHG. Voraussetzung für die Begrenzung der Satzungsautonomie der Gesellschafter durch die Treuepflicht ist somit die Bereitschaft wenigstens eines Teils der Gesellschafter, die zur Sanierung erforderliche Kapitalerhöhung zu beschließen.

bb) Die „Girmes"-Entscheidung des BGH

Der Bundesgerichtshof war mit der Frage, ob sich im eröffneten Insolvenzverfahren eine Stimmpflicht der Gesellschafter bezüglich eines zur Sanierung erforderlichen satzungsändernden Beschlusses aus der gesellschaftsrechtlichen Treuepflicht ableiten läßt, noch nicht befaßt. In zwei Entscheidungen aus dem Jahr 1984[371] stellte das Gericht allerdings fest, daß der Kommanditist einer Publikums-KG auf Grund des gesellschaftsrechtlichen Treuegebots verpflichtet sei, einer zeitweiligen Aussetzung der vertraglich garantierten Kapitalverzinsung zuzustimmen, da anderenfalls der Zusammenbruch der Gesellschaft drohe. In der „Girmes"-Entscheidung[372] aus dem Jahr 1995 setzte sich der BGH dann erstmals eingehend mit der Frage auseinander, unter welchen Voraussetzungen Anteilseigner verpflichtet sind, ein Sanierungskonzept im Rahmen einer außergerichtlichen, sogenannten freien Sanierung durch positive Beschlußfassung mitzutragen. Dem Urteil lag folgender Sachverhalt zugrunde:

Die Girmes AG hatte bereits mehr als die Hälfte ihres Grundkapitals verloren, als der Vorstand der Hauptversammlung ein mit den Gesellschaftsgläubigern abgesprochenes Sanierungskonzept zur Abstimmung vorlegte, das neben einem teilweisen Forderungsverzicht der Gläubiger sowie der Schaffung von genehmigtem Kapital auch eine Kapitalherabsetzung im Verhältnis 5:2 vorsah. Die für die Kapitalherabsetzung erforderliche Mehrheit kam nicht zustande, weil ein Stimmrechtsvertreter der Kleinaktionäre insgesamt knapp 40% der an der Abstimmung beteiligten Stimmen auf sich vereinigt hatte und gegen die Kapitalherabsetzung stimmte. Er selbst schlug ein Kapitalherabsetzungsverhältnis von 5:3 vor, wofür

---

370 Vgl. BGHZ 119, 257 (259f.); BGHZ 122, 333 (336); Hueck/Fastrich in Baumbach/Hueck, GmbHG § 13 Rn. 21; Pentz in Rowedder/Schmidt-Leithoff, GmbHG § 13 Rn. 38; Scholz/Winter, GmbHG § 14 Rn. 52; Lutter/Hommelhoff, GmbHG Anh. § 13 Rn. 42; Roth/Altmeppen, GmbHG § 13 Rn. 80; abw. Hachenburg/Ulmer, GmbHG Anh. § 77 Rn. 75, 87 und Scholz/Schneider, GmbHG § 37 Rn. 52, die eine Treuepflicht jedenfalls in den die Existenz der GmbH gefährdenden Fällen bejahen sowie Priester, ZGR 1993, 512 (517 ff.).

371 BGH WM 1985, 195 (196); BGH WM 1985, 256 (257 f.).

372 BGH ZIP 1995, 819.

sich jedoch ebenfalls keine Mehrheit fand. Damit scheiterte das zuvor erarbeitete Sanierungskonzept vollständig,[373] woraufhin der Vorstand die Eröffnung des Vergleichsverfahrens beantragte, das wenig später in einen Anschlußkonkurs überging.

In den Entscheidungsgründen[374] stellte der BGH zunächst fest, daß auch Minderheitsaktionären Treuepflichten gegenüber ihren Mitaktionären obliegen. Diese werden für jeden von ihnen jedenfalls dann relevant, wenn sie in ihrer Gesamtheit bei der Abstimmung in der Hauptversammlung die Voraussetzungen für eine Sperrminorität erreichen und sie sich auf eine einheitliche Stimmrechtsausübung verständigen.[375] Die Treuepflicht verbiete ihnen, eine sinnvolle und mehrheitlich angestrebte Sanierung der Gesellschaft – einschließlich einer zum Sanierungskonzept gehörenden Kapitalherabsetzung – aus eigennützigen Gründen zu verhindern. Zugleich konkretisierte das Gericht das Gebot der Treuepflicht, indem es die im Hinblick auf solch eine Sanierung zu erfüllenden Voraussetzungen nannte. So sei in Anlehnung an Vorschläge aus dem Schrifttum[376] das Obstruktionsverbot der Gesellschafter davon abhängig zu machen, daß (1) bei Scheitern der Sanierungsmaßnahme der Zusammenbruch der Gesellschaft unvermeidlich und (2) im Falle des Zusammenbruchs die Stellung des einzelnen Gesellschafters ungünstiger als bei einem Austritt aus der fortbestehenden Gesellschaft sei, (3) die Durchführung der Sanierungsmaßnahme die Verfolgung des Gesellschaftszwecks nach objektiver Einschätzung nachhaltig sicherstelle und (4) keine schonendere Sanierung möglich sei.

Der BGH stellte ausdrücklich klar, daß es sich hierbei um die Treuepflicht der Aktionäre gegenüber ihren Mitaktionären handele und nicht gegenüber der Gesellschaft.[377] Diese genieße keinen allgemeinen Bestandsschutz. Vielmehr sei es den Gesellschaftern – freilich mit qualifizierter Mehrheit – freigestellt, den Gesellschaftszweck jederzeit und ohne Vorliegen sachlicher Rechtfertigungsgründe zu beenden und die Auflösung der Gesellschaft zu beschließen. Sie seien gegenüber der Gesellschaft daher auch nicht verpflichtet, zu ihren Gunsten Maßnahmen zu ergreifen, wenn sie das Stadium der Konkursreife erlangt habe oder

---

373 Dem vorgeschlagenen genehmigten Kapital stimmte die Hauptversammlung mit der erforderlichen Mehrheit zu.

374 BGH ZIP 1995, 819 (820 ff., insb. 824).

375 Dabei hat das Gericht ausdrücklich offen gelassen, ob die Treuepflicht auch bei einer *zufällig* eintretenden Antrags- oder Sperrminderheit Bedeutung erlangen kann. Diese Konstellation wird bei einer GmbH auf Grund deren personalistischeren Charakters jedoch regelmäßig nicht vorliegen.

376 K. Schmidt, ZIP 1980, 328 (336); ders., Gesellschaftsrecht, § 5 IV 5 a, S. 141; ferner Timm, WM 1991, 481 (484 f.).

377 BGH ZIP 1995, 819 (824).

das Konkursverfahren über ihr Vermögen bereits eröffnet sei. Eine Minderheit von Gesellschaftern könne die Auflösung der Gesellschaft dagegen nicht erzwingen. Sie habe daher unter Berücksichtigung des Gesellschaftszwecks auf die gesellschaftsbezogenen Belange der Mehrheit angemessen Rücksicht zu nehmen, wobei diese Rücksichtnahme unter dem Vorbehalt der Verhältnismäßigkeit und Erforderlichkeit stehe. Dabei bedürfe es nicht zwingend einer positiven Zustimmung, sondern es genüge gegebenenfalls auch eine Stimmenthaltung, wenn die qualifizierte Mehrheit auch auf diese Weise erreicht werden könne.[378]

cc) Übertragbarkeit der Grundsätze aus der „Girmes"-Entscheidung

Das Urteil des BGH hat Beurteilungskriterien für die Praxis vorgegeben und ist auch in der Literatur[379] überwiegend auf Zustimmung gestoßen. Im Folgenden ist daher zunächst der Frage nachzugehen, ob diese von der Rechtsprechung für die freie Sanierung einer AG aufgestellten Grundsätze auch dann noch Geltung beanspruchen können, wenn das Insolvenzverfahren über das Vermögen der GmbH bereits eröffnet ist.

Stellte der BGH mit seiner Entscheidung klar, daß sich aus dem Treuegebot Verhaltenspflichten für jeden Aktionär – mag seine Beteiligung auch noch so gering sein – ableiten lassen, so galt dies für Gesellschafter einer personalistisch ausgestalteten GmbH schon seit längerem.[380] Da bei der AG als Publikumsgesellschaft die persönlichen Beziehungen zwischen den Anteilseignern naturgemäß am wenigsten ausgeprägt oder sogar überhaupt nicht vorhanden sind, kann die GmbH – gleichviel in welchem Maße sie personalistisch organisiert ist – nicht auf Grund ihrer Rechtsform aus dem Wirkungskreis der „Girmes"-Entscheidung ausgeschlossen werden. Vielmehr müssen die aufgestellten Grundsätze hier erst recht gelten. Die Interessenlage der Beteiligten deckt sich insoweit vollständig mit der für die AG beschriebenen. Die Übertragbarkeit der Entscheidung auf die GmbH erweist sich somit als problemlos.

Zwischen einer außergerichtlichen und einer im Rahmen des Insolvenzplanverfahrens angestrebten Sanierung besteht hingegen ein gewisser Unterschied. Durch die Verfahrenseröffnung ist die Insolvenz der Gesellschaft definitiv fest-

---

378 Stimmenthaltungen werden bei der Zahl der abgegebenen Stimmen nicht berücksichtigt; vgl. Zöllner in Baumbach/Hueck, GmbHG § 47 Rn. 14; Roth/Altmeppen, GmbHG § 47 Rn. 3; für die AG: Hüffer, AktG § 133 Rn. 12.

379 Vgl. nur Lutter, JZ 1995, 1053 sowie Marsch-Barner, ZIP 1996, 853 mit zahlreichen Nachweisen zu den das Verfahren begleitenden Stimmen; ablehnend hingegen Flume, ZIP 1996, 161, dessen Kritik sich jedoch vornehmlich gegen das Rechtsinstitut der Treuepflicht an sich richtet.

380 Vgl. BGHZ 65, 15 (18 f.); BGHZ 98, 276 (279 f.).

gestellt, so daß neben der Sanierung nur noch die vollständige Liquidation der GmbH in Betracht kommt.[381] Dabei ist die Macht der Gläubiger, das weitere Schicksal der Gesellschaft maßgeblich zu bestimmen, durch die zur Verfahrensmaxime erhobenen Gläubigerautonomie institutionalisiert.[382] Dies führt auf seiten der Gesellschafter zwar zur Verringerung des Verhandlungsspielraums. Für die Übertragbarkeit ist jedoch entscheidend, ob die mit Verfahrenseröffnung verfügte Auflösung der GmbH die Gesellschafterminderheit nunmehr berechtigt, gegenüber der Mehrheit die Liquidation der Gesellschaft durchzusetzen. Wie an anderer Stelle bereits dargelegt,[383] geht die Insolvenzordnung nicht von einem primären Liquidationszweck des Verfahrens aus. Die Eröffnung des Insolvenzverfahrens bewirkt lediglich, daß das Vermögen der GmbH als Haftungsmasse nunmehr den Gläubigern zugewiesen ist. Deshalb erfährt der ursprüngliche Gesellschaftszweck durch die Verfahrenseröffnung zunächst auch keine Änderung, sondern wird allenfalls durch das übergeordnete Verfahrensziel bestmöglicher Gläubigerbefriedigung überlagert. Es obliegt dann den Gläubigern, die im Einzelfall erfolgversprechendste Art der Unternehmensverwertung zu „entdecken" und umzusetzen. Entscheiden sie sich für die Sanierung des Unternehmensträgers und wird dieses Konzept von den Gesellschaftern mehrheitlich unterstützt, unterscheidet sich diese Situation nicht wesentlich vom Versuch einer außergerichtlichen Sanierung, wie er auch der „Girmes"-Entscheidung zugrunde lag. Allein die Auflösung der GmbH rechtfertigt also noch keine stärkere Gewichtung des wie auch immer motivierten Interesses einzelner Gesellschafter an der Liquidation der GmbH. Konsequenterweise kann die Gesellschafterminderheit ihre Verweigerungshaltung auch nicht mit dem Hinweis auf den Vollbeendigungszweck des Insolvenzverfahrens begründen. Denn dieses Verfahrensziel wird erst dann relevant, wenn die Sanierung des Unternehmensträgers endgültig gescheitert ist und somit feststeht, daß die Gesellschaft liquidiert wird. Es bestehen daher keine Bedenken, die vom BGH zur Konkretisierung der gesellschaftsrechtlichen Treubindung bei einer außergerichtlichen Sanierung herangezogenen Kriterien auch im eröffneten Insolvenzverfahren anzuwenden.[384]

---

381 Auch eine übertragende Sanierung führt bekanntlich zur Vollbeendigung der insolventen Gesellschaft.

382 Vgl. § 157 InsO; wie der Fall Girmes zeigt, befindet sich das Schicksal der insolventen Gesellschaft allerdings schon vor Verfahrenseröffnung faktisch regelmäßig in der Hand der Gläubiger; Flume, ZIP 1996, 161 (167) spricht insoweit von einem Diktat der Gläubiger.

383 Siehe oben, 1. Teil B. I.

384 So auch Müsgen, MittRhNotK 1997, 409 (430).

dd) Anwendung der vom BGH zur Konkretisierung der Treuepflicht herangezogenen Kriterien im Insolvenzplanverfahren

aaa) Unvermeidbarkeit der Liquidation bei Scheitern der Sanierungsmaßnahme

Als erste Voraussetzung für die Anerkennung eines Obstruktionsverbots der Minderheitsgesellschafter nennt der BGH, daß bei Scheitern der Sanierungsmaßnahme der Zusammenbruch der Gesellschaft unvermeidlich ist. Diese Situation ist im eröffneten Insolvenzverfahren regelmäßig gegeben. Alternativ zur Sanierung der GmbH kommt nach Verfahrenseröffnung nurmehr die in den Händen des Insolvenzverwalters liegende Vollabwicklung der Gesellschaft in Betracht. Die Fortsetzung der GmbH nach Verteilung des aus der Vermögensverwertung resultierenden Erlöses ist wegen des Vollbeendigungszwecks des Verfahrens ausgeschlossen. Daß die Gesellschafter ein abweichendes Sanierungskonzept vorschlagen können,[385] ändert daran nichts. Denn aus § 157 InsO ergibt sich, daß es den Gläubigern freisteht, diesen Sanierungsplan ohne weiteres abzulehnen und die Zerschlagung der GmbH durch Verwertung ihres Vermögens und Verteilung des Erlöses in die Wege zu leiten.

bbb) Ungünstigere Stellung des Gesellschafters bei Liquidation als bei Austritt aus der fortbestehenden Gesellschaft

Auch dieses, die Treuepflicht konkretisierende Kriterium wird nach Eröffnung des Insolvenzverfahrens in der Regel erfüllt sein. Wird die GmbH liquidiert, verlieren die Gesellschafter ihr eingebrachtes Kapital unwiederbringlich. Dagegen ist der Geschäftsanteil an einer GmbH mit begründeter Aussicht auf eine erfolgreiche Sanierung immer noch werthaltig. Zwar besteht für GmbH-Geschäftsanteile kein so breiter Markt wie etwa für börsennotierte Aktien. Dennoch dürfte es in dieser Situation für einen austrittswilligen Minderheitsgesellschafter unproblematisch sein, seinen Geschäftsanteil für eine Gegenleistung zu veräußern. Häufig werden die sanierungswilligen Mehrheitsgesellschafter, die von der Zukunftsfähigkeit der GmbH überzeugt sind, bereit sein, den Anteil gegen eine – wenn auch geringe – Abfindung zu übernehmen. Damit ist der Minderheitsgesellschafter aber in jedem Fall besser gestellt als bei der Vollbeendigung der Gesellschaft.

---

385 Zur Vorlage eines Insolvenzplans sind gemäß § 218 Abs.1 S.1 InsO zwar nur der Schuldner und der Insolvenzverwalter berechtigt. Auf Grund ihres Weisungsrechts können die Gesellschafter jedoch die Geschäftsführer beauftragen, einen mit ihren Zielvorgaben übereinstimmenden Plan auszuarbeiten und diesen als vertretungsberechtigtes Organ der GmbH dem Insolvenzgericht vorzulegen.

ccc) Nachhaltige Sicherstellung der Verfolgung des Gesellschaftszwecks bei Durchführung der Sanierungsmaßnahme

Weiterhin ist erforderlich, daß durch die vorgesehene Sanierungsmaßnahme nach objektiver Einschätzung die erfolgreiche Fortsetzung der Gesellschaft über die Beendigung des Insolvenzverfahrens hinaus nachhaltig sichergestellt ist. Dies bedeutet vor allem, daß die GmbH wieder in die Lage versetzt wird, Erträge zu erwirtschaften, aus denen die Gläubiger gemäß den Festsetzungen des Insolvenzplans befriedigt werden können. Hierbei erweist sich das Insolvenzplanverfahren im Hinblick auf eine objektive Beurteilung des Sanierungskonzepts gegenüber einer freien Sanierung überlegen. Der Grund dafür liegt zum einen in der Formalität des Verfahrens; daneben sorgen sowohl die Mitwirkung des Insolvenzverwalters als auch die Notwendigkeit gerichtlicher Bestätigung des Plans[386] und nicht zuletzt die Möglichkeit der Überwachung der Planerfüllung dafür, daß es bezüglich der Erfolgsaussichten des Sanierungsplans zu keinen gravierenden Fehleinschätzungen kommt.[387] Die §§ 220, 221, 229 InsO verlangen detaillierte Ausführungen zu den noch zu treffenden Sanierungsmaßnahmen, insbesondere ist in einem Ergebnis- und Finanzplan darzustellen, wie die Zahlungsfähigkeit des Unternehmens nach Aufhebung des Insolvenzverfahrens gewährleistet werden soll. Eventuelle Interessenkollisionen sind offenzulegen und die Gleichbehandlung der Gläubiger innerhalb einer Gruppe ist zwingend festgeschrieben. Wird der Insolvenzverwalter mit der Ausarbeitung des Insolvenzplans beauftragt, wird er hierzu häufig die Hilfe unabhängiger Sachverständiger[388] in Anspruch nehmen. Nicht zuletzt hat er unter haftungsrechtlichen Gesichtspunkten ein starkes Interesse daran, auch die Risiken des Plans deutlich herauszustellen.[389] All diese Umstände führen im Ergebnis dazu, daß die „Seriosität" des Insolvenzplans kaum angezweifelt werden dürfte. Es kann daher davon ausgegangen werden, daß ein vom Insolvenzverwalter unter beratender Mitwirkung der Beteiligten (§ 218 Abs.3 InsO) ausgearbeiteter Plan bei objektiver Betrachtung ex ante in der Regel eine realistische Sanierungschance enthält und nicht auf bloßen Hoffnungen beruht.

---

386 Gemäß §§ 248, 250 InsO überprüft das Insolvenzgericht den Plan allerdings nur im Hinblick auf die Einhaltung der Form- und Verfahrensvorschriften und nicht dessen Zweckmäßigkeit.

387 Vgl. Häsemeyer, ZHR 160 (1996), 109 (127 f., 131).

388 Meistens arbeiten Insolvenzverwalter mit auf Unternehmenssanierungen spezialisierten Unternehmensberatern zusammen.

389 Vgl. zur Haftung des Verwalters bei Scheitern des Plans Wimmer/Jaffé, InsO § 220 Rn. 170 ff.

ddd) Keine schonendere Sanierung möglich

Schließlich soll das aus der gesellschaftsrechtlichen Treuepflicht resultierende Obstruktionsverbot nur dann relevant werden, wenn eine schonendere Sanierung nicht möglich ist. Das Kriterium ist damit Ausfluß des Verhältnismäßigkeitsgrundsatzes. Der BGH führt dazu aus, daß es entscheidend darauf ankomme, ob die Gesellschaftsgläubiger noch bereit sind, über eine Änderung des Sanierungskonzepts zu verhandeln.[390] Diese Formulierung zeigt aber, daß hier nicht unbedingt auf eine objektive Verhältnismäßigkeit abgestellt werden soll; maßgebend ist letztlich vielmehr allein der Wille der Gesellschaftsgläubiger.[391] Machen diese rechtzeitig und unmißverständlich deutlich, daß ein anderes als das vorgeschlagene Sanierungskonzept unter keinen Umständen ihre Zustimmung finden werde, ist die Voraussetzung danach erfüllt. Es kommt also gerade nicht darauf an, ob *objektiv* noch Spielraum für eine schonendere Sanierung besteht.[392]

Diese Auslegung ist in der Literatur[393] teilweise kritisiert worden. Sie berücksichtige nicht hinreichend die im Prinzip der Privatautonomie wurzelnde Verhandlungsautonomie. Das legitime Interesse der Aktionäre, bei der Sanierung der AG „mitzureden", werde auf diese Weise übergangen. In bezug auf eine Sanierung im Rahmen des Insolvenzplanverfahrens ist diese Kritik jedoch aus zwei Gründen nicht haltbar. Zum einen hat der Gesetzgeber der Insolvenzordnung davon abgesehen, die Gesellschafter formal am Insolvenzverfahren zu beteiligen. Die Gesellschafter können sich somit nicht darauf berufen, ihnen werde die Befugnis zum Verhandeln genommen, da eine solche Befugnis von vornherein nicht besteht. Daneben ist den Gesellschaftsgläubigern in § 157 InsO ausdrücklich das alleinige Recht eingeräumt, über das Schicksal der insolventen Gesellschaft zu

---

390 BGH ZIP 1995, 819 (826).

391 Flume, ZIP 1996, 161 (167) kritisiert in diesem Zusammenhang, daß die Girmes-Aktionäre nach dem Motto „Friß oder stirb" behandelt worden seien.

392 Das OLG Düsseldorf, ZIP 1994, 878 (879 ff.) hatte als Berufungsgericht (in einem Parallelverfahren) bei der Prüfung der Frage, ob während der Hauptversammlung noch eine Verhandlungssituation bestand, darauf abgestellt, wie sich das Geschehen aus der Sicht des Stimmrechtsvertreters der Minderheitsaktionäre darstellte. Dies stellte es nach Zurückverweisung der Sache durch den BGH nochmals ausdrücklich klar (OLG Düsseldorf, ZIP 1996, 1211 (1212) mit einem Kurzkommentar von Wilhelm, EWiR, 1996, 779 f.).

393 Flume, ZIP 1996, 161 (167); Wilhelm, EWiR 1996, 779 (780); vgl. auch OLG Düsseldorf, ZIP 1996, 1211 (1213 ff.), das nach Zurückverweisung der Sache durch den BGH einen Schädigungsvorsatz des Stimmrechtsvertreters letztlich mit den gleichen Argumenten ablehnt, die es im Berufungsurteil heranzog, um zu begründen, daß aus der Sicht des Stimmrechtsvertreters durchaus noch eine Verhandlungssituation bestanden haben könnte; zustimmend dagegen Marsch-Barner, ZIP 1996, 853 (856).

befinden. Diese Entscheidungsbefugnis betrifft nicht nur die Frage, ob die Gesellschaft saniert oder abgewickelt werden soll, sondern umfaßt konsequenterweise auch die Kompetenz, die Sanierungsbedingungen festzulegen. Nach dem Willen des Gesetzgebers kommen die Gesellschafter zu diesem Zeitpunkt als Verhandlungspartner gar nicht mehr in Betracht.[394] Eine wie auch immer verstandene Verhandlungsautonomie wird mit Eröffnung des Insolvenzverfahrens endgültig durch das Prinzip der Gläubigerautonomie verdrängt.

ee) Anwendbarkeit der Kriterien auf einen Kapitalerhöhungsbeschluß der GmbH-Gesellschafter

Es wurde bereits dargelegt, daß die Grundsätze der „Girmes"-Entscheidung auf das Planverfahren im Rahmen des Insolvenzverfahrens über das Vermögen einer GmbH übertragbar sind. Zudem hat sich gezeigt, daß bei konsequenter Anwendung der vom BGH herangezogenen Kriterien diese auch regelmäßig im Rahmen der GmbH-Insolvenz erfüllt sein dürften. Da es in der Entscheidung allerdings um die Beschlußfassung über einen geplanten Kapitalschnitt ging, ist fraglich, ob sich die vom BGH herangezogenen Kriterien auch auf einen Kapitalerhöhungsbeschluß der GmbH-Gesellschafter anwenden lassen oder ob sich in diesem konkreten Fall darüber hinausgehende Pflichten der der Treuepflicht unterliegenden Minderheitsgesellschafter ergeben.

Festzuhalten ist zunächst, daß der BGH in der „Girmes"-Entscheidung die genannten Kriterien allgemein auf eine „sinnvolle und mehrheitlich angestrebte Sanierung" oder einer „Sanierungsmaßnahme" für anwendbar erklärt[395] und somit klarstellt, daß seine Entscheidung nicht nur für den speziellen Fall eines Beschlusses über einen Kapitalschnitt Geltung beansprucht. Demnach ist zunächst davon auszugehen, daß nichts anderes gilt, wenn es sich bei der Sanierungsmaßnahme um einen Kapitalerhöhungsbeschluß handelt.

Allerdings könnte es dann an der Vergleichbarkeit fehlen, wenn den Minderheitsgesellschaftern einer GmbH gegenüber den Minderheitsaktionären in der „Girmes"-Entscheidung mit einem Kapitalerhöhungsbeschluß zusätzliche Pflichten auferlegt würden. Eine solche Pflicht könnte sich im GmbH-Recht aus § 24 GmbHG ergeben. Danach haften die GmbH-Gesellschafter im Verhältnis ihrer Geschäftsanteile subsidiär für die Leistung auf die von ihren Mitgesellschaftern

394 Dagegen kann auch nicht eingewandt werden, der Gesetzgeber habe den Gesellschaftern doch noch einen faktischen Verhandlungsspielraum einräumen wollen, indem er den Gläubigern versagte, gesellschaftsrechtliche Beschlüsse mit *insolvenzrechtlichen* Mitteln zu erzwingen. Denn hier geht es gerade umgekehrt darum, ob ein *gesellschaftsrechtliches* Zwangsmittel auch im Insolvenzverfahren anwendbar ist.

395 BGH, ZIP 1995, 819 (824).

übernommenen Stammeinlagen. Diese Ausfallhaftung ist unabhängig davon, ob ein in Anspruch genommener Gesellschafter der Kapitalerhöhung zugestimmt oder selbst eine weitere Stammeinlage übernommen hat[396] und stellt hinsichtlich der haftungsbegründenden Gesellschaftereigenschaft auf den Zeitpunkt der Fälligkeit der betreffenden Stammeinlage ab.[397] Im Vergleich mit den Minderheitsaktionären der Girmes AG führte die aus der gesellschaftsrechtlichen Treuepflicht resultierende Vorgabe für die Stimmrechtsausübung bei einem Kapitalerhöhungsbeschluß also zu einem zusätzlichen Haftungsrisiko der GmbH-Minderheitsgesellschafter.

Die Beantwortung der Frage, ob die Pflicht des GmbH-Minderheitsgesellschafters, dieses zusätzliche Haftungsrisiko zu übernehmen, dazu führt, daß ein Obstruktionsverbot in bezug auf einen Kapitalerhöhungsbeschluß entfällt, hängt davon ab, ob es sich hierbei tatsächlich um eine *„zusätzliche"* Pflicht handelt, d.h. eine Pflicht, die bei Anwendung der vom BGH in der „Girmes"-Enscheidung herangezogenen Kriterien von diesen nicht mehr umfaßt wird.

Die Ausfallhaftung kann im Rahmen von zwei der vier Kriterien eine Rolle spielen: zum einen bei der Frage, ob die Stellung des Gesellschafters bei der Liquidation ungünstiger ist als bei seinem Austritt aus der fortbestehenden Gesellschaft und zum anderen bei der Frage, ob eine schonendere Sanierung möglich ist. Letzteres ist regelmäßig auch in bezug auf eine Kapitalerhöhung zu verneinen, wenn die Gesellschaftsgläubiger die Zuführung von frischem Eigenkapital in der im Kapitalerhöhungsbeschluß vorgesehenen Höhe für die angestrebte Sanierung für unabdingbar halten und unmißverständlich deutlich machen, daß sie einem anderen als dem vorgeschlagenen und von der Mehrheit der Gesellschafter mitgetragenen Sanierungskonzept unter keinen Umständen zustimmen werden. Demnach führt die Ausfallhaftung nicht zu einer für die Minderheitsgesellschafter günstigeren Auslegung des Kriteriums der schonenderen Sanierung.

Dagegen ist die Ausfallhaftung grundsätzlich geeignet, die Position des Gesellschafters beim Zusammenbruch der Gesellschaft günstiger erscheinen zu lassen als bei seinem Austritt aus der fortbestehenden Gesellschaft, nämlich dann, wenn das potentielle Haftungsrisiko den zu erwartenden Kaufpreis für seine Anteile übersteigt. Allerdings ist hier zu berücksichtigen, daß es sich bei der Ausfallhaftung um ein theoretisches Haftungsrisiko handelt. Abgesehen davon, daß

396 Vgl. Hueck/Fastrich in Baumbach/Hueck, GmbHG § 24 Rn. 5.

397 So die ganz herrschende Meinung: BGHZ 132, 390; OLG Köln, ZIP 1993, 1389 (1392); Hueck/Fastrich in Baumbach/Hueck, GmbHG § 24 Rn. 6; Lutter/Hommelhoff, GmbHG § 24 Rn. 6; Roth/Altmeppen, GmbHG § 24 Rn. 13, a. A. RG JW 1937, 2286 sowie LG Aachen, GmbHR 1992, 751, wonach der Zeitpunkt maßgebend sein soll, in dem nach Erschöpfung der §§ 21 – 23 GmbHG die Haftung aus § 24 GmbHG geltend gemacht wird.

vor der Geltendmachung der Ausfallhaftung das vorherige Fehlschlagen sowohl der Einziehung der Stammeinlage vom Zahlungspflichtigen als auch den Verkauf dessen Geschäftsanteils voraussetzt, ist es gerade im Rahmen des Insolvenzplanverfahrens kaum denkbar, daß sich dieses Haftungsrisiko realisiert. Denn in dieser Situation benötigt die Gesellschaft das frische Eigenkapital regelmäßig besonders dringend und ein Sanierungskonzept, das die Zufuhr von Eigenkapital durch Personen vorsieht, die dazu möglicherweise nicht in der Lage sind, dürfte von vornherein keine Aussicht auf ausreichende Zustimmung haben. Darüber hinaus kann in der Praxis die Fälligkeit der Zahlung auch hinausgeschoben werden, um dem Minderheitsgesellschafter bis dahin Gelegenheit zu geben, seinen Anteil zu veräußern und sein Haftungsrisiko damit auszuschließen.[398] Beabsichtigt der betroffene Gesellschafter nicht, seinen Anteil zu veräußern, könnten ihm von den Gesellschaftern, die zusätzliche Stammeinlagen übernehmen wollen, dingliche Sicherheiten angeboten werden, die auch nach erfolgloser Geltendmachung der Zahlungsverpflichtung gegenüber diesen werthaltig sind und auf die der betroffene Gesellschafter im Falle seiner Inanspruchnahme aus der Ausfallhaftung zurückgreifen könnte. Nach alldem wird es in der Praxis nur in absoluten Ausnahmefällen dazu kommen, daß ein GmbH-Minderheitsgesellschafter im Zusammenhang mit einem Kapitalerhöhungsbeschluß bei Austritt aus der fortbestehenden Gesellschaft schlechter steht als bei deren Zusammenbruch.

Folglich begründet das sich aus der Ausfallhaftung ergebende Haftungsrisiko regelmäßig keine zusätzliche Pflicht, die bei Anwendung der vom BGH herangezogenen Kriterien zu einem anderen Ergebnis führen als beim Beschluß über einen Kapitalschnitt einer Aktiengesellschaft.

ff) Ergebnis

Zusammenfassend läßt sich feststellen, daß die Voraussetzungen für ein Obstruktionsverbot bezüglich Sanierungsmaßnahmen auf Grund gesellschaftsrechtlicher Treuepflichten nach Eröffnung des Insolvenzverfahrens häufiger vorliegen werden als bei einer außergerichtlichen Sanierung. Die vom BGH zur Konkretisierung der Treuepflicht herangezogenen Kriterien erweisen sich damit im Rahmen

---

398 Vgl. LG Mönchengladbach, ZIP 1986, 306 zu der Frage, ob dem Gesellschafter, der bei einer werbenden GmbH gegen eine Kapitalerhöhung gestimmt hat, ein Austrittsrecht aus wichtigem Grund zusteht. In diesem Zusammenhang wird auch deutlich, daß es sich bei der Ausfallhaftung nicht um ein spezifisches Haftungsrisiko der Gesellschafter im Rahmen eines Insolvenzverfahrens handelt; vielmehr muß ein GmbH-Gesellschafter grundsätzlich jederzeit damit rechnen, daß ein Kapitalerhöhungsbeschluß trotz seiner Gegenstimme mit der erforderlichen qualifizierten Mehrheit zustande kommt und ihm damit dieses Haftungsrisiko aufgebürdet wird.

eines Insolvenzplanverfahrens effektiver als bei einer freien Sanierung.[399] Das allgemeine Treuegebot verdichtet sich nach Verfahrenseröffnung regelmäßig zur Pflicht, an der beschlußfassenden Gesellschafterversammlung teilzunehmen[400] und nicht gegen die Sanierungsmaßnahme zu stimmen. Sollte im Einzelfall die Stimmenthaltung der dissentierenden Gesellschafter nicht ausreichen, um einen wirksamen Beschluß zu fassen, sind sie verpflichtet, der Beschlußvorlage positiv zuzustimmen. Dies gilt regelmäßig auch für Kapitalerhöhungsbeschlüsse der GmbH-Gesellschafter. Hervorzuheben ist hier aber nochmals, daß die aus der Treubindung abgeleitete Mitwirkungspflicht nur dann relevant wird, wenn die Gesellschafter mehrheitlich bereit sind, das Sanierungskonzept gemeinsam mit den Gläubigern zu tragen. Umgekehrt ist nämlich auch einer qualifizierten, durch Gesetz oder Satzung bestimmten Mehrheit der Gesellschafter vorbehalten, jederzeit die Auflösung der Gesellschaft zu beschließen.[401] Da ein satzungsändernder Kapitalerhöhungsbeschluß gemäß § 53 Abs.2 GmbHG mindestens einer Dreiviertelmehrheit bedarf[402], kommt es deshalb in der Regel nur dann zur Kompetenzbeschränkung der Gesellschafter qua gesellschaftsrechtlicher Treuepflicht, wenn die sanierungswilligen Gesellschafter einen Stimmenanteil zwischen 50% und 75% bzw. der in der Satzung vorgegebenen größeren Mehrheit erreichen.

3. Kapitalerhöhungsbeschluß in Verbindung mit einem Bezugsrechtsausschluß

In der Praxis bildet der Fall, daß die zur Sanierung der Gesellschaft erforderliche Kapitalerhöhung allein mit Mitteln der bisherigen Gesellschafter durchgeführt werden kann, die Ausnahme. Die Gesellschafter oder zumindest einige von ihnen sind häufig gar nicht in der Lage, der Gesellschaft frisches Eigenkapital in ausreichendem Umfang zur Verfügung zu stellen. Erfolgversprechend ist eine Sanierung daher meist nur dann, wenn sich Dritte[403] maßgeblich an der geplanten Ka-

399 Im Ergebnis ebenso Häsemeyer, ZHR 160 (1996), 109 (131).

400 Dies gilt allerdings nur, soweit die Beschlußfähigkeit der Gesellschafterversammlung von ihrer Teilnahme abhängt.

401 § 60 Abs.1 Nr.2 GmbHG; gegenüber der dort genannten Dreiviertelmehrheit kann die Satzung allerdings sowohl eine größere als auch eine geringere Mehrheit vorsehen; vgl. Schulze-Osterloh in Baumbach/Hueck, GmbHG § 60 Rn. 17.

402 Hier kann die Satzung lediglich eine Erhöhung der erforderlichen Mehrheit, nicht aber deren Herabsetzung vorsehen; vgl. Schulze-Osterloh in Baumbach/Hueck, GmbHG § 53 Rn. 32 f.

403 In Betracht kommen hier vor allem die Wettbewerber der insolventen GmbH sowie ihre Gläubiger. Letzere haben die Möglichkeit, ihre Forderungen (teilweise) in Eigenkapital umzuwandeln, was nicht unerheblich zur Entschuldung der Gesellschaft beiträgt. Der Fall der Gläubigerbeteiligung ist zudem in § 230 Abs.2 InsO ausdrücklich vorgesehen.

pitalerhöhung beteiligen. Macht der Investor sein Engagement zudem aber davon abhängig, daß er – um sich zugleich eine beherrschende Gesellschafterstellung in der insolventen GmbH zu verschaffen – die neu geschaffenen Stammeinlagen vollständig oder zumindest im wesentlichen übernehmen kann, stellt sich die Frage, ob die Altgesellschafter vom Bezug neuer Geschäftsanteile ausgeschlossen werden können.

a) Bezugsrecht der GmbH-Gesellschafter?

Daß das Interesse der GmbH-Gesellschafter an der Aufrechterhaltung ihrer quotenmäßigen Beteiligung besonders schutzwürdig ist, wird heute kaum noch in Zweifel gezogen.[404] Umstritten ist lediglich, wie dieser Schutz rechtlich gewährleistet werden soll. Teilweise wird vertreten, den GmbH-Gesellschaftern stehe analog § 186 Abs.1 AktG ein gesetzliches Bezugsrecht zu, mit der Folge, daß der in § 55 Abs.2 S.1 GmbHG vorgesehene Zulassungsbeschluß entfällt.[405] Nach anderer Ansicht ergibt sich aus dem Gleichbehandlungsgrundsatz sowie der gesellschaftsrechtlichen Treuepflicht regelmäßig ein Anspruch der Gesellschafter auf einen positiven – aber stets erforderlichen – Zulassungsbeschluß.[406] Eine Stellungnahme ist im Hinblick auf die hier zu entscheidende Frage entbehrlich. Denn auch wenn man ein ungeschriebenes gesetzliches Bezugsrecht der Gesellschafter anerkennt, ist ein Gesellschafterbeschluß für den Fall unabdingbar, daß in dieses Recht eingegriffen werden soll.[407]

b) Obstruktionsverbot auf Grund der vom BGH zur Konkretisierung der Treuepflicht herangezogenen Kriterien?

Bereits 1988 entschied das LG Heidelberg, daß die Hauptversammlung einer AG im eröffneten Konkursverfahren eine Kapitalerhöhung gegen Bareinlage unter Ausschluß des Bezugsrechts für Altaktionäre wirksam beschließen könne, wenn nur durch den Verkauf sämtlicher neuer Aktien an einen einzigen Interessenten

---

404 Vgl. nur Hachenburg/Ulmer, GmbHG § 55 Rn. 39; Roth/Altmeppen, GmbHG § 55 Rn. 23; Zimmermann in Rowedder/Schmidt-Leithoff, GmbHG § 55 Rn. 30; Scholz/Priester, GmbHG § 55 Rn. 39 f.; Zöllner in Baumbach/Hueck, GmbHG § 55 Rn. 13; a. A. Meyer-Landrut/Miller/Niehus, GmbHG § 55 Rn. 19.

405 Scholz/Priester, GmbHG § 55 Rn. 41 ff.; Zöllner in Baumbach/Hueck, GmbHG § 55 Rn. 13; Lutter/Hommelhoff, GmbHG § 55 Rn. 20, jeweils m.w.N.

406 Zimmermann in Rowedder/Schmidt-Leithoff, GmbHG § 55 Rn. 29; Hachenburg/Ulmer, GmbHG § 55 Rn. 46; Winter, S. 266 ff.

407 In der Praxis fällt dieser Beschluß freilich meist mit dem Kapitalerhöhungsbeschluß zusammen.

die Voraussetzung für eine Sanierung geschaffen werden könne.[408] Als entscheidend erachtete das Gericht hierbei die Tatsache, daß die insolvente AG nur noch wählen konnte, entweder die Bedingungen der Kaufinteressenten zu akzeptieren oder aber die Einstellung des Konkursverfahrens mangels Masse hinzunehmen. Auf die für die Altaktionäre mit dem Bezugsrechtsausschluß verbundenen Nachteile geht es dabei jedoch nicht ein.[409]

Wendet man die vom BGH in der „Girmes"-Entscheidung herangezogenen Kriterien an, führt dies in der Regel zu keinem anderen Ergebnis als in der soeben zitierten Entscheidung des LG Heidelberg. Neben dem von den zukünftigen Gesellschaftern getragenen Insolvenzplan wird kaum jemals ein von Insolvenzverwalter und Gläubigern entwickeltes, konkurrierendes Sanierungskonzept existieren, so daß eine schonendere Sanierung nicht möglich ist und im übrigen nur die Vollbeendigung der Gesellschaft in Betracht kommt.[410] Problematisch könnte deshalb allenfalls sein, daß den vom Bezug neuer Geschäftsanteile auszuschließenden Gesellschaftern durch die Verwässerung ihrer Beteiligung nicht kompensierbare Nachteile entstehen. Insbesondere wird deren Anspruch auf einen Anteil an zukünftig erwirtschafteten Gewinnen geschmälert und das Stimmgewicht zu ihren Ungunsten verschoben. Letzeres kann sogar zur Folge haben, daß ein Gesellschafter seine Sperrminorität in bezug auf künftige Satzungsänderungen verliert.[411] Der BGH verlangt jedoch keinen Vergleich zwischen der gegenwärtigen Rechtsstellung des einzelnen Gesellschafters und seiner zukünftigen Position in der erfolgreich sanierten Gesellschaft. Vielmehr kommt es darauf an, ob seine Stellung beim Zusammenbruch der Gesellschaft ungünstiger ist als bei einem Austritt aus der fortbestehenden GmbH. Danach wird die Gesellschafterminderheit auf Grund der gesellschaftsrechtlichen Treuepflicht regelmäßig auch einen Bezugsrechtsausschluß hinzunehmen haben. Denn auch wenn der Geschäftsanteil eines Gesellschafters faktisch dadurch geschmälert wird, daß er zum Bezug neuer

---

408 LG Heidelberg, ZIP 1988, 1257; bemerkenswert ist hierbei, daß die Person des Aufkäufers im Zeitpunkt der Beschlußfassung noch gar nicht feststand. Im übrigen ging der Kapitalerhöhung ein Beschluß voraus, das Grundkapital der AG gemäß den §§ 229 ff. AktG auf einen Wert nahe dem Mindestnennbetrag herabzusetzen.

409 Vgl. hierzu den Kurzkommentar von Timm, EWiR 1988, 945 (946), der kritisiert, daß die materielle Rechtfertigung des Bezugsrechtsausschlusses durch das Stellen von Bedingungen ersetzt werde.

410 Insoweit stellt sich die Situation nicht anders dar, als bei einem Kapitalerhöhungsbeschluß ohne gleichzeitigen Bezugsrechtsausschluß; auch hinsichtlich der Erfolgsaussichten des Sanierungsplans kann auf die Ausführungen zum Kapitalerhöhungsbeschluß verwiesen werden.

411 Winter, S. 179 lehnt eine Zustimmungspflicht des betroffenen Gesellschafters in diesem Fall – auch wenn der Bezugsrechtsausschluß zur Erhaltung der Gesellschaft unbedingt erforderlich ist – grundsätzlich ab.

Anteile nicht zugelassen wird, stellt sich seine Situation bei einem Austritt immer noch besser dar, als bei einem mit der Liquidation notwendigerweise verbundenen Totalverlust.[412]

Im Hinblick auf einen Bezugsrechtsausschluß ergibt sich somit letztlich nichts anderes als beim Kapitalerhöhungsbeschluß. Die Gesellschafterminderheit darf sich bei Vorliegen der oben genannten Voraussetzungen dem Zustandekommen eines entsprechenden Beschlusses nicht durch treuwidrige Stimmabgabe widersetzen.[413] Insoweit bestehen die gleichen Stimmpflichten wie beim Kapitalerhöhungsbeschluß selbst. Ein mit der erforderlichen Mehrheit gefaßter, den Ausschluß des Bezugsrechts anordnender Gesellschafterbeschluß kann dann auch nicht mehr im Wege einer Anfechtungsklage zu Fall gebracht werden.[414]

4. Übernahme der Stammeinlage

Allein ein wirksamer Kapitalerhöhungsbeschluß gewährt der insolventen Gesellschaft gegen ihre Gesellschafter noch keinen durchsetzbaren Anspruch auf frisches Eigenkapital. Dazu ist erforderlich, daß die Gesellschafter die neu geschaffenen Stammeinlagen auch übernehmen.[415] Fraglich ist, ob sich mit Hilfe des gesellschaftsrechtlichen Treuegebots auch eine Pflicht der Gesellschafter zur Übernahme der Stammeinlagen begründen läßt.

Nach überwiegender Meinung sind die Gesellschafter unter keinen Umständen verpflichtet, neues Kapital zu übernehmen.[416] Weder die positive Mitwirkung am Kapitalerhöhungsbeschluß noch das Rechtsinstitut der Treuepflicht sollen daran etwas ändern können. Dagegen hält ein Teil des Schrifttums eine Übernahmepflicht in besonders gelagerten Ausnahmefällen für denkbar.[417] Diese Auf-

---

412 Vgl. U. Noack, in Festschrift für Zöllner, S. 411 (423).

413 Ob der Gesellschafterbeschluß über den Ausschluß des Bezugsrechts wie der Kapitalerhöhungsbeschluß einer Dreiviertelmehrheit bedarf, ist umstritten; bejahend Zöllner in Baumbach/Hueck, GmbHG § 55 Rn. 13; Scholz/Priester, GmbHG § 55 Rn. 59; Roth/Altmeppen, GmbHG § 55 Rn. 26; eine einfache Mehrheit halten dagegen Zimmermann in Rowedder/Schmidt-Leithoff, GmbHG § 55 Rn. 32 sowie Meyer-Landrut/Miller/Niehus, GmbHG § 55 Rn. 15 für ausreichend; häufig wird sich das Erfordernis einer qualifizierten Mehrheit allerdings schon aus der Satzung ergeben.

414 Dazu LG Heidelberg, ZIP 1988, 1257 (1258).

415 Dies geschieht durch Abschluß des Übernahmevertrags zwischen Gesellschaft und Übernehmer, vgl. zu den Einzelheiten Scholz/Priester, GmbHG § 55 Rn. 70 ff.

416 Vgl. etwa Lutter/Hommelhoff, GmbHG § 55 Rn. 28; Zöllner in Baumbach/Hueck, GmbHG § 55 Rn. 22; Kautz, S. 220 ff.; U. Noack, in Festschrift für Zöllner, S. 411 (423).

417 Scholz/Priester, GmbHG § 55 Rn. 69; Zimmermann in Rowedder/Schmidt-Leithoff, GmbHG § 55 Rn. 18; Hachenburg/Ulmer, GmbHG § 55 Rn. 31.

fassung wird allerdings nicht näher begründet und es findet sich auch kein Hinweis darauf, unter welchen Umständen solch eine Fallkonstellation vorliegen könnte.

Die Anwendung der Kriterien aus der „Girmes"-Entscheidung bereitet hier Schwierigkeiten. Ein Vergleich der Stellung des einzelnen Gesellschafters im Falle der Liquidation mit seiner Position beim Austritt aus der fortgeführten GmbH ist kaum möglich. Aus Sicht des Gesellschafters, der an der Kapitalerhöhung – wenn auch gegen seinen Willen – teilgenommen hat, ist es sinnvoller, in der Gesellschaft zu verbleiben, um später an dem mit seinem nachgeschossenen Kapital erwirtschafteten Gewinn partizipieren zu können. Dagegen wäre ein Austritt unmittelbar nach erfolgter Kapitalerhöhung nur dann günstiger als eine Liquidation, wenn es ihm gelänge, mit der Veräußerung seines Geschäftsanteils eine Summe zu erlösen, die den der Gesellschaft soeben zur Verfügung gestellten Betrag übersteigt. In diesem Fall wäre die Übernahme der Stammeinlage durch ihn aber gar nicht erforderlich gewesen. Statt dessen hätten die sanierungswilligen Gesellschafter und Investoren den nun für die Übernahme des Geschäftsanteils aufzuwendenden Betrag der GmbH direkt in Form einer eigenen, entsprechend höheren Stammeinlage zugute kommen lassen können. Es ist deshalb höchst unwahrscheinlich, daß sich dem obstruierenden Minderheitsgesellschafter nach Übernahme der Stammeinlage eine Veräußerungsmöglichkeit bietet, die seine Position im Vergleich zur Liquidation der GmbH – ohne vorherige Übernahme der Stammeinlage – günstiger erscheinen läßt. Folglich kann eine Übernahmepflicht der Minderheitsgesellschafter zur Sanierung der GmbH im Rahmen eines Insolvenzplanverfahrens mit der gesellschaftsrechtlichen Treuepflicht in der Regel nicht begründet werden.

Gegen eine Pflicht zur Übernahme neuer Stammeinlagen bestehen zudem erhebliche Bedenken grundsätzlicher Art. Nach dem eindeutigen Wortlaut des § 53 Abs.3 GmbHG kann ein GmbH-Gesellschafter nicht gegen seinen Willen zu Nachschüssen verpflichtet werden. Die Vorschrift ist Ausdruck eines übergeordneten, das gesamte Gesellschaftsrecht durchziehenden Prinzips,[418] dessen Durchbrechung auch nicht mit dem Hinweis auf die Treuepflicht gerechtfertigt werden kann. Hinsichtlich des im GmbH-Recht grundsätzlich vorherrschenden Mehrheitsprinzips ist die Normierung des § 53 Abs.3 GmbHG das Ergebnis einer vom Gesetzgeber vorgenommenen Abwägung zwischen den Interessen des einzelnen Gesellschafters einerseits und solchen der Gesellschaft und Mitgesellschafter andererseits.[419] Für eine Korrektur durch die Treuepflicht besteht daneben kein

---

418 Vgl. § 707 BGB sowie §§ 54 Abs.1, 180 AktG.

419 Der Gesetzgeber des GmbHG hielt diese Einschränkung des Mehrheitsprinzips für selbstverständlich, vgl. dazu die Begründung zu § 54 des zweiten Entwurfs des

Raum mehr. Dies muß gerade im GmbH-Recht gelten, da eine Nachschußpflicht hier zugleich den Grundsatz des begrenzten Haftungskapitals unterliefe. Denn letztlich profitierten vor allem die Gläubiger – wenn auch nur reflexartig – von einer solchen Pflicht. Obwohl sie in § 13 Abs.2 GmbHG mit ihren Ansprüchen grundsätzlich auf das vorhandene Gesellschaftsvermögen verwiesen werden, bestünde im Insolvenzverfahren dann die Möglichkeit eines Haftungsdurchgriffs gegen die Gesellschafter, ohne daß eine von der Rechtsprechung anerkannte, diese Rechtsfolge auslösende Fallkonstellation vorläge.[420] Auf diese Weise würde die GmbH ihres eigentlichen Charakters beraubt und als Rechtsform somit ad absurdum geführt.

Nach alledem ist eine Pflicht der Gesellschafter, im Zuge einer nach Verfahrenseröffnung beschlossenen Kapitalerhöhung auch neue Stammeinlagen zu übernehmen, abzulehnen. Dies gilt unabhängig davon, wie viele der übrigen Gesellschafter erklärt haben, sich an der Kapitalerhöhung zu beteiligen.

5. Die Bedeutung des § 249 InsO

Da der Gesetzgeber davon abgesehen hat, gesellschaftsrechtliche Beschlußfassungen in das Insolvenzplanverfahren zu integrieren, stellt sich die Frage, wie beides sinnvoll miteinander verzahnt werden kann. Einerseits müssen die Gläubiger sichergehen können, daß die im darstellenden Teil des Insolvenzplans vorgesehene Kapitalerhöhung auch tatsächlich durchgeführt wird; auf der anderen Seite werden sich die Gesellschafter zu dieser Maßnahme erst dann vorbehaltlos bereit erklären, wenn die Zustimmung der Gläubiger zum Insolvenzplan feststeht. Der Gesetzgeber hat dieses Problem gesehen und mit der Normierung des § 249 InsO gelöst.[421] Danach darf das Insolvenzgericht den Plan erst bestätigen, wenn die im darstellenden Teil des Plans aufgeführten Maßnahmen verwirklicht worden sind. Voraussetzung dafür ist lediglich, daß der Insolvenzplan diesen Bedingungseintritt auch ausdrücklich vorsieht. Die zeitliche Abfolge gestaltet sich dann

---

GmbH-Gesetzes vom 11. Februar 1892, Aktenstück Nr. 660, abgedruckt in Stenographische Berichte über die Verhandlungen des Reichstages, 8. Legislaturperiode, I. Session 1890/92, Fünfter Anlageband, S. 3724 (3753).

420 In welchen Fällen den Gläubigern die Möglichkeit des Haftungsdurchgriffs gegen die GmbH-Gesellschafter eröffnet werden soll, ist noch nicht abschließend geklärt. Keinesfalls ausreichend ist aber die schlichte Insolvenz der Gesellschaft. Ob eine materielle Unterkapitalisierung der GmbH eine Durchgriffshaftung rechtfertigt, ist höchst umstritten (vgl. dazu Roth/Altmeppen, GmbHG § 13 Rn. 29 ff.; Lutter/Hommelhoff, GmbHG § 13 Rn. 6 ff.); entsprechende Forderungen aus der Literatur konnten sich in der Rechtsprechung bislang nicht durchsetzen.

421 Vgl. die Begr. zu § 296 RegE = § 249 InsO (BR-Drucks. 1/92 S. 211), abgedruckt in W. Uhlenbruck, Das neue Insolvenzrecht, S. 637.

wie folgt: Zunächst nehmen die Gläubiger den Plan mit den erforderlichen Mehrheiten an (§§ 244 – 246 InsO). Daraufhin beschließen die Gesellschafter die Kapitalerhöhung.[422] Erst dann bestätigt das Gericht den Plan und die im gestaltenden Teil festgelegten Wirkungen treten für und gegen alle Beteiligten ein. Um die zügige Durchführung der Maßnahme zu gewährleisten, kann das Gericht die Bestätigung des Plans davon abhängig machen, daß der Gesellschafterbeschluß innerhalb einer angemessenen Frist gefaßt wird (§ 249 S.2 InsO). Unabhängig davon sollte aber auch den Gläubigern die Möglichkeit eröffnet werden, bereits im Insolvenzplan selbst eine entsprechende Frist verbindlich vorzugeben, nach deren fruchtlosem Ablauf sie die Annahme des Plans widerrufen können.[423] Als Planverfasser sollte der Insolvenzverwalter daher die für die Beschlußfassung erforderlichen Urkunden und Verträge rechtzeitig vorbereiten. Hierbei wird wiederum deutlich, daß es notwendig ist, dem Verwalter in solchen Fällen die Kompetenz zur Einberufung der Gesellschafterversammlung einzuräumen, da anderenfalls eine Fristversäumung durch flüchtige oder obstruierende Geschäftsführer nicht ausgeschlossen werden kann.

6. Zur Durchsetzbarkeit der Treuepflicht

Zwar hat der Gesetzgeber den Beteiligten mit der Vorschrift des § 249 InsO eine Verfahrensweise an die Hand gegeben, mit der im Regelfall sowohl die Interessen der Gläubiger als auch die der Gesellschafter gewahrt werden können. Damit ist jedoch noch nicht geklärt, wie bei treuwidrigem Stimmverhalten einer Gesellschafterminderheit weiter zu verfahren ist. Konkret stellt sich die Frage, wie die Gesellschaftermehrheit, die das Sanierungskonzept unterstützt und gewillt ist, den erforderlichen Kapitalerhöhungsbeschluß zu fassen, die den übrigen Gesellschaftern obliegende Stimmpflicht durchsetzen kann und welche Rolle dem Insolvenzverwalter dabei gegebenenfalls zukommt.

a) Außerachtlassen treuwidrig abgegebener Stimmen bei Beschlußfeststellung?

Die Behandlung treuwidrig abgegebener Stimmen ist im Recht der GmbH umstritten. Teilweise wird vertreten, diese Stimmen seien zunächst wirksam, so daß gegen einen unter Berücksichtigung treuwidriger Stimmen zustande gekommenen Gesellschafterbeschluß stets allein im Wege der Anfechtungsklage vorgegangen

422 Aus Sicht der Gläubiger wäre es freilich noch günstiger, die Übernahme der Stammeinlagen als Bedingung festzulegen, da die Gesellschaft allein auf Grund des Kapitalerhöhungsbeschlusses gegen ihre Gesellschafter noch keinen durchsetzbaren Anspruch auf Zuführung frischen Eigenkapitals erwirbt.

423 Vgl. Wimmer/Jaffé, InsO § 249 Rn. 16.

werden könne.[424] Dagegen gehen Rechtsprechung und die wohl überwiegende Meinung im Schrifttum von der Nichtigkeit treuwidriger Stimmabgaben aus,[425] mit dem Ergebnis, daß die Beteiligten den Inhalt des Beschlusses auch durch eine einfache Feststellungsklage gerichtlich klären lassen können.[426] Folgt man dieser Meinung, so ist darüber hinaus strittig, ob treuwidrig abgegebene Stimmen auf Grund ihrer Nichtigkeit schon bei Feststellung des Beschlußergebnisses in der Gesellschafterversammlung unberücksichtigt bleiben dürfen.[427] Zur Klärung der oben aufgeworfenen Frage muß differenziert werden:

aa) Rechtslage bei vom Versammlungsleiter formal festgestellten Beschlußergebnis

Anders als im Aktienrecht[428] ist die Beschlußfeststellung durch den Versammlungsleiter nach dem GmbH-Gesetz nicht konstitutiver Bestandteil eines Gesellschafterbeschlusses. Die Gesellschafter können also selbst darüber befinden, ob sie einen Versammlungsleiter bestellen und mit welchen Befugnissen dieser gegebenenfalls ausgestattet sein soll.[429] Haben die Gesellschafter sich aber für einen Versammlungsleiter entschieden und hat dieser nach Auszählung der Stimmen das Ergebnis bekanntgegeben und festgestellt, daß der Kapitalerhöhungsbeschluß mit der erforderlichen Mehrheit zustande gekommen oder nicht zustande gekommen ist, so ist diese Feststellung auch im GmbH-Recht im Interesse der Rechtssicherheit zunächst verbindlich, und zwar unabhängig davon, ob das Ergebnis richtig ermittelt wurde.[430] Soweit man dem Versammlungsleiter die Kompetenz zugesteht, treuwidrig abgegebene Stimmen auf Grund ihrer Nichtigkeit

---

424 Koppensteiner in Rowedder/Schmidt-Leithoff, GmbHG § 47 Rn. 125; Koppensteiner, ZIP 1994, 1325 (1328); für die AG: Timm, WM 1991, 481 (486).

425 BGH WM 1991, 97; BGH ZIP 1993, 1228 (1230); OLG Hamburg, ZIP 1991, 1430 (1432); Zöllner in Baumbach/Hueck, GmbHG § 47 Rn. 74a; Lutter/Hommelhoff, GmbHG Anh § 47 Rn. 46; K. Schmidt, GmbHR 1992, 9 (11 f.).

426 OLG Hamburg, ZIP 1991, 1430; zustimmend K. Schmidt, GmbHR 1992, 9 (11 f.).

427 Nach BGH WM 1991, 97; BGH ZIP 1993, 1228 (1230); LG Düsseldorf, DB 1994, 1028 (1029) sind treuwidrig abgegebene Stimmen bei der Feststellung des Beschlußergebnisses nicht mitzuzählen (in den entschiedenen Fällen war die Frage allerdings nicht entscheidungserheblich); kritisch dagegen K. Schmidt, GmbHR 1992, 9 (13); Oelrichs, GmbHR 1995, 863 (866 ff.); für die AG (Girmes): Marsch-Barner, ZHR 157 (1993), 172 (189).

428 Vgl. dazu Hüffer, AktG § 130 Rn. 22.

429 Es ist auch möglich, eine entsprechende Regelung in die Satzung aufzunehmen.

430 Vgl. nur Zöllner in Baumbach/Hueck, GmbHG Anh § 47 Rn. 64; Lutter/Hommelhoff, GmbHG Anh § 47 Rn. 42; Oelrichs, GmbHR 1995, 863 (865), jeweils m.w.N.; nach der förmlichen Feststellung des Beschlusses durch den Versammlungsleiter kann jener nur noch durch eine erfolgreiche Anfechtungsklage beseitigt werden.

unberücksichtigt zu lassen, hat er es damit in der Hand, die Anfechtungslast hinsichtlich des festgestellten Beschlusses zwischen den beiden Fraktionen zu verschieben, je nachdem, wie er von seiner Befugnis Gebrauch macht.

Mit Anerkennung der Kompetenz des Versammlungsleiters zur Außerachtlassung treuwidrig abgegebener Stimmen wäre der Weg für eine effektive Durchsetzung der gesellschaftsrechtlichen Treuepflicht zunächst geebnet. Die zu einem wirksamen Kapitalerhöhungsbeschluß erforderliche Dreiviertelmehrheit käme regelmäßig zustande, wenn der Versammlungsleiter bei Vorliegen der oben diskutierten Voraussetzungen die ablehnenden Stimmen der Minderheitsgesellschafter als treuwidrig qualifizierte und sie deshalb bei der Ermittlung des Beschlußergebnisses nicht mitzählte. Es obläge dann der obstruierenden Minderheit, im Rahmen einer Anfechtungsklage darzutun, daß ihre Stimmabgabe nicht treuwidrig war weil die die Stimmpflicht auslösenden Kriterien nicht erfüllt waren.

Die Rechtsprechung des BGH geht davon aus, daß dem Versammlungsleiter eine entsprechende Befugnis uneingeschränkt zusteht.[431] Dabei hat sich das Gericht allerdings nicht mit den rechtlichen und praktischen Schwierigkeiten auseinandergesetzt, die mit dieser Auffassung verbunden sind. Der Versammlungsleiter wird nämlich in der Regel überfordert sein, die Treuwidrigkeit der ablehnenden Stimmen verläßlich zu beurteilen. Ist unter den Gesellschaftern etwa umstritten, ob das die Kapitalerhöhung beinhaltende Sanierungskonzept geeignet ist, die Verfolgung des Gesellschaftszwecks nachhaltig sicherzustellen, wird letztlich dem Versammlungsleiter auferlegt, die entscheidende Prognose hinsichtlich der Erfolgsaussichten des Sanierungsplans zu stellen. Das Risiko einer Fehlentscheidung wird er häufig schon von sich aus scheuen und die möglicherweise treuwidrig abgegebenen Stimmen zunächst mitberücksichtigen oder aber ganz auf eine verbindliche Feststellung des Beschlußergebnisses verzichten, um auf diese Weise den Weg für eine gerichtliche Klärung des Beschlußinhalts frei zu machen. Als problematisch erweist sich außerdem, daß satzungsändernde Gesellschafterbeschlüsse zu ihrer Wirksamkeit gemäß § 53 Abs.2 S.1 GmbHG notarieller Beurkundung bedürfen.[432] Der Versammlungsleiter muß also auch den beurkundenden Notar von der Treuwidrigkeit der ablehnenden Stimmen überzeugen.[433] Ne-

---

431 BGH WM 1991, 97; BGH ZIP 1993, 1228 (1230).

432 Ein nicht ordnungsgemäß beurkundeter Beschluß ist wegen Verstoßes gegen zwingendes Recht nichtig (vgl. Scholz/K. Schmidt, GmbHG § 53 Rn. 68, m.w.N.).

433 Die (in Hauptversammlungen) beurkundenden Notare seien außerordentlich zurückhaltend, was die Nichtberücksichtigung abgegebener Stimmen anlange (so im Diskussionsbericht zu den Referaten von Dreher, ZHR 157 (1993), 150 und Marsch-Barner, ZHR 157 (1993), 172; ZHR 157 (1993), 192 (195)); vgl. zum Recht des Notars, die Beurkundung nichtiger und anfechtbarer Beschlüsse zu verweigern Hüffer, AktG § 130 Rn. 13, m.w.N.

ben diesen praktischen Schwierigkeiten bestehen aber auch rechtliche Bedenken gegen eine uneingeschränkte Kompetenz, vermeintlich treuwidrige Stimmen außer acht zu lassen. Häufig ist der Versammlungsleiter selbst Gesellschafts- oder Organmitglied und in dieser Eigenschaft unmittelbar vom Beschlußergebnis betroffen. Es besteht dann die Gefahr, daß er das Abstimmungsverhalten nicht unvoreingenommen beurteilt und dabei zum Richter in eigener Sache wird.[434] Es hat daher einiges für sich, diese Kompetenz des Versammlungsleiters auf Fälle evidenter Treuepflichtverstöße zu beschränken.[435]

Selbst wenn man der Rechtsprechung folgt, wird die Durchsetzung der Treuepflicht aber weiter dadurch erschwert, daß die in der Abstimmung unterlegenen Minderheitsgesellschafter die Eintragung des Kapitalerhöhungsbeschlusses in das Handelsregister mit Erhebung der Anfechtungsklage blockieren können. Zwar ist das Registergericht grundsätzlich nicht verpflichtet, Gesellschafterbeschlüsse auf ihre Anfechtbarkeit hin zu überprüfen. Wird aber Anfechtungsklage erhoben, kann es die Eintragung gemäß § 127 S.1 FGG nach pflichtgemäßem Ermessen aussetzen, bis über die Klage rechtskräftig entschieden worden ist.[436] Erscheint die Anfechtungsklage nach einer vorläufigen Prüfung nicht völlig aussichtslos, wird das Gericht – um eine unrichtige Eintragung zu vermeiden – die Eintragungsverfügung regelmäßig aussetzen.[437] Die Gesellschaftermehrheit kann sich jedenfalls nicht darauf verlassen, daß das Gericht im Rahmen seiner Ermessensentscheidung von der Aussetzung der Eintragungsverfügung absieht, weil anderenfalls die Existenz der Gesellschaft auf dem Spiel steht.[438] Bis zum durch die Eintragung bedingten Wirksamwerden der Kapitalerhöhung (§ 54 Abs.3 GmbHG) ist die zur Umsetzung gesellschaftsrechtlicher Maßnahmen gesetzte Frist[439] dann regelmäßig abgelaufen, so daß die Bestätigung des Insolvenzplans scheitert.

---

434 Vgl. etwa Oelrichs, GmbHR 1995, 863 (868 f.).

435 So etwa Marsch-Barner, ZHR 157 (1993), 172 (189); Timm, WM 1991, 481 (486), jeweils zur AG; kritisch dazu Oelrichs, GmbHR 1995, 863 (868), der auf die Schwierigkeit hinweist, eindeutige Verstöße von den übrigen abzugrenzen.

436 Lutter/Hommelhoff, GmbHG § 54 Rn. 8; Scholz/Priester, GmbHG § 54 Rn. 53; Zöllner in Baumbach/Hueck, GmbHG § 54 Rn. 19; Hachenburg/Ulmer, GmbHG § 54 Rn. 48.

437 Vgl. Hachenburg/Ulmer, GmbHG § 54 Rn. 48, 52; a. A. (im Zweifel eintragen) Scholz/Priester, GmbHG, § 54 Rn. 53.

438 Vgl. zur Ermessensausübung durch das Registergericht Bumiller/Winkler, FGG § 127 Rn. 11.

439 Siehe dazu oben, 2. Teil D. I. 5.

bb) Rechtslage ohne formal festgestelltes Beschlußergebnis

Hier gestaltet sich die Durchsetzung der Treuepflicht noch schwieriger. Da eine förmliche, treuwidrige Stimmen außer acht lassende Beschlußfeststellung nicht erfolgt, bleibt die Beschlußlage unklar.[440] Der beigezogene Notar wird sich nicht bereit erklären, einen entsprechenden Beschluß zu beurkunden, so daß die Kapitalerhöhung auch nicht in das Handelsregister eingetragen werden kann. Eine möglicherweise langwierige, gerichtliche Klärung des richtigen Beschlußergebnisses ist in diesem Fall unumgänglich. Besteht Uneinigkeit darüber, ob die von der Gesellschafterminderheit abgegebenen Stimmen treuwidrig und somit nicht mitzuzählen sind, sind die Mehrheitsgesellschafter gezwungen, die Treuepflicht durch die Erhebung einer positiven Beschlußfeststellungklage durchzusetzen.[441] Das Aus für den Sanierungsplan ist damit vorprogrammiert.

cc) Der Insolvenzverwalter als obligatorischer Versammlungsleiter?

Fraglich ist nun, ob sich die soeben aufgezeigten Probleme lösen ließen, wenn der Insolvenzverwalter zwingend die Funktion des Versammlungsleiters übernähme. Da der Verwalter nach der hier vertretenen Auffassung befugt ist, die Gesellschafterversammlung zum Zweck der Beschlußfassung einzuberufen, erscheint es auf den ersten Blick konsequent, ihm auch die Kompetenz der Versammlungsleitung zu übertragen. Dies hätte den Vorteil, daß eine verbindliche Feststellung des Beschlußergebnisses nicht schon daran scheiterte, daß sich die Gesellschafter nicht auf die Person des Versammlungsleiters sowie die Reichweite seiner Befugnisse einigen können.[442] Die Beschlußfeststellung erfolgte zudem durch einen unabhängigen, kompetenten, amtlich eingesetzten Verfahrensbeteiligten, den der Ausgang der Abstimmung nicht unmittelbar betrifft. Im Hinblick auf die Treuwidrigkeit abgegebener Stimmen dürfte seiner rechtlichen Einschätzung daher erhebliches Gewicht beizumessen sein. Zudem sind die Beteiligten hierbei vor Pflichtverletzungen des Verwalters auf Grund dessen persönlicher Haftung nach § 60 InsO geschützt.

---

440 Einzelheiten bei Hachenburg/Raiser, GmbHG Anh § 47 Rn. 91.

441 Vgl. OLG Hamburg, ZIP 1991, 1430 (1434); OLG Stuttgart, NJW RR 1994, 811 (812).

442 Umstritten ist in diesem Zusammenhang insbesondere die Frage, ob die Gesellschafter einen Versammlungsleiter mit Feststellungskompetenz schon durch einfachen Mehrheitsbeschluß bestellen können: dafür Lutter/Hommelhoff, GmbHG § 48 Rn. 9; a. A. (Einstimmigkeit erforderlich) OLG Frankfurt, NZG 1999, 406; vgl. dazu auch Hachenburg/Raiser, GmbHG Anh § 47 Rn. 95, m.w.N.

Gegen die Übertragung der Kompetenz zur Versammlungsleitung bestehen jedoch erhebliche Bedenken. Sie bedeutete einen schwerwiegenden, allein insolvenzrechtlich motivierten Eingriff in den Kernbereich der gesellschaftsrechtlichen Organisationsverfassung. Letztlich hätte es dann nämlich der Verwalter und nicht mehr die Gesellschafter in der Hand, über die Wirksamkeit einer satzungsändernden Kapitalerhöhung zu entscheiden. Der Gesetzgeber der Insolvenzordnung hat sich aber ausdrücklich gegen die Zulässigkeit solcher Eingriffe in das bewährte Gesellschaftsrecht ausgesprochen.[443] Indem man den Insolvenzverwalter zum obligatorischen Versammlungsleiter erklärte, könnte der eindeutig artikulierte Wille des Gesetzgebers wieder unterlaufen werden. Daß die Wahrnehmung mitgliedschaftlicher Gesellschafterrechte *auch* im Insolvenzverfahren durch die gesellschaftsrechtliche Treuepflicht eingeschränkt ist, rechtfertigt noch keine darüber hinausgehende, rein insolvenzrechtlich begründete Beschneidung der Gesellschafterkompetenzen. Da das Obstruktionsverbot in Form von Stimmpflichten hier aus dem Gesellschaftsrecht abgeleitet wird, ist es vielmehr nur konsequent, auch zu dessen Durchsetzung lediglich auf die allgemeinen Regeln zurückzugreifen. Dem steht nicht entgegen, daß die Kriterien für das Eingreifen der Treuepflicht nach Verfahrenseröffnung durchweg leichter zu erfüllen sind als vor der Antragstellung. Die gesteigerte Effizienz gesellschaftsrechtlicher Treueplichten im eröffneten Insolvenzverfahren resultiert nämlich vor allem aus den mit der Unternehmensinsolvenz verbundenen *tatsächlichen* Umständen und nicht daraus, daß das Gesellschaftsrecht insoweit durch insolvenzrechtliche Grundsätze modifiziert wird.

Schließlich ist es auch nicht widersprüchlich, dem Verwalter einerseits die Kompetenz zur Einberufung der Gesellschafterversammlung einzuräumen, ihm aber andererseits den obligatorischen Vorsitz in dieser zu verwehren. Denn mit der Einberufung der Gesellschafterversammlung greift der Verwalter noch nicht in die für die Verbandsstruktur relevanten Mitgliedschaftsrechte der Gesellschafter ein. Auch wird die Einberufungskompetenz der Geschäftsführer nicht beschnitten. Diese haben lediglich hinzunehmen, daß dem Verwalter insoweit eine Parallelkompetenz zusteht. Letztlich ist die Einberufung der Gesellschafterversammlung lediglich vorbereitende Maßnahme, um im Interesse des Verfahrensziels die zur Bestätigung des Sanierungsplans notwendigen gesellschaftsrechtlichen Beschlüsse in angemessener Zeit zu ermöglichen.[444] Zwar läßt sich nicht

443 Vgl. die Allg. Begr. zum RegE 4 a cc, abgedruckt in W. Uhlenbruck, Das neue Insolvenzrecht, S. 241 sowie schon den Ersten Bericht der Insolvenzrechtskommission, Leitsatz 2.4.9, S. 275.

444 Für die Gesellschafter hat die Einberufungskompetenz des Verwalters zudem den Vorteil, daß die Kosten der Versammlung - zumindest teilweise - aus der Insolvenzmasse zu begleichen sind.

bestreiten, daß auch die Versammlungsleitung durch den Verwalter dem Erreichen des Verfahrenszwecks dienen kann. Hierbei würde aber einem gesellschaftsrechtlichen Prinzip mit insolvenzrechtlichen Mitteln zum Durchbruch verholfen, ohne daß diese Mittel noch durch den Verfahrenszweck gedeckt sind. Denn die Gläubiger profitieren nur deshalb – und auch nur reflexartig – von der gesellschaftsrechtlichen Treuepflicht, weil diese grundsätzlich auch im Insolvenzverfahren gilt, und nicht etwa, weil das Verfahrensziel auch insolvenzrechtliche Eingriffe in die Gesellschaftsstruktur zuließe. Im Ergebnis ist die obligatorische Versammlungsleitung durch den Insolvenzverwalter daher abzulehnen. Es bleibt den Gesellschaftern freilich unbenommen, den Verwalter zum Versammlungsleiter zu bestellen und mit einer verbindlichen Beschlußfeststellungskompetenz auszustatten.

b) Schadensersatz bei treuwidriger Stimmabgabe?

Es wurde bereits dargelegt, daß seitens der sanierungswilligen Gesellschaftermehrheit eine erfolgreiche Anfechtungsklage gegebenenfalls i.V.m. einer positiven Beschlußfeststellungsklage für die Umsetzung des Sanierungsplans zu spät kommt. Allerdings könnten die obstruierenden Minderheitsgesellschafter dadurch zur Befolgung ihrer Stimmpflicht motiviert werden, daß ihnen bei treuwidrigem Stimmverhalten eine Schadensersatzklage droht.

Im Hinblick auf die Kompetenzverteilung stellt sich hierbei zunächst die Frage, ob eine solche Klage im Insolvenzverfahren von den Mehrheitsgesellschaftern oder dem Insolvenzverwalter geltend zu machen wäre. Eine die Gesellschafterkompetenz verdrängende, ausschließliche Zuständigkeit des Insolvenzverwalters könnte sich aus der analogen Anwendung des § 92 S.1 InsO ergeben. Danach sind die Ansprüche der Insolvenzgläubiger auf Ersatz des Schadens, den diese Gläubiger gemeinschaftlich durch eine Verminderung des zur Insolvenzmasse gehörenden Vermögens vor oder nach der Eröffnung des Insolvenzverfahrens erlitten haben (Gesamtschaden), nur vom Insolvenzverwalter geltend zu machen. Nach der Legaldefinition des § 38 InsO handelt es sich bei dem Schadensersatzanspruch der Mehrheitsgesellschafter gegen die Minderheitsgesellschafter nicht um einen Anspruch von Insolvenzgläubigern, so daß der Wortlaut des § 92 InsO eindeutig gegen eine Zuständigkeit des Insolvenzverwalters spricht. Stellt man hingegen auf den Zweck dieser Norm ab, zeigt sich, daß die Interessenlage in bezug auf den in Frage stehenden Schadensersatzanspruch der Mehrheitsgesellschafter vergleichbar ist. § 92 InsO ist nämlich Ausfluß des Verfahrensziels gleichmäßiger Gläubigerbefriedigung und soll bei Vorliegen eines Gesamtschadens verhindern, daß sich einzelne Gläubiger während des Insolvenzverfahrens durch gesonderten Zugriff Vorteile verschaffen.[445] Ein bei der insolventen Gesellschaft als masseschmälernd sich auswirkender Schaden führt zwangsläufig zu einem Quotenschaden der Insolvenzgläubiger. § 92 InsO sorgt nun dafür, daß der Schaden auch zunächst dort zu ersetzen ist, wo er sich originär verwirklicht hat. Diese Kompensation wird dann durch eine entsprechend höhere Quote an die geschädigten Insolvenzgläubiger weitergereicht. In einer vergleichbaren Situation wie die Insolvenzgläubiger befinden sich aber auch die Mehrheitsgesellschafter, wenn sie durch das von den Minderheitsgesellschaftern verursachte Scheitern der Sanierung einen Schaden in Form der Entwertung ihres Gesellschaftsanteils erleiden.[446] Denn auch den Gesellschaftern steht gemäß § 199 S.2 InsO im Rahmen der Schlußverteilung ein eventueller Überschuß zu, welcher durch eine Masseverkürzung ebenfalls verringert würde. Deshalb erscheint es gerechtfertigt, auch hier einen potentiellen Schadensersatzanspruch der Mehrheitsgesellschafter gegen die obstruierenden Minderheitsgesellschafter allein durch den Insolvenzverwalter geltend machen zu lassen. Allerdings dürfte sich die Berechnung und der Nachweis eines Schadens in der Praxis als schwierig erweisen, weil darzulegen wäre, daß die angestrebte Sanierung tatsächlich erfolgreich verlaufen wäre mit der Folge, daß die Gesellschaftsanteile wieder eine gewisse Werthaltigkeit erreicht hätten.

Zu diesen Schwierigkeiten kommt hinzu, daß ein Schadensersatzanspruch nur dann besteht, wenn die Gegner des Kapitalerhöhungsbeschlusses ihre Treuepflicht *vorsätzlich* verletzt haben.[447] Im „Girmes"-Urteil hat der BGH keine weiteren Ausführungen zum Vorsatz gemacht. Nach Zurückverweisung des Rechtsstreits an das OLG hat dieses entschieden, daß sich der Vorsatz auch auf den Schadenseintritt beziehen muß und damit die Voraussetzungen für einen Schadensersatzanspruch denen des § 826 BGB angenähert.[448] Dieser Nachweis dürfte den klagenden Gesellschaftern kaum je gelingen, insbesondere wenn sich die obstruierenden Minderheitsgesellschafter darauf berufen, ihr Stimmverhalten habe allein dazu gedient, die Gläubiger zur Annahme für Gesellschaft und Gesellschafter günstigerer Sanierungsbedingungen zu bewegen.[449] Eine Schadensersatzpflicht auf Grund treuwidriger Stimmabgabe wird demnach nur in wenigen Ausnahmefällen in Betracht kommen und trägt daher nicht zu einer erhöhten Durchsetzbarkeit der Stimmpflicht bei.

---

445 W. Uhlenbruck/Hirte, InsO § 92 Rn. 26; Gottwald/Haas, § 92 Rn. 277.

446 Gottwald/Haas, § 92 Rn. 278 für den Fall treuwidrigen Verhaltens bei außergerichtlichen Sanierungen.

447 BGH ZIP 1995, 819.

448 OLG Düsseldorf, ZIP 1996, 1211 (1212 f.).

449 Vgl. zu den Einzelheiten OLG Düsseldorf, ZIP 1996, 1211 (1213 ff.).

c) Durchsetzung der Stimmpflicht im Wege des vorläufigen Rechtsschutzes?

Nach heute überwiegender Meinung ist der Erlaß einer einstweiligen Verfügung, die den potentiell obstruierenden Gesellschaftern aufgibt, in der anberaumten Gesellschafterversammlung für oder zumindest nicht gegen eine geplante Maßnahme zu stimmen, grundsätzlich nicht unzulässig.[450] Anders als bei der Verhinderung eines Beschlusses, ist es hier nämlich nicht möglich, das Ziel auch mittels eines erst auf die Beschlußfassung folgenden, vorläufigen Beschlußausführungsverbots zu erreichen. Der Verfügungsgrund wird jedoch regelmäßig nur dann vorliegen, wenn die Rechtslage eindeutig ist oder aber der Antragsteller sich auf ein überragendes Schutzbedürfnis berufen kann.[451] Da den Gesellschaftern bei einem Scheitern des Kapitalerhöhungsbeschlusses der endgültige Totalverlust ihrer Einlage droht und die obstruierenden Minderheitsgesellschafter die Rechtmäßigkeit ihrer Stimmpflicht – ohne daß ihnen dadurch ein Nachteil entstünde – inzidenter im Wege einer Anfechtungsklage gerichtlich prüfen lassen können, wird ein solches Schutzbedürfnis in der Regel zu bejahen sein. Damit erweist sich die Beantragung einer Regelungsverfügung gemäß § 940 ZPO im Hinblick auf die Durchsetzung der gesellschaftsrechtlichen Treuepflicht von allen Möglichkeiten als die effektivste.

Klärungsbedürftig ist noch, wer – die Gesellschafter selbst oder aber der Insolvenzverwalter – zur Geltendmachung des vorläufigen Rechtsschutzes berechtigt ist.[452] Ausgangspunkt ist hierbei, daß es sich um einen Anspruch der Gesellschafter und nicht der Gesellschaft handelt. Da es der Gesellschaftermehrheit jederzeit freisteht, die Liquidation der GmbH zu beschließen, muß es ihnen umgekehrt auch überlassen sein, über die Geltendmachung ihres Verfügungsanspruchs, dessen Durchsetzung die Liquidation verhindern kann, zu befinden. Antragsbefugt sind demnach grundsätzlich allein die Gesellschafter, ohne daß der Verwalter sie zur Antragstellung zwingen könnte oder es dazu seiner Zustimmung bedürfte. Die Kosten des Verfahrens hat aber die Insolvenzmasse zu tragen, da die Durchsetzung der zur Bestätigung des Insolvenzplans notwendigen Kapitalerhöhung ausschließlich dem Verfahrenszweck bestmöglicher Gläubigerbefriedigung

---

450 OLG Frankfurt, GmbHR 1993, 161; OLG Hamm, GmbHR 1993, 163; OLG Hamburg, ZIP 1991, 1428; Lutter/Hommelhoff, GmbHG § 47 Rn. 7, § 14 Rn. 20; Hachenburg/Raiser, GmbHG Anh § 47 Rn. 257; Scholz/K. Schmidt, GmbHG § 47 Rn. 32; a. A. OLG Koblenz, GmbHR 1991, 21; Zöllner in Baumbach/Hueck, GmbHG Anh § 47 Rn. 93k.

451 OLG Hamm, GmbHR 1993, 163; Scholz/K. Schmidt, GmbHG § 45 Rn. 183; Hachenburg/Raiser, GmbHG Anh § 47 Rn. 257.

452 § 92 InsO spielt hierbei allerdings keine Rolle, da es sich nicht um die Geltdendmachung von Schadenseratzansprüchen handelt.

dient. Dieser Eingriff in den Bestand der Masse berührt wiederum den Kompetenzbereich des Verwalters, mit der Folge, daß er ein eigenes rechtsschutzwürdiges Interesse am Ausgang des Verfahrens hat. Wollen die Gesellschafter ihren Anspruch nicht selbst geltend machen, besteht daher die Möglichkeit, die GmbH, vertreten durch den Insolvenzverwalter im Wege gewillkürter Prozeßstandschaft zur Antragstellung zu ermächtigen.[453]

II. Kapitalherabsetzung nach Eröffnung des Insolvenzverfahrens

Zur Kompetenzabgrenzung im Zusammenhang mit einer Kapitalherabsetzung ist zunächst zwischen einer effektiven und einer nominellen Kapitalherabsetzung zu unterscheiden. Durch eine effektive Kapitalherabsetzung wird das den Gläubigern zur Verfügung stehende Haftungskapital der Gesellschaft verringert, z. B. indem das auf diese Weise freigesetzte Vermögen der Gesellschaft an die Gesellschafter ausgeschüttet wird. Nach Verfahrenseröffnung ist ein Kapitalherabsetzungsbeschluß der Gesellschafter mit diesem Ziel jedoch nicht mehr zulässig, da er dem Verfahrenszweck zuwiderliefe und gegen § 80 Abs.1 InsO verstieße, wonach allein der Insolvenzverwalter berechtigt ist, über das gesellschaftseigene Vermögen zu verfügen. Eine nominelle Kapitalherabsetzung verfolgt hingegen den Zweck, eine bestehende Unterbilanz zu beseitigen. Dabei wird der Gesellschaft effektiv kein Kapital entzogen, sondern lediglich bilanziell der Tatsache Rechnung getragen, daß die Gesellschaft zumindest einen Teil ihres Stammkapitals bereits verloren hat. Eine nominelle Kapitalherabsetzung kann grundsätzlich sowohl nach den Bestimmungen des § 58 GmbHG (ordentliche Kapitalherabsetzung), als auch gemäß §§ 58a ff. GmbHG in einem vereinfachten Verfahren durchgeführt werden (vereinfachte Kapitalherabsetzung).

1. Zulässigkeit und praktische Relevanz einer nominellen ordentlichen Kapitalherabsetzung nach Verfahrenseröffnung (§ 58 GmbHG)

Die generelle Zulässigkeit einer nominellen Kapitalherabsetzung im Insolvenzverfahren wird heute nicht mehr bestritten.[454] Da es sich hierbei um eine rein gesellschaftsinterne Maßnahme handelt, durch die die Insolvenzmasse nicht geschmälert werden kann, verbleibt die uneingeschränkte Kompetenz zur Beschluß-

---

453 Legt man die Amtstheorie zugrunde, müßten die Gesellschafter den Insolvenzverwalter selbst ermächtigen, ihren Anspruch im eigenen Namen geltend zu machen.

454 Vgl. Lutter/Hommelhoff, GmbHG § 58 Rn. 28; Zimmermann in Rowedder/Schmidt-Leithoff, GmbHG § 58 Rn. 21; Scholz/K. Schmidt, GmbHG vor § 64 Rn. 65; Kautz, S. 233 f.; Grüneberg, S. 89 f.

fassung bei den Gesellschaftern. Allerdings bereiten die Gläubigerschutzvorschriften des § 58 Abs.1 GmbHG der Durchführung der Kapitalherabsetzung nahezu unüberwindliche Schwierigkeiten, da bis zur Eintragung des Herabsetzungsbeschlusses das Sperrjahr abgewartet und zuvor alle Gläubiger befriedigt oder sichergestellt werden müssen.[455] In der Praxis des Insolvenzverfahrens hat die ordentliche Kapitalherabsetzung daher keine Bedeutung.

2. Die vereinfachte Kapitalherabsetzung (§§ 58a ff. GmbHG)

Der Gesetzgeber verabschiedete die Vorschriften über die vereinfachte Kapitalherabsetzung zeitgleich mit der neuen Insolvenzordnung. Ziel der Regelungen ist es, der Gesellschaft in Anlehnung an die §§ 229 ff. AktG zu ermöglichen, auf diesem Wege Wertminderungen auszugleichen und sonstige Verluste zu dekken.[456] Die mit einer ordentlichen Kapitalherabsetzung verbundenen Probleme sollen dadurch vermieden und eine Sanierung sowohl innerhalb als auch außerhalb eines Insolvenzverfahrens erleichtert werden.

a) Kompetenzbeschränkung der Gesellschafter

Da es sich bei der vereinfachten Kapitalherabsetzung genau wie bei der Kapitalerhöhung um eine satzungsändernde Sanierungsmaßnahme im Rahmen des Insolvenzplanverfahrens handelt, gilt hier im Hinblick auf die Beschneidung der Gesellschafterkompetenzen grundsätzlich nichts anderes.[457] Nicht die Insolvenzordnung, sondern allein die zwischen den Gesellschaftern bestehende Treubindung verpflichtet die Minderheitsgesellschafter bei Vorliegen der oben ausführlich dargelegten Voraussetzungen, einen von der Gesellschaftermehrheit im Interesse einer erfolgreichen Sanierung angestrebten Kapitalherabsetzungsbeschluß nicht zu verhindern.

455 Ebenso Zimmermann in Rowedder/Schmidt-Leithoff, GmbHG § 58 Rn. 21; Scholz/K. Schmidt, GmbHG vor § 64 Rn. 65; Kautz, S. 233 f.; Grüneberg, S. 89 f.

456 Vgl. die Begr. zu Art. 46 RegE EGInsO = Art. 48 EGInsO (BT-Drucks. 12/3803, S. 86 ff.), abgedruckt in W. Uhlenbruck, Das neue Insolvenzrecht, S. 965 ff.

457 Wie bereits erwähnt, entzündete sich der Streit gerade in der Girmes-Entscheidung des BGH nicht an der Beschlußfassung über die Schaffung genehmigten Kapitals, sondern an dem beantragten Kapitalherabsetzungsbeschluß.

aa) Die „Sachsenmilch"-Entscheidung des BGH

Für die AG hat der BGH dieses Ergebnis in seiner „Sachsenmilch"-Entscheidung indirekt bestätigt.[458] Ein Konkurrent der insolventen Gesellschaft erklärte sich bereit, im Anschluß an eine Kapitalherabsetzung im Verhältnis 750 : 1 die Aktienmehrheit zu erwerben und in das Unternehmen zu investieren, um auf diesem Wege die Liquidation der Gesellschaft zu vermeiden. Die Hauptversammlung beschloß daraufhin die Kapitalherabsetzung mit der erforderlichen Mehrheit, so daß etlichen Kleinaktionären auf Grund des drastischen Kapitalherabsetzungsverhältnisses nur noch sogenannte „Spitzen" verblieben. In der Entscheidung des BGH ging es dann vordergründig um die Frage, ob ein Kleinaktionär den während des Gesamtvollstreckungsverfahrens gefaßten Kapitalherabsetzungsbeschluß erfolgreich anfechten könne, weil dieser ohne gleichzeitigen, die Überschuldung vollständig beseitigenden Kapitalerhöhungsbeschluß sachlich nicht gerechtfertigt sei. Das Gericht ließ diese Frage offen, indem es darauf abstellte, daß der Investor die Sanierung nur bei einer isolierten Kapitalherabsetzung in Angriff nehmen werde, anderenfalls aber die Gesellschaft – mangels gangbarer Alternative – liquidiert werden müsse. Ohne ausdrücklich auf sein „Girmes"-Urteil Bezug zu nehmen, stellte der BGH damit auch hier auf die bereits zuvor herangezogenen Kriterien ab. Ein eventuell bestehendes Erfordernis sachlicher Rechtfertigung tritt also zurück, wenn nach den Umständen des Falles der Kapitalherabsetzungsbeschluß die einzige Möglichkeit bietet, die Liquidation der Gesellschaft und den damit verbundenen Totalverlust der Einlage zu verhindern. Übertragen auf die Situation im Zeitpunkt der Beschlußfassung bedeutet dies, daß die Minderheitsgesellschafter – soweit die notwendige Dreiviertelmehrheit nicht anders hätte erreicht werden können – verpflichtet gewesen wären, zumindest nicht *gegen* die Kapitalherabsetzung zu stimmen.

bb) Übertragbarkeit auf die GmbH

Im Hinblick auf die GmbH hätte die Entscheidung des BGH nicht anders ausfallen können. Anzumerken ist lediglich noch, daß das Hauptproblem des Falls, nämlich die Tatsache, daß ein Großteil der Kleinaktionäre auf Grund des drastischen Kapitalherabsetzungsverhältnisses faktisch aus der Gesellschaft gedrängt wurde, sich im Rahmen einer *isolierten* Kapitalherabsetzung bei der GmbH nicht in dieser Schärfe stellt. Denn § 58a Abs.3 S.3 GmbHG sieht vor, daß Geschäftsanteile, deren Nennbetrag durch die Herabsetzung unter den in § 58a Abs.3 S.2

---

458 BGH ZIP 1998, 692; anders noch die Vorinstanzen, vgl. OLG Dresden, ZIP 1996, 1780 sowie LG Dresden, ZIP 1995, 1596.

GmbHG vorgesehenen Mindestnennbetrag von fünfzig Euro sinken würde, zu gemeinschaftlichen Geschäftsanteilen zu vereinigen sind, an denen die betroffenen Gesellschafter dann Mitberechtigte i.S.d. § 18 GmbHG sind. Damit ist sichergestellt, daß selbst Gesellschafter mit einem minimalen Geschäftsanteil nicht gezwungen werden können, ihren Anteil zu veräußern, sofern sie nicht bereit oder in der Lage sind, freie „Spitzen" hinzuzukaufen.[459]

b) Kompetenzbeschränkung der Geschäftsführer?

Anders als bei der Kapitalerhöhung hat der Gesetzgeber im Rahmen einer vereinfachten Kapitalherabsetzung auch den Geschäftsführern ausdrücklich eine Kompetenz zugewiesen. Es handelt sich um die Befugnis, Geschäftsanteile mit einem Nennwert von weniger als fünfzig Euro zusammenzulegen (§ 58a Abs.3 S.3 GmbHG). Fraglich ist daher, ob diese Kompetenz mit Eröffnung des Insolvenzverfahrens auf den Verwalter übergeht.

aa) Die Kompetenz zur Zusammenlegung von Geschäftsanteilen als Primärzuständigkeit der Gesellschafter

Der Gesetzgeber hat die Kompetenzzuweisung an die Geschäftsführer damit begründet, daß das Kapitalherabsetzungsverfahren nicht durch das Erfordernis eines Gesellschafterbeschlusses, dessen Inhalt durch die gesetzliche Verpflichtung zur Vereinigung festgelegt ist, zusätzlich erschwert werden solle.[460] Daraus wird im Schrifttum einhellig geschlossen, daß es sich bei dieser Befugnis um eine reine Reservezuständigkeit der Geschäftsführer handelt.[461] Die Gesellschafter können danach bereits im Kapitalherabsetzungbeschluß die Art und Weise der Zusammenlegung bestimmen. Den Geschäftsführern verbleibt dann als weisungsgebundenen Organen nurmehr die Ausführung gemäß den von den Gesellschaftern festgelegten Modalitäten. Dem ist beizupflichten, da die Geschäftsführerkompetenz allein auf Erwägungen zur Verfahrensvereinfachung beruht. Sind sich die

---

459 Ausführlich zum nicht unerheblichen finanziellen Aufwand, im Fall „Sachsenmilch" freie Spitzen zu erwerben OLG Dresden, ZIP 1996, 1780 (1785).

460 Begr. zu Art. 46 RegE EGInsO = Art. 48 EGInsO (BT-Drucks. 12/3803, S. 86 ff.), abgedruckt in W. Uhlenbruck, Das neue Insolvenzrecht, S. 965 (968).

461 Lutter/Hommelhoff, GmbHG § 58a Rn. 22; Roth/Altmeppen, GmbHG § 58a Rn. 15; Scholz/Priester, GmbHG § 58a Rn. 28; Zöllner in Baumbach/Hueck, GmbHG § 58a Rn. 17; einschränkend Zimmermann in Rowedder/Schmidt-Leithoff, GmbHG § 58a Rn. 15, die jedenfalls die Zuständigkeit der Geschäftsführer zur Erklärung der Vereinigung gegenüber betroffenen, bei der Beschlußfassung nicht mitwirkenden Gesellschaftern für zwingend halten.

Gesellschafter über die wesentlichen Fragen der Vereinigung der Geschäftsanteile einig, besteht kein Bedürfnis mehr für eine entsprechende Befugnis der Geschäftsführer.

bb) Stellungnahme

Sowohl für als auch gegen den Übergang der Kompetenz auf den Insolvenzverwalter lassen sich gute Argumente anführen. Einerseits ist die Entscheidung darüber, wie die Geschäftsanteile zusammengelegt werden sollen, eine rein innergesellschaftliche Angelegenheit und dem Kompetenzbereich des Verwalters somit grundsätzlich entzogen. Daß die Insolvenzmasse durch die Vereinigung von Geschäftsanteilen nicht geschmälert werden kann, spricht ebenfalls gegen eine Befugnis des Verwalters. Andererseits haben die Geschäftsführer dann die Möglichkeit, die Eintragung in das Handelsregister durch Untätigkeit zu blockieren. Solch ein Kompetenzmißbrauch würde hier noch dadurch erleichtert, daß die Anmeldung nach herrschender Meinung analog § 78 GmbHG zweiter Halbsatz GmbHG durch sämtliche Geschäftsführer zu bewirken ist.[462] Ein einzelner geschäftsführender Gesellschafter, der zwar in der Abstimmung über die Kapitalherabsetzung unterlegen war, wäre somit in der Lage, die gesellschaftsrechtliche Treuepflicht auf Grund seiner Geschäftsführerstellung zu unterlaufen und die Sanierung scheitern zu lassen.

Festzuhalten ist zunächst, daß eine Verwalterkompetenz immer dann ausscheiden muß, wenn die Gesellschafter von ihrer primären Zuständigkeit bereits im Rahmen der Beschlußfassung Gebrauch gemacht haben. Recht und Pflicht zur Zusammenlegung der Geschäftsanteile stehen in unmittelbarem Zusammenhang mit der Kapitalherabsetzung selbst und können den Gesellschaftern gegen ihren Willen auch nicht vom Insolvenzverwalter genommen werden. Problematisch ist daher nur noch die Kompetenz zur weiteren Durchführung sowie der Fall, daß die Gesellschafter von einem Beschluß über die Vereinigung der Anteile ganz absehen. Hierbei ist maßgebend, daß die Gläubiger sich dafür entschieden haben, das Verfahrensziel im Wege der Sanierung des Unternehmensträgers zu erreichen und die Gesellschafter durch ihren Kapitalherabsetzungsbeschluß die gesellschaftsrechtlichen Voraussetzungen für die gerichtliche Bestätigung des Insolvenzplans geschaffen haben. Streben demnach sowohl die Gläubiger als auch die Gesellschafter die Sanierung der GmbH an, darf den Geschäftsführern als weisungsgebundenem Gesellschaftsorgan nicht mehr die Möglichkeit eingeräumt

462 Lutter/Hommelhoff, GmbHG § 58a Rn. 23; Zöllner in Baumbach/Hueck, GmbHG § 58a Rn. 20; Roth/Altmeppen, GmbHG § 58a Rn. 18; Kautz, S. 248 f.; a. A. lediglich Scholz/Priester, GmbHG § 58a Rn. 32.

werden, das weitere Verfahren zu obstruieren. Es ist dann vielmehr Aufgabe des Insolvenzverwalters, das Erreichen des Verfahrensziels im vorgegebenen Rahmen sicherzustellen. Konkret bedeutet dies, daß der Verwalter ohne Einbeziehung der Geschäftsführer befugt ist, einen bereits gefaßten Zusammenlegungsbeschluß gegenüber den betroffenen Gesellschaftern – soweit sie an der Beschlußfassung nicht selbst beteiligt waren – zu erklären. Darüber hinaus ist er berechtigt, die Geschäftsanteile selbst zu vereinigen, sofern die Gesellschafter dies nicht bereits getan haben. Der damit verbundene Eingriff in die Gesellschaftsstruktur verstößt dann auch nicht gegen den Verfahrensgrundsatz strikter Vermögensbezogenheit, da er im Einvernehmen mit den Gesellschaftern erfolgt. Die Kosten für die gemäß § 58a Abs.3 S.4 GmbHG erforderliche notarielle Beurkundung trägt die Insolvenzmasse. Nach Zusammenlegung der Geschäftsanteile ist der Verwalter schließlich auch befugt, den Kapitalherabsetzungsbeschluß gemeinsam mit den veränderten Beteiligungsverhältnissen zur Eintragung in das Handelsregister anzumelden.

III. Der Ausschluß von Gesellschaftern

Die bisherigen Untersuchungen haben ergeben, daß die Gesellschafterminderheit auf Grund der gesellschaftsrechtlichen Treubindung verpflichtet sein kann, Kapitalmaßnahmen zu Gunsten einer mehrheitlich angestrebten Sanierung der Gesellschaft nicht zu verhindern. Wie die Ausführungen zum Bezugsrechtsausschluß und zur vereinfachten Kapitalherabsetzung gezeigt haben, müssen die Gesellschafter dabei auch solche Eingriffe in ihre Mitgliedschaftsrechte hinnehmen, die ihre Rechtsposition im ganzen nachhaltig beeinträchtigen. Damit ist aber noch nicht geklärt, ob die Gesellschafter auch gehalten sein können, ihren eigenen Ausschluß aus der Gesellschaft zu dulden. Der unwiderrufliche Verlust aller Mitgliedschaftsrechte stellt den denkbar schwerwiegendsten Eingriff in die Rechtsposition eines Gesellschafters dar und darf daher grundsätzlich nur als ultima ratio zur Beseitigung eines Mißstandes erfolgen.[463]

Im eröffneten Insolvenzverfahren wird der Ausschluß von Gesellschaftern immer dann relevant, wenn sich die Gläubiger zwar grundsätzlich zur Sanierung der insolventen GmbH bereit erklären, ihr Engagement aber davon abhängig machen, daß ein oder mehrere Gesellschafter aus der Gesellschaft ausscheiden. Dies wird insbesondere der Fall sein, wenn sie der Auffassung sind, daß der betreffen-

463 Allg. Meinung, vgl. nur RGZ 164, 257 (262); RGZ 169, 330 (334); BGHZ 16, 317 (322); Hueck/Fastrich in Baumbach/Hueck, GmbHG Anh § 34 Rn. 6; Lutter/Hommelhoff, GmbHG § 34 Rn. 24; Soufleros, S. 40 f.

de (geschäftsführende) Gesellschafter die Insolvenz der Gesellschaft maßgeblich mitzuverantworten hat. Eine sachliche, allein am künftigen Wohlergehen der GmbH orientierte vertrauensvolle Zusammenarbeit dürfte in dieser Situation regelmäßig von vornherein ausgeschlossen sein. Daneben ist auch der Fall in Betracht zu ziehen, daß ein Investor sich bereiterklärt, die Sanierung der Gesellschaft maßgeblich mitzutragen unter der Voraussetzung, daß er von den bisherigen Gesellschaftern die Mehrheit der Anteile erwerben kann. Zu prüfen ist demnach, ob das geltende Insolvenz- oder Gesellschaftsrecht die Möglichkeit eröffnet, einzelne Gesellschafter im Rahmen eines Insolvenzplanverfahrens um der Sanierung des Unternehmensträgers willen auszuschließen.

1. Der Gesellschafterausschluß in der werbenden GmbH

Das Gesetz regelt den Ausschluß von GmbH-Gesellschaftern nicht. Es ist jedoch allgemein anerkannt, daß der Ausschluß bei Vorliegen eines wichtigen Grundes in der Person des Gesellschafters auch ohne entsprechende Satzungsregelung zulässig ist.[464] In diesem Fall hat der betroffene Gesellschafter bei der Beschlußfassung über seinen Ausschluß analog § 47 Abs.4 S.1 GmbHG kein Stimmrecht, da er anderenfalls zum Richter in eigener Sache würde.[465] Allein durch einen wirksamen Gesellschafterbeschluß ist der Ausschluß allerdings noch nicht vollzogen.[466] Vielmehr hat die Gesellschaft, vertreten durch ihre Geschäftsführer, nun Ausschlußklage gegen den betroffenen Gesellschafter zu erheben. Im Ausschlußurteil setzt das Gericht dann zugleich die dem ausscheidenden Gesellschafter zu zahlende Abfindung fest, und zwar mit der Bedingung, daß das Ausscheiden erst mit Zahlung des Abfindungsbetrags durch die Gesellschaft innerhalb der im Urteil bestimmten Frist wirksam wird.[467] Bis zu diesem Zeitpunkt behält der Auszuschließende seine Gesellschafterstellung und die damit verbundenen Rechte und

464 Siehe nur BGHZ 9, 157 (178); Lutter/Hommelhoff, GmbHG § 34 Rn. 24, m.w.N.

465 OLG Stuttgart, GmbHR 1989, 466; Lutter/Hommelhoff, GmbHG § 47 Rn. 19; Scholz/K. Schmidt, GmbHG § 47 Rn. 139; Koppensteiner in Rowedder/Schmidt-Leithoff, GmbHG § 47 Rn. 73, jeweils m.w.N.; zur Wirksamkeit bedarf der Gesellschafterbeschluß grds. einer Dreiviertelmehrheit (vgl. zuletzt BGH ZIP 2003, 395).

466 Nach herrschender Meinung bedarf der Beschluß einer Dreiviertelmehrheit; so etwa BGHZ 9, 157 (177); Lutter/Hommelhoff, GmbHG § 34 Rn. 28; Rowedder/Bergmann in Rowedder/Schmidt-Leithoff, GmbHG § 34 Rn. 82; Hachenburg/Ulmer, GmbHG Anh § 34 Rn. 24; Tschernig, GmbHR 1999, 691 (696); a. A. Scholz/Winter, GmbHG § 15 Rn. 140; Hueck/Fastrich in Baumbach/Hueck, GmbHG Anh § 34 Rn. 9.

467 BGHZ 9, 157 (178); Rowedder/Bergmann in Rowedder/Schmidt-Leithoff, GmbHG § 34 Rn. 97 ff. mit zahlreichen weiteren Nachweisen.

Pflichten.[468] Lediglich solche Maßnahmen, die der Durchführung seines Ausschlusses dienen, kann er nicht mehr vereiteln. Mit dem Bedingungseintritt fällt der Geschäftsanteil des ausgeschlossenen Gesellschafters dann der Gesellschaft zum Zwecke der Verwertung zu.[469]

2. Die Vorschläge der Insolvenzrechtskommission

Die von der Insolvenzrechtskommission erarbeiteten Leitsätze sahen zwei sanierungsspezifische Ausschlußgründe vor. Zum einen sollten Gesellschafter durch Beschluß des Insolvenzgerichts aus der Gesellschaft ausgeschlossen werden können, wenn ihre Anteilsrechte oder Beteiligungen wertlos wären und ein Nachschuß nicht geleistet würde bzw. die Gesellschafter sich nicht zur Übernahme einer neuen Kapitalbeteiligung bereit fänden.[470] Ein Rechtsmittel gegen den Beschluß war nicht vorgesehen. Daneben sollten Gesellschafter auch aus wichtigem Grund ausgeschlossen werden können.[471] Als Beispiel für einen wichtigen Grund nannte die Kommission den Fall, daß die Gläubiger dem Reorganisationsplan nur zustimmten, wenn der Gesellschafter, den sie für den wirtschaftlichen Zusammenbruch des Unternehmens verantwortlich machten, aus der Gesellschaft ausschiede.[472] Das Recht, den Ausschluß zu beantragen, sollte hierbei wohl nicht mehr bei den übrigen Gesellschaftern, sondern beim Insolvenzverwalter liegen.[473] Gegen den ausschließenden Beschluß des Insolvenzgerichts sollte der betroffene Gesellschafter dann im Wege der sofortigen Beschwerde vorgehen können.

Im Vergleich zur Möglichkeit des Ausschlusses aus einer werbenden GmbH zeichneten sich die Vorschläge durch zwei entscheidende Neuerungen aus: zum einen war nicht mehr Hauptzweck des Ausschlusses, die Interessen der verblei-

---

468 BGHZ 9, 157 (176, 178); im Schrifttum wird dagegen teilweise auch die Ansicht vertreten, der Gesellschafter verliere bereits mit Rechtskraft des Ausschlußurteils zumindest alle seine nichtvermögensrechtlichen Mitgliedschaftsrechte, vgl. zu den im einzelnen voneinander abweichenden Meinungen Lutter/Hommelhoff, GmbHG § 34 Rn. 30; Scholz/Winter, GmbHG § 15 Rn. 148 f. sowie Hueck/Fastrich in Baumbach/Hueck, GmbHG Anh § 34 Rn. 13, jeweils m.w.N.

469 Die Gesellschaft kann regelmäßig wählen, ob sie den Geschäftsanteil einziehen oder ihn an sich, an die Gesellschafter oder an einen Dritten abtreten oder ob sie mehrere Verwertungsarten kombinieren will; vgl. BGHZ 9, 157 (168 ff.) sowie Scholz/Winter, GmbHG § 15 Rn. 149. Die Entscheidung über die Verwertungsart treffen analog § 46 Nr.4 GmbHG grundsätzlich die Gesellschafter.

470 Erster Bericht, Leitsatz 2.4.9.5 Abs.1, S. 282.

471 Erster Bericht, Leitsatz 2.4.9.6, S. 283.

472 Erster Bericht, Begründung zu Leitsatz 2.4.9.6, S. 283.

473 Vgl. Ulmer, ZHR 149 (1985), 541 (551); Grunewald, S. 58.

benden Gesellschafter zu wahren, sondern die Durchführung der Reorganisation;[474] dies bedeutete zugleich die Abkehr vom allein in der Person des Gesellschafters liegenden Ausschlußgrund. Zum anderen sollte es beim Ausschluß eines Gesellschafters aus wichtigem Grund nicht mehr primär auf sein Verhältnis zu den Mitgesellschaftern, sondern auf dasjenige zu den Gläubigern ankommen.[475] Mochten bezüglich etlicher Details auch Fragen offengeblieben sein,[476] so kann jedenfalls nicht bestritten werden, daß die Umsetzung der Kommissionsvorschläge die Sanierung eines insolventen Unternehmensträgers erheblich erleichtert hätte. Neben der vielerorts anzutreffenden Kritik[477] stießen die Leitsätze daher zumindest im Grundsatz teilweise auch auf Zustimmung.[478] Insbesondere die zuletzt von *Kautz* als Ergänzung des GmbH-Gesetzes vorgeschlagene insolvenzbedingte Ausschlußmöglichkeit lehnt sich stark an die Vorarbeiten der Kommission an.[479]

Daß sich der Gesetzgeber der Insolvenzordnung jeglicher Eingriffe in die innergesellschaftliche Organisationsstruktur enthalten hat, wurde bereits mehrfach betont. De lege lata kann sich somit auch der sanierungsbedingte Ausschluß eines Gesellschafters nur innerhalb der durch das Gesellschaftsrecht gezogenen Grenzen vollziehen. Es ist daher auch hier der Frage nachzugehen, ob mit Hilfe der in der „Girmes"-Entscheidung herangezogenen Kriterien zur Konkretisierung der gesellschaftsrechtlichen Treuepflicht das Ausscheiden von GmbH-Gesellschaftern erzwungen werden kann.

3. Ausschluß von Gesellschaftern auf Grund gesellschaftsrechtlicher Treuepflicht

Der Ausschluß eines Gesellschafters kann sich im wesentlichen auf drei verschiedenen Wegen vollziehen. Zunächst besteht die Möglichkeit, mittels eines entsprechenden Beschlusses der Gesellschafterversammlung ein formelles Ausschlußverfahren einzuleiten. Daneben kann ein Gesellschafter aber auch mittelbar dadurch ausgeschlossen werden, daß seine Geschäftsanteile im Wege einer vereinfachten Kapitalherabsetzung auf Null gestellt werden, sein Bezugsrecht hinsichtlich der durch die gleichzeitig zu beschließende Kapitalerhöhung neu ge-

---

474 Grunewald, S. 58.
475 Zutreffend Ulmer, ZHR 149 (1985), 541 (551).
476 Vgl. zum Vorwurf der Unausgereiftheit insbesondere Balz, S. 60 ff.
477 Vgl. nur Balz, S. 60 ff.; K. Schmidt, ZGR 1986, 175 (199 f.); Basty, S. 90 ff., 157; zahlreiche weitere Nachweise bei Kautz, S. 168.
478 Ulmer, ZHR 149 (1985), 541 (550 f., 574).
479 Kautz, S. 174 ff.

schaffenen Anteile dann aber ausgeschlossen wird (§ 58a Abs.4 S.1 GmbHG).[480] Denkbar ist schließlich auch, den austrittsunwilligen Gesellschafter zu zwingen, seinen Geschäftsanteil an einen anderen Gesellschafter oder einen Dritten zu veräußern, sofern ein (angemessenes) Übernahmeangebot vorliegt.

a) Ansichten aus Schrifttum und Rechtsprechung

In der Literatur finden sich – soweit ersichtlich – bislang nur vereinzelt Stellungnahmen zu der Frage, ob die Treubindung die Gesellschafter verpflichten kann, zugunsten des Fortbestehens der Gesellschaft auf ihre Mitgliedschaft zu verzichten. Sowohl *Balz*[481] als auch *U. Noack*[482] lehnen eine derartige Reichweite der Treuepflicht ohne nähere Begründung ab. Etwas ausführlicher befaßt sich *Lutter*[483] mit der Problematik. In seinem Beispielsfall aus der Praxis bot ein Investor den Gesellschaftern einer insolvenzreifen GmbH an, alle Geschäftsanteile – unter Zuzahlung eines Betrages von einigen DM 100.000,- durch den Merheitsgesellschafter – zum Nulltarif zu übernehmen. Als Gegenleistung sollte der Mehrheitsgesellschafter von seinen den Banken gewährten hohen persönlichen Sicherheiten freigestellt werden. Die beiden Minderheitsgesellschafter mit einem Geschäftsanteil von jeweils 10% hatten den Gläubigern keine persönlichen Sicherheiten bestellt und verweigerten die Abtretung ihrer Beteiligungen, weil der Mehrheitsgesellschafter es zuvor abgelehnt hatte, ihnen für ihre Zustimmung eine Abfindung zu zahlen. Kurz darauf fiel die GmbH in Konkurs, so daß die Gesellschafter ihre Einlagen vollständig einbüßten und der Mehrheitsgesellschafter zudem seine hohen Sicherheiten verlor. *Lutter* ist der Auffassung, den Minderheitsgesellschaftern sei keine Treuepflichtverletzung vorzuwerfen, weil sie berechtigt gewesen seien, vom Mehrheitsgesellschafter nach Maßgabe des Verhältnisses des jeweiligen Gesamtinvestments einen Teil des Rettungsgewinns zu verlangen.[484] Die

480 Den Gesellschaftern steht es grundsätzlich frei, den Nennbetrag der bestehenden Geschäftsanteile nach der Herabsetzung wieder zu erhöhen oder aber neue Anteile auszugeben; vgl. Lutter/Hommelhoff, GmbHG § 58a Rn. 21; Scholz/Priester, GmbHG § 58a Rn. 40; Zimmermann in Rowedder/Schmidt-Leithoff, GmbHG § 58a Rn. 16.

481 Balz, S. 64.

482 U. Noack, Gesellschaftsrecht, Rn. 123.

483 Lutter, ZHR 162 (1998), 164 (170 f.).

484 Lutter, ZHR 162 (1998), 164 (171); diese Ansicht blieb in der sich dem Referat Lutters anschließenden Diskussion allerdings nicht unbestritten. Der Minderheitsgesellschafter könne infolge der Treuepflicht durchaus verpflichtet sein, der Abtretung seines Geschäftsanteils zu Sanierungszwecken ohne Gegenwert zuzustimmen, um so den Konkurs und die damit verbundene Inanspruchnahme des Mehrheitsgesellschafters abzuwenden; dies gelte zumindest dann, wenn unzweifelhaft feststehe, daß er bei Abtretung seines Anteils wie im Konkurs seine Beteiligung restlos einbüße. Ande-

Rechtslage ändere sich aber, wenn die Minderheit ihre Veto-Position auszunutzen versuche, indem sie einen überproportionalen Anteil am Sanierungsgewinn fordere, so daß *Lutter* im Ergebnis die Minderheitsgesellschafter jedenfalls bei einem angemessenen Abfindungsangebot als verpflichtet ansieht, ihren Geschäftsanteil an den Investor zu veräußern.[485]

Auf seiten der Rechtsprechung hat sich einerseits das OLG Köln[486] mit der Frage nach einer Pflicht zur Übertragung eines GmbH-Geschäftsanteils aus gesellschaftsrechtlicher Treuepflicht befaßt. Der zugrunde liegende Sachverhalt entsprach dem von *Lutter* geschilderten Fall. Nach Ansicht des OLG Köln setzt eine Pflicht der Minderheitsgesellschafter, ihren Geschäftsanteil auf den Mehrheitsgesellschafter zu übertragen jedenfalls voraus, (1) eine offene und lückenlose Aufklärung der Minderheitsgesellschafter durch den Mehrheitsgesellschafter als begünstigtem Mitgesellschafter, sowohl was die Situation der Gesellschaft als auch was die begehrte Übertragung der Geschäftsanteile anbelangt, (2) das Vorliegen einer jedenfalls erfolgversprechenden Möglichkeit der Sanierung der Gesellschaft bzw. Ablösung der Verpflichtungen des Mehrheitsgesellschafters sowie (3) das Fehlen berechtigter Interessen der Minderheitsgesellschafter an der Verweigerung der Übertragung.[487] Weiterhin befand das Gericht in Anlehnung an *Lutter*[488], daß bei Vorliegen dieser Voraussetzungen auf Grund des drohenden Konkurses der Gesellschaft und der Wertlosigkeit der Geschäftsanteile der Minderheitsgesellschafter eine Pflicht zur Übertragung der Anteile auf den Mehrheitsgesellschafter bestünde, dieser jedoch nicht berechtigt sei, die Übertragung ohne Gegenleistung zu verlangen, da die Forderung der Minderheitsgesellschafter, an dem durch seine Enthaftung erlangten Vorteil des Mehrheitsgesellschafters wenigstens teilweise beteiligt zu werden, berechtigt sei.[489]

---

renfalls werde derjenige Gesellschafter über Gebühr belastet, der der Gesellschaft eigenkapitalersetzende Mittel zugeführt habe (so im Diskussionsbericht zu den Referaten von Lutter, ZHR 162 (1998), 164 und Henze, ZHR 162 (1998), 186; ZHR 162 (1998), 197 f.).

485 Lutter, ZHR 162 (1998), 164 (171); er hält dabei die Beteiligung der Minderheitsgesellschafter am Rettungsgewinn nach Maßgabe des jeweiligen Gesamtinvestments für angemessen, jedoch absolut begrenzt durch die Höhe ihres eigenen Investments.

486 OLG Köln, NZG 1999, 1166.

487 OLG Köln, NZG 1999, 1166 (1167).

488 Lutter, ZHR 162 (1998), 164 (171).

489 OLG Köln, NZG 1999, 1166 (1168); in dem entschiedenen Fall befand das Gericht allerdings, daß die genannten Voraussetzungen zumindest teilweise nicht erfüllt seien und verneinte daher die Pflicht zur Übertragung der Geschäftsanteile.

Außer dem OLG Köln hat nur noch das OLG Dresden[490] zu der hier behandelten Frage ausdrücklich Stellung bezogen: ein Gesellschafter sei nicht verpflichtet, sich im Interesse der Sanierung einer Gesellschaft durch Wahrnehmung eines Übernahmeangebotes von den eigenen Anteilsrechten zu trennen. Eine derartige Pflicht zur „Selbstaufgabe" könne auch nicht aus der den Minderheitsaktionären gegenüber der Gesellschaft (!) obliegenden Treuepflicht abgeleitet werden. Das Gericht räumte zwar ein, daß die Minderheitsaktionäre gemäß der „Girmes"-Entscheidung des BGH verpflichtet seien, ihre Mitverwaltungs- und Kontrollrechte unter angemessener Berücksichtigung der gesellschaftsbezogenen Interessen der übrigen Aktionäre auszuüben; eine Rechtspflicht zur „Selbstaufgabe" als Konkretisierung der Treuepflicht ließe sich dieser Entscheidung des BGH jedoch an keiner Stelle entnehmen.[491]

b) Anwendbarkeit der Kriterien aus der „Girmes"-Entscheidung des BGH

Es wurde bereits dargelegt, daß die in der „Girmes"-Entscheidung zur Konkretisierung der Treuepflicht herangezogenen Kriterien auch im eröffneten Insolvenzverfahren über das Vermögen einer GmbH Geltung beanspruchen dürfen.[492] Sowohl im Leitsatz als auch bei der Aufzählung der einzelnen Kriterien in den Entscheidungsgründen des „Girmes"-Urteils spricht der BGH ganz allgemein von einer sinnvollen und mehrheitlich angestrebten Sanierung, die aus eigennützigen Gründen zu verhindern dem einzelnen Gesellschafter auf Grund der Treuepflicht untersagt sei.[493] Diese Formulierung schließt alle zum Sanierungskonzept gehörenden gesellschaftsrechtlichen Maßnahmen ein, so daß die herangezogenen Kriterien nicht nur im Zusammenhang mit sanierenden Kapitalmaßnahmen Anwendung finden, sondern durchaus auf alle mit der Sanierung notwendigerweise verbundenen, die Gesellschaftsstruktur betreffenden Grundlagenentscheidungen übertragbar sind.[494] Dafür spricht nicht zuletzt auch das hohe Maß an Abstraktion und objektiver Erfolgsbezogenheit[495], das der BGH diesen Kriterien verliehen hat.

---

490 OLG Dresden, ZIP 1996, 1780 als Vorinstanz zur „Sachsenmilch"-Entscheidung des BGH (ZIP 1998, 692).

491 OLG Dresden, ZIP 1996, 1780 (1786).

492 Siehe dazu oben, 2. Teil D. I. 2. c) cc).

493 BGH ZIP 1995, 819 (824).

494 Vgl. dazu auch Henze, ZHR 162 (1998), 186 (192 f.), der zutreffend darauf hinweist, daß die vom BGH herangezogenen Kriterien letztlich Ausfluß des Prinzips der Erforderlichkeit und Verhältnismäßigkeit seien.

495 In bezug auf das Kriterium einer fehlenden Möglichkeit zur schonenderen Sanierung ist die objektive Erfolgsbezogenheit nicht zu verwechseln mit den möglichen subjek-

Entgegen der Ansicht des OLG Dresden[496] und einiger Stimmen in der Literatur[497] ist somit zunächst festzuhalten, daß die gesellschaftsrechtliche Treuepflicht grundsätzlich geeignet ist, auch das sanierungsbedingte Ausscheiden von Gesellschaftern zu erzwingen.[498]

c) Anwendung der vom BGH in der „Girmes"-Entscheidung herangezogenen Kriterien

Davon ist freilich wiederum die Frage zu unterscheiden, ob bei der Anwendung der vom BGH herangezogenen Kriterien den vom Ausschluß bedrohten Minderheitsgesellschaftern im Vergleich zur „Girmes"-Entscheidung zusätzliche Pflichten auferlegt werden, die im Ergebnis regelmäßig dazu führen, daß die Kriterien nicht erfüllt sind.

Hinsichtlich des Kriteriums der Unvermeidbarkeit der Liquidation bei Scheitern des Sanierungskonzepts, welches das Ausscheiden des Minderheitsgesellschafters vorsieht, ergibt sich hier nichts anderes als das bereits zur sanierenden Kapitalerhöhung Gesagte.[499] Das Gleiche gilt für das Erfordernis der nachhaltigen Sicherstellung der Verfolgung des Gesellschaftszwecks bei der Durchführung der Sanierungsmaßnahme, einschließlich dem Ausschluß des Minderheitsgesellschafters.[500]

---

tiven Beweggründen, die die Gläubiger und Gesellschaftermehrheit veranlassen, gerade das vorgeschlagene Sanierungskonzept und kein anderes umsetzen zu wollen.

496 OLG Dresden, ZIP 1996, 1780 (1786).

497 Balz, S. 64; U. Noack, Gesellschaftsrecht, Rn. 123.

498 Dies entspricht im Ergebnis auch der Entscheidung des OLG Köln, welches die vom BGH herangezogenen Kriterien in abgewandelter Formulierung ebenfalls zugrunde gelegt hat. Auch die „Sachsenmilch"-Entscheidung des BGH weist im Ergebnis in die gleiche Richtung. Denn auf Grund des drastischen Kapitalherabsetzungsverhältnisses von 750:1 verblieben etlichen Kleinaktionären nur sogenannte Spitzen. Wollten oder konnten sie die finanziellen Mittel nicht aufbringen um ihren Anteil auf mindestens eine Aktie aufzustocken, führte dies ebenfalls zu ihrem Ausscheiden aus der Gesellschaft.

499 Siehe oben 2. Teil D. I. 2. c) dd) aaa); soweit das OLG Köln in seiner Entscheidung ausdrücklich fordert, daß die betroffenen Minderheitsgesellschafter lückenlos sowohl über die Lage der Gesellschaft als auch über die begehrte Übertragung aufgeklärt werden, dürfte dies im eröffneten Insolvenzverfahren unproblematisch sein, da sie durch den Insolvenzverwalter und den Insolvenzplan über die Lage der Gesellschaft und die mit ihrem Ausscheiden verbundene angestrebte Sanierung ausführlich informiert werden.

500 Siehe oben 2.Teil D. I. 2. c) dd) ccc); daß eine Sanierung der Gesellschaft nach rein wirtschaftlichen Maßstäben eventuell auch ohne das Ausscheiden des Minderheitsgesellschafters möglich wäre, ist für dieses Kriterium unerheblich und könnte allenfalls bei der Frage nach einer schonenderen Sanierung relevant werden.

Problematischer könnte hingegen die Voraussetzung sein, daß die Stellung des betroffenen Gesellschafters im Fall der Liquidation der Gesellschaft ungünstiger als beim Austritt aus der fortbestehenden Gesellschaft ist. Hier ist zunächst festzuhalten, daß das Gericht schon indem es dieses Kriterium aufstellt, das mehr oder minder freiwillige Ausscheiden des Gesellschafters grundsätzlich zur gangbaren Alternative erklärt. Der einzelne Gesellschafter kann sich diesem Vergleich jedenfalls nicht entziehen, gleichviel ob er tatsächlich ausscheiden will oder nicht. Stünde der Minderheitsgesellschafter im Falle seines Ausscheidens wirtschaftlich[501] tatsächlich besser als beim Verbleib in der dann zu liquidierenden Gesellschaft und bietet sich ihm auch die Möglichkeit des Ausscheidens, so hat er dies bei der Beurteilung der Reichweite seiner Treuepflicht in bezug auf grundsätzlich jede Sanierungsmaßnahme gegen sich gelten zu lassen. Für die Durchführung dieses Vergleichs ergibt sich deshalb auch dann nichts anderes, wenn sein Ausscheiden selbst Teil der Sanierungsmaßnahme ist.

Umgekehrt ist auch nicht ersichtlich, welche berechtigten Interessen die Übertragung der Geschäftsanteile zu verweigern, der betroffene Gesellschafter seiner grundsätzlichen Pflicht bei Vorliegen der vom BGH genannten Voraussetzungen aus der Gesellschaft auszuscheiden, regelmäßig entgegenhalten könnte.[502] Denkbar wäre hier wohl nur, daß die Rechtsordnung eine so schwerwiegende Rechtsfolge wie den zwangsweisen Verlust der Mitgliedschaftsrechte eines Gesellschafters insgesamt mißbilligt oder nur als absolute Ausnahme in Fällen anerkennt, die mit der hier in Frage stehenden Sanierungssituation nicht vergleichbar sind.

Dagegen sprechen jedoch die folgenden Erwägungen: zum einen erkennt sowohl das GmbH-Recht als auch das Personengesellschaftsrecht den zwangsweisen Ausschluß von Gesellschaftern aus wichtigem, in der Person des betroffenen Gesellschafters liegendem Grund an. Ein solcher dürfte aber auch regelmäßig dann vorliegen, wenn die sanierungswilligen Gläubiger oder Investoren darlegen, daß die betreffenden Gesellschafter die Insolvenz der Gesellschaft maßgeblich mitverschuldet haben.

Die zweite wesentliche Konstellation, in der im Rahmen eines Insolvenzplanverfahrens die Forderung nach dem Ausscheiden bisheriger Gesellschafter erhoben wird, liegt vor, wenn sich ein Investor zur Sanierung der Gesellschaft unter der Bedingung des Erwerbs einer qualifizierten Mehrheit der Anteile bereiter-

---

501 Hier kann nur eine wirtschaftliche Betrachtungsweise zugrunde gelegt werden, daß die Alternative des Ausscheidens gerade den Verlust aller Mitgliedschaftsrechte mit Ausnahme eines eventuellen Abfindungsanspruchs voraussetzt.

502 Das OLG Köln, NZG 1999, 1166, welches das Fehlen solcher berechtigten Interessen seitens der Minderheitsgesellschafter zur Voraussetzung einer Übertragungspflicht erhebt, konkretisiert diese nicht.

klärt. Hier sei darauf hingewiesen, daß die Rechtsordnung auch in den §§ 327a ff. AktG den Ausschluß von Minderheitsgesellschaftern ausdrücklich zuläßt und dafür letztlich eine 95%ige Mehrheit des Hauptaktionärs sowie eine angemessene Barabfindung genügen läßt. Hieraus geht hervor, daß der Gesetzgeber bei Vorliegen einer qualifizierten Mehrheit das Interesse des Mehrheitsgesellschafters an zukünftiger Vereinfachung des Verwaltungs- und Entscheidungsfindungsaufwandes bezüglich seiner Beteiligung für ausreichend erachtet, den Ausschluß von Minderheitsgesellschaftern zu rechtfertigen. Zwar sind diese speziellen Vorschriften nicht unmittelbar auf die häufig personalistisch ausgestaltete GmbH übertragbar; sie verdeutlichen jedoch, daß die Rechtsordnung mehr oder weniger berechtigte Interessen der Minderheitsgesellschafter am Erhalt ihrer Mitgliedschaftsrechte gegenüber solchen Interessen der Mehrheitsgesellschafter für nachrangig erklärt, die anders als deren hier in Frage stehendes Interesse an Erhalt, Sanierung und Fortführung der Gesellschaft nicht den Kernbereich eines Mitgliedschaftsrechts betreffen und deshalb weniger bedeutsam sind.

Legt man obige Erwägungen zugrunde, dürften einem die Sanierung ermöglichenden Ausschluß von GmbH-Minderheitsgesellschaftern in der Regel keine berechtigten Interessen dieser Gesellschafter an der Verweigerung der Übertragung ihrer Geschäftsanteile entgegenstehen.

Der zwangsweise Ausschluß eines Minderheitsgesellschafters kann allerdings nicht ohne ein Abfindungsangebot erfolgen. Dies gilt selbst dann, wenn sich der Geschäftsanteil des betroffenen Gesellschafters eindeutig als wertlos erweist. Denn entsprechend der „Girmes“-Entscheidung des BGH trifft den Gesellschafter das Obstruktionsverbot nur, wenn seine Position im Falle der Liquidation der Gesellschaft *ungünstiger* ist, als beim Ausscheiden aus der fortgeführten Gesellschaft. Daß der Gesellschafter seine Einlage in beiden Fällen ersatzlos verliert, genügt nach dieser Formulierung nicht.

Schließlich führt hier auch das Erfordernis, daß keine schonendere Sanierung möglich ist, nicht zu einer besseren Rechtsposition der Minderheitsgesellschafter als bei der Beschlußfassung über sanierende Kapitalmaßnahmen. Wie bereits dargelegt[503], kommt es entscheidend darauf an, ob die Gesellschaftsgläubiger noch bereit sind, über das Sanierungskonzept zu verhandeln. Haben diese rechtzeitig und unmißverständlich erklärt, daß sie nur bei Ausscheiden der betroffenen Gesellschafter bereit sind, die Sanierung mitzutragen, ist dann auch nicht mehr erheblich, ob die Sanierung unter rein wirtschaftlichen Aspekten ebenso ohne das Ausscheiden dieser Gesellschafter Aussicht auf Erfolg hätte.[504]

503 Siehe oben 2. Teil D. I. 2. c) dd) ddd); BGH ZIP 1995, 819 (826).

504 So auch BGH ZIP 1998, 692 (694) in der „Sachsenmilch“-Entscheidung, wonach es nicht darauf ankomme, ob es wirtschaftlich sinnvoller sei, eine sanierende Kapital-

d) Durchführung und Durchsetzbarkeit des Ausschlusses im einzelnen

Schon im Zusammenhang mit einer Kapitalerhöhung als Sanierungsmaßnahme wurde dargelegt, daß die Voraussetzungen für das Eingreifen des Obstruktionsverbots nach Eröffnung des Insolvenzverfahrens leichter zu erfüllen sind, als noch in der Krise der GmbH. Hinsichtlich des Ausschlusses von Gesellschaftern bedeutet die Anwendung dieser Kriterien letztlich nichts anderes als ein Rückbesinnen auf den im Leitsatz 2.4.9.6 des Ersten Berichts formulierten Vorschlag der Insolvenzrechtskommission.[505] Im Ergebnis wird nämlich die Tatsache, daß die Gläubiger das Ausscheiden eines oder mehrerer Minderheitsgesellschafter zur Bedingung für ihre Zustimmung zum Insolvenzplan machen, als wichtiger Ausschlußgrund anerkannt. Zu klären bleibt aber noch, wie sich das Ausscheiden des Gesellschafters gemäß der eingangs erwähnten Möglichkeiten im einzelnen vollzieht und ob der Ausschluß in der Praxis innerhalb des durch § 249 InsO vorgegebenen Zeitrahmens durchsetzbar ist.

aa) Ausschluß durch Beschluß der Gesellschafterversammlung

Da sich aus der Insolvenzordnung bekanntlich nichts anderes ergibt, richtet sich das Ausschlußverfahren nach den weiter oben ausgeführten Grundsätzen über den Ausschluß aus der werbenden GmbH. Der durch mehrheitlichen Gesellschafterbeschluß ausgeschlossene Gesellschafter verliert sein Mitgliedschaftsrecht demnach frühestens mit Rechtskraft des auf dem ordentlichen Rechtsweg zu erwirkenden gerichtlichen Ausschlußurteils. Spricht das Gericht dem Gesellschafter eine Abfindung zu, scheidet der Gesellschafter endgültig erst bei Zahlung dieser Abfindung aus. Bis zur Wirksamkeit des Ausschlusses ist die gemäß § 249 S.2 InsO im Interesse baldiger Rechtssicherheit bezüglich des Ausgangs des Planverfahrens[506] gesetzte Frist dann regelmäßig verstrichen.[507] Dies gilt insbe-

---

herabsetzung zugleich mit einer die Überschuldung vollständig beseitigenden Kapitalerhöhung zu verbinden, wenn der das Sanierungskonzept tragende potentielle Investor in diesem Fall die Sanierung der insolventen Gesellschaft nicht in Angriff nehmen werde.

505 Erster Bericht, Leitsatz 2.4.9.6, S. 283.

506 Bei der Fristsetzung hat das Insolvenzgericht zu beachten, daß die Bekanntgabe seines bestätigenden oder versagenden Beschlusses gemäß § 252 Abs.1 InsO *alsbald* nach dem Abstimmungstermin zu erfolgen hat.

507 Die Insolvenzrechtskommission plante den langwierigen Ausschlußprozeß zu umgehen, indem sie den Auschluß eines Gesellschafters aus wichtigem Grund in das Reorganisationsverfahren einbezog und die Entscheidung darüber dem Insolvenzrichter zuwies. Gegen dessen Beschluß sollte dann freilich im Wege der sofortigen Be-

sondere, wenn der auszuschließende Gesellschafter seine Obstruktionspolitik unter Ausschöpfung aller Rechtsmittel fortsetzt. Im Ergebnis verhindert hier also die Langwierigkeit des Verfahrens eine effektive Durchsetzung der Treuepflicht.

bb) Ausschluß mittels vereinfachter Kapitalherabsetzung auf Null bei gleichzeitiger Kapitalerhöhung unter Ausschluß des Bezugsrechts

Soll der Ausschluß eines oder mehrerer Gesellschafter auf diesem Wege vollzogen werden, stellen sich dieselben Probleme wie bei der Durchsetzung der Treuepflicht in Zusammenhang mit einer isolierten Kapitalerhöhung bzw. -herabsetzung. Die Treubindung der Gesellschafterminderheit konkretisiert sich in einer Stimmpflicht dahingehend, das Zustandekommen der mit qualifizierter Mehrheit zu fassenden Beschlüsse nicht zu verhindern. Wie bereits dargelegt, ist die Verpflichtung zu einem bestimmten Stimmverhalten in der Gesellschafterversammlung nur unter großen Schwierigkeiten durchsetzbar. Es kommt hinzu, daß regelmäßig noch eine Lösung hinsichtlich der dem ausscheidenden Gesellschafter zu zahlenden Abfindung gefunden werden muß. Im Ergebnis erweist sich daher auch diese Ausschlußvariante regelmäßig als nicht rechtzeitig durchsetzbar.

cc) Ausschluß durch Verpflichtung zur Annahme eines Übernahmeangebots

Gegenüber den beiden anderen Ausschlußformen hat diese Variante den Vorteil, daß zur ihrer Durchführung grundsätzlich kein Gesellschafterbeschluß erforderlich ist. Sie eröffnet einem Investor, der die Sanierung der insolventen GmbH nur unter der Bedingung in Angriff nehmen will, daß ihm die (qualifizierte) Mehrheit der Geschäftsanteile übertragen wird,[508] die Möglichkeit, den Gesellschafterwechsel relativ schnell und unkompliziert zu vollziehen. In der Praxis dürfte diese Variante deshalb die bevorzugte sein.[509]

---

schwerde vorgegangen werden können (vgl. Erster Bericht, Begründung zu Leitsatz 2.4.9.6, S. 283).

508 Die Motivation zum Erwerb der Mehrheit liegt häufig in der damit verbundenen Möglichkeit, die erheblichen Verlustvorträge der insolventen Gesellschaft nutzen zu können, vgl. dazu BGH ZIP 1998, 692 („Sachsenmilch“) sowie LG Heidelberg, ZIP 1988, 1257 mit Anmerkung von Timm, EWiR 1988, 945.

509 So ging es in dem oben zitierten, von Lutter (ZHR 162 (1998), 164 (170 f.)) mitgeteilten Fall aus der Praxis allein um die Abtretung der Geschäftsanteile. Daneben spielte diese Variante aber auch im Fall „Sachsenmilch“ (OLG Dresden, ZIP 1996, 1780 (1786)) eine Rolle. Dort hatte ein Großaktionär der Sachsenmilch AG den Kleinaktionären, welchen auf Grund des drastischen Kapitalherabsetzungsverhältnisses von 750 : 1 nur „Spitzen“ verblieben waren, angeboten, ihre Aktien – soweit sie vor Verfahrenseröffnung erworben worden waren – jeweils zum Ausgabekurs von

Hervorzuheben ist hier noch einmal, daß eine Rechtspflicht zur Annahme eines Übernahmeangebots nur dann besteht, wenn die Abtretung des Geschäftsanteils mit einer Gegenleistung verknüpft ist. Anderenfalls stünde der betroffene Gesellschafter bei Liquidation der GmbH (lediglich) ebenso schlecht, wie beim Austritt aus der fortbestehenden Gesellschaft, so daß eine entscheidende Voraussetzung für das Eingreifen der Treuepflicht nicht erfüllt wäre.

Auch das von *Lutter*[510] gebildete Beispiel sowie der dem OLG Köln[511] zur Entscheidung vorgelegte Fall wären daher allein durch konsequente Anwendung der „Girmes"-Kriterien zu lösen: dort stand zwar eine Abfindung in Aussicht; diese sollte jedoch ausschließlich dem Mehrheitsgesellschafter zugute kommen. Die Berechtigung der Minderheitsgesellschafter, die Abtretung ohne Gegenleistung zu verweigern, läßt sich hierbei schon damit begründen, daß sie im Falle der Fortsetzung der Gesellschaft nicht besser stünden, als bei deren Liquidation. Eines Rückgriffs auf einen Anspruch auf Teilhabe am „Sanierungsgewinn" bedarf es daher gar nicht. Die Größe ihres Geschäftsanteils spielt deshalb nur für die Verteilung der Abfindungssumme im Innenverhältnis eine Rolle.

Im Fall „Sachsenmilch" hätte die Aktionärsminderheit das Übernahmeangebot dagegen nicht ausschlagen dürfen, wenn die Mehrheit der Aktionäre dem Sanierungskonzept zugestimmt hätte und auch die übrigen Voraussetzungen für das Eingreifen der Treuepflicht vorgelegen hätten.[512]

Dennoch stellen sich hinsichtlich der Durchsetzbarkeit der Abtretungsverpflichtung letztlich keine geringeren Probleme als bei den übrigen Ausschlußvarianten. Zwar ist die Zustimmung zur Abtretung qua Gesellschafterbeschluß gemäß § 15 Abs.5 GmbHG nur dann erforderlich, wenn es sich um vinkulierte GmbH-Anteile handelt,[513] so daß die insoweit bestehenden Stimmpflichten auch nur in diesem Fall gegen obstruierende Gesellschafter durchgesetzt werden müssen. Allerdings muß auch die Abtretungserklärung eines sich weigernden Gesellschafters in jedem Fall erst auf dem ordentlichen Rechtsweg erstritten werden. Im Hinblick auf die gemäß § 249 InsO gesetzte Frist erweist sich deshalb auch diese Ausschlußvariante als kaum praktikabel.

DM 50,- pro Stück zu übernehmen. Es kam dabei nur deshalb nicht mehr auf die verkaufsunwilligen Aktionäre an, weil sich genügend Aktionäre zur Übertragung ihrer Aktien bereit fanden, um dem Investor eine mehr als 75%ige Mehrheit an der Gesellschaft zu sichern.

510 Lutter, ZHR 162 (1998), 164 (170 f.).

511 OLG Köln, NZG 1999, 1166.

512 A. A. OLG Dresden, ZIP 1996, 1780 (1786).

513 BGH WM 1988, 704 (706); OLG Hamburg, BB 1992, 1948; Lutter/Hommelhoff, GmbHG § 15 Rn. 27.

IV. Umwandlungen

Neben Kapitalmaßnahmen und Veränderungen im Gesellschafterkreis kann auch die Umwandlung einer insolventen Gesellschaft zur erfolgreichen Unternehmenssanierung beitragen.[514] Für die GmbH kommen nach dem Umwandlungsgesetz grundsätzlich drei Arten der Umwandlung in Betracht: Verschmelzung, Spaltung und formwechselnde Umwandlung. Die Vorteile, die eine sanierende Umwandlung im Einzelfall bieten kann, sind vielfältig.[515] Beispielhaft seien hier etwa nur steuerrechtliche Erwägungen, die Erhöhung der Kreditwürdigkeit, die Isolierung von Haftungsrisiken sowie die Möglichkeit, Geschäftsanteile an der Börse zu plazieren, genannt. Im Hinblick auf den Untersuchungsgegenstand ist vor allem die formwechselnde Umwandlung von Bedeutung. Entscheidend ist hierbei die wirtschaftliche und rechtliche Kontinuität des Rechtsträgers. Es kommt nicht zu einer Vermögensübertragung; lediglich die Rechtsform des Unternehmensträgers, also seine rechtliche Organisation ändert sich. Im Folgenden sind vornehmlich die damit verbundenen Kompetenzkonflikte zwischen Insolvenzverwalter und Gesellschaftsorganen zu untersuchen.

Die mit einer Verschmelzung oder Spaltung verbundenen Probleme der Kompetenzabgrenzung dürften in der Praxis dagegen weitaus weniger relevant werden. Denn die (teilweise) Vermögensübertragung, die sich bei den verschiedenen Spielarten von Verschmelzung und Spaltung durch den Tausch von Geschäftsanteilen am übertragenden Rechtsträger in solche am übernehmenden Rechtsträger vollzieht,[516] kann im eröffneten Insolvenzverfahren auch unter vollständigem Ausschluß der Gesellschaftsorgane erreicht werden. Auf Grund der gemäß § 80 Abs.1 InsO auf den Insolvenzverwalter übergegangenen Verwaltungs- und Verfügungsmacht überträgt der Verwalter hierbei lediglich die (gesamten) Aktiva der insolventen Gesellschaft auf einen bereits bestehenden oder gerade zu diesem Zweck gegründeten Rechtsträger. Kompetenzkonflikte sind bei solch einer übertragenden Sanierung demnach ausgeschlossen. Hinzu kommt, daß diese Vorgehensweise meist kostengünstiger ist und auch zu einer schnelle-

---

514 In der Begr. zu § 262 RegE (BR-Drucks. 1/92, S. 198), abgedruckt in W. Uhlenbruck, Das neue Insolvenzrecht, S. 597, bezeichnet der Gesetzgeber die Änderung der Rechtsform des insolventen Unternehmensträgers als eine Voraussetzung, die häufig erfüllt werden müsse, um die Gesellschaft erfolgreich zu sanieren, insbesondere um neue Kapitalgeber zu gewinnen.

515 Vgl. zu den einzelnen Vor- und Nachteilen der verschiedenen Umwandlungsarten Sagasser/Bula/Brünger, S. 131 ff., 461 f., 681 f.; Limmer, in Kölner Schrift zur Insolvenzordnung, S. 929 Rn. 21, 33, 50

516 Vgl. zu den einzelnen, im Rahmen einer Verschmelzung oder Spaltung bestehenden Umwandlungsmöglichkeiten die instruktiven Schaubilder in Schaumburg/Rödder, UmwG/UmwStG, S. 40, 204 ff.

ren Befriedigung der Gläubiger führt, da sie nicht an das schwerfällige und kostenintensive Insolvenzplanverfahren gebunden ist. Es wird daher die Ausnahme bleiben, daß ein Investor, der die Sanierung des Unternehmens durch eine Vermögensübernahme anstrebt, diese im Wege der Verschmelzung oder Spaltung herbeiführen will.[517]

1. Zulässigkeit und Ablauf von Umwandlungen im Insolvenzverfahren

Weder in der Insolvenzordnung noch im Umwandlungsgesetz finden sich Vorschriften, die unmittelbar auf Umwandlungen während des Insolvenzverfahrens Bezug nehmen. Für die hier in Frage stehenden Möglichkeiten der Umwandlung erklärt das Umwandlungsgesetz lediglich, daß diese auch aufgelösten Rechtsträgern zur Verfügung stehen, wenn deren Fortsetzung beschlossen werden könne (§§ 3 Abs. 3, 124 Abs.2, 191 Abs.3 UmwG).[518] Die GmbH wird gemäß § 60 Abs.1 Nr.4 GmbHG mit Eröffnung des Insolvenzverfahrens aufgelöst. Danach können die Gesellschafter die Fortsetzung der GmbH erst wieder beschließen, wenn das Verfahren auf Antrag des Schuldners eingestellt oder nach Bestätigung eines Insolvenzplans, der den Fortbestand der Gesellschaft vorsieht, aufgehoben wurde. Daraus folgt zwingend, daß eine Umwandlung während des Insolvenzverfahrens grundsätzlich unzulässig ist.[519] Allerdings eröffnet das Institut des bedingten Insolvenzplans (§ 249 InsO) auch hier die Möglichkeit, Planverfahren und Umwandlung der Gesellschaft sinnvoll miteinander zu verzahnen. Denn die Umwandlung der Gesellschaft ist ein mehrstufiger Prozeß, der erst mit Eintragung der Umwandlung in das Handelsregister abgeschlossen ist (§§ 20, 131, 202 UmwG). Zunächst haben die Gesellschafter einen entsprechenden Beschluß zu fassen (§§ 13, 125, 193 UmwG) und es muß ein Umwandlungsbericht erstellt werden (§§ 8, 127, 192 UmwG). Im Falle der Verschmelzung oder Spaltung haben die beteiligten Rechtsträger zudem einen entsprechenden Vertrag zu schließen (§§ 4, 125 UmwG), der gegebenenfalls von unabhängigen Sachverständigen geprüft werden muß (§§ 9, 125 UmwG). All diese Maßnahmen können bereits im eröffneten Insolvenzverfahren soweit wie möglich vorbereitet und auch durchge-

---

517 Anders freilich, wenn es dem Investor primär um die Übernahme der Verlustvorträge der insolventen Gesellschaft geht. Diese bleiben dem übernehmenden Rechtsträger gemäß § 12 Abs.3 S.2 UmwStG grundsätzlich auch nach der Verschmelzung erhalten.

518 In der Begr. des RegE zu § 3 Abs.3 UmwG, abgedruckt in Schaumburg/Rödder, UmwG/UmwStG, S. 42 f. (Rn.7), heißt es dazu ausdrücklich, daß mit dieser Regelung vor allem Sanierungsfusionen erleichtert werden sollen.

519 Ebenso Limmer, in Kölner Schrift zur Insolvenzordnung, S. 929 Rn. 62; U. Noack, Gesellschaftsrecht, Rn. 420; ders., in Festschrift für Zöllner, S. 411 (424 f.).

führt werden, solange nur die Eintragung ins Handelsregister erst nach Aufhebung des Insolvenzverfahrens erfolgt.[520] In den darstellenden Teil des Insolvenzplans ist deshalb aufzunehmen, daß dieser erst gerichtlich bestätigt werden darf, wenn der Umwandlungsbericht vorliegt und die Gesellschafterversammlung den erforderlichen Zustimmungs- bzw. Umwandlungsbeschluß gefaßt hat.

Im Hinblick auf den Abschluß des Verschmelzungs- bzw. Spaltungsvertrages besteht auch die Möglichkeit, der Gesellschafterversammlung zunächst nur den *Entwurf* des Vertrages zur Beschlußfassung vorzulegen (§ 4 Abs.2 UmwG); der Vertragsschluß selbst erfolgt dann durch die vertretungsberechtigten Organe der beteiligten Rechtsträger erst nach der Bestätigung des Insolvenzplans und der sich anschließenden Verfahrensaufhebung.[521] Gegen diese Vorgehensweise spricht allerdings, daß dem Sicherheitsbedürfnis der Gläubiger nicht ausreichend Rechnung getragen wird.[522] Denn es besteht keine Gewähr dafür, daß es nach Verfahrensaufhebung auch tatsächlich zum Vertragsschluß entsprechend dem zuvor beschlossenen Entwurf kommt. Da die Verwaltungs- und Verfügungsbefugnis über das dem Schuldner gehörende Vermögen mit Aufhebung des Insolvenzverfahrens wieder an diesen zurückfällt, sind die Gläubiger nicht gegen Obstruktion seitens der für den Vertragsschluß ausschließlich zuständigen Geschäftsführer[523] geschützt. Dies gilt insbesondere dann, wenn Geschäftsführer und Gesellschafterkreis weitgehend identisch sind, weil die Weisungsbefugnis der Gesellschafter dann leerläuft. Auch die Möglichkeit zur Überwachung der Planerfüllung führt hier nicht weiter, da die Nichterfüllung gesetzlich nicht sanktioniert ist. Die Gläubiger können aus dem Insolvenzplan i.V.m. der Eintragung in die Tabelle zwar wegen ihrer unbestrittenen und festgestellten Forderungen die Zwangsvollstreckung gegen den Schuldner betreiben; der Plan bietet aber keine Handhabe den Abschluß des Verschmelzungs- bzw. Spaltungsvertrages zu erzwingen.

Vorzugswürdig ist daher, daß auch der Vertragsschluß bereits im laufenden Insolvenzverfahren erfolgt.[524] Die erforderlichen Willenserklärungen der beteiligten Rechtsträger können hierbei gemäß § 228 S.1 InsO in den gestaltenden Teil des Insolvenzplans aufgenommen werden, mit der Folge, daß sie bei rechtskräftiger Bestätigung des Insolvenzplans als in der vorgeschriebenen Form abgegeben gelten (§ 254 Abs.1 S.2 InsO). Auf diese Weise wird die nach §§ 6, 125

---

520 So auch U. Noack, in Festschrift für Zöllner, S. 411 (427).

521 So Limmer, in Kölner Schrift zur Insolvenzordnung, S. 929 Rn. 66; U. Noack, Gesellschaftsrecht, Rn. 126.

522 Vgl. nunmehr auch U. Noack, in Festschrift für Zöllner, S. 411 (427).

523 Eine entsprechende Kompetenz des Insolvenzverwalters kommt hierbei schon deshalb nicht in Betracht, weil sein Amt ebenfalls mit Aufhebung des Insolvenzverfahrens erlischt.

524 So auch U. Noack, in Festschrift für Zöllner, S. 411 (427).

UmwG erforderliche notarielle Beurkundung ersetzt und weder der Schuldner noch die Gläubiger begeben sich in die Gefahr, ohne Sicherheit vorleisten zu müssen.

Zusammenfassend läßt sich der Ablauf des Umwandlungsprozesses im Rahmen eines Insolvenzplanverfahrens somit wie folgt beschreiben: zunächst wird ein Insolvenzplan ausgearbeitet, der die Umwandlung der insolventen GmbH vorsieht. Im darstellenden Teil des Plans ist festzulegen, daß der Plan nur bestätigt werden darf, nachdem der Zustimmungs- bzw. Umwandlungsbeschluß gefaßt worden ist. Gleichzeitig sind der Verschmelzungs- bzw. Spaltungsvertrag zu entwerfen, gegebenenfalls zu prüfen und der Umwandlungsbericht[525] zu erstellen. Die zum Vertragsschluß notwendigen Willenserklärungen der Beteiligten sind in den gestaltenden Teil des Plans aufzunehmen. Sodann stimmen die Gläubiger über die Annahme des Insolvenzplans ab und die Gesellschafterversammlung faßt den erforderlichen Zustimmungs- bzw. Umwandlungsbeschluß. Daraufhin bestätigt das Insolvenzgericht den Plan und hebt das Verfahren auf. Schließlich ist die Umwandlung nur noch ins Handelsregister einzutragen, wobei auch die Anmeldung schon während des Insolvenzverfahrens erfolgen darf.[526] Mit Ausnahme des letzten zur Wirksamkeit der Umwandlung erforderlichen Aktes können also alle notwendigen Handlungen bereits vor der Aufhebung des Verfahrens vollzogen werden.

2. Kompetenzverteilung bezüglich der einzelnen Teilakte

Nachdem der Verfahrensablauf geklärt ist, ist nachstehend zu untersuchen, ob und gegebenfalls in welchem Maße die Gesellschaftsorgane Kompetenzeinbußen bei der Durchführung der einzelnen Maßnahmen hinzunehmen haben. Hierbei sollen zunächst die in Zusammenhang mit der formwechselnden Umwandlung auftretenden Probleme behandelt werden. Danach wird auf zusätzliche Kompetenzkonflikte bei der Verschmelzung bzw. Spaltung eingegangen.

a) Der Umwandlungsbeschluß (§ 193 UmwG)

Da der Formwechsel der Gesellschaft eine rein organisationsrechtliche Maßnahme ist, die die Insolvenzmasse nicht berührt, vollzieht er sich ausschließlich nach den einschlägigen gesellschaftsrechtlichen Normen. Für den Umwandlungsbe-

---

525 Der Terminus ist hier als Oberbegriff gebraucht, der sowohl den Umwandlungsbericht bei einer formwechselnden Umwandlung (§ 192 UmwG) als auch den Verschmelzungs- und Spaltungsbericht (§§ 8, 127 UmwG) bei den beiden anderen Arten der Umwandlung umfaßt.

526 Ebenso U. Noack, in Festschrift für Zöllner, S. 411 (428).

schluß gilt demnach grundsätzlich nichts anderes als für die im Zusammenhang mit geplanten Kapitalmaßnahmen erforderlichen Gesellschafterbeschlüsse.

aa) Formwechsel in eine Kapitalgesellschaft oder Kommanditgesellschaft

Soll die GmbH in eine andere Kapitalgesellschaft oder in eine Kommanditgesellschaft umgewandelt werden, bedarf der Umwandlungsbeschluß einer Dreiviertelmehrheit (§§ 240, 233 Abs.2 UmwG). In Anwendung der Treuepflichtkriterien aus der „Girmes"-Entscheidung darf die Gesellschafterminderheit das Zustandekommen des Beschlusses nicht verhindern, wenn anderenfalls die Liquidation der Gesellschaft unausweichlich und die Stellung des einzelnen Gesellschafters dabei ungünstiger als beim Austritt aus der fortbestehenden Gesellschaft ist, die Durchführung der Umwandlung die Verfolgung des Gesellschaftszwecks nach objektiver Einschätzung nachhaltig sicherstellt und keine schonendere Sanierung möglich ist. Hervorzuheben ist hierbei jedoch, daß die Obstruktion des Umwandlungsbeschlusses seitens einzelner Gesellschafter durch detaillierte Abfindungsregeln erschwert wird.

Gemäß §§ 194 Abs.1 Nr.6, 207 UmwG ist zu Gunsten all jener Anteilseigner ein angemessenes Barabfindungsangebot in den Beschluß aufzunehmen, die der Umwandlung zwar widersprechen, den Formwechsel aber mangels ausreichender Stimmacht nicht verhindern können.[527] Dem Zweck der Vorschrift entsprechend, muß dies auch für diejenigen Minderheitsgesellschafter gelten, die gegen den Umwandlungsbeschluß stimmen wollen, dies aber auf Grund des ihnen in der Insolvenzsituation mittels Treuepflicht auferlegten Obstruktionsverbots nicht dürfen. Die Unterbreitung eines Angebots kann hierbei nicht mit dem Argument unterbleiben, die Geschäftsanteile seien im Falle der Liquidation wertlos. Denn die Treuepflicht wird überhaupt nur relevant, wenn der einzelne Gesellschafter beim Austritt aus der fortbestehenden Gesellschaft *besser* steht, als im Falle der Liquidation. Im übrigen erfolgt die Anteilsbewertung in der Praxis regelmäßig nach der Ertragswertmethode, d.h. der Wert des Unternehmens bestimmt sich in erster Linie durch die *zukünftig* zu erwartenden Erträge.[528] Da sich die Gläubiger ebenso wie die Mehrheit der Gesellschafter für die Sanierung des Unternehmens entschieden haben, gehen beide Gruppen davon aus, daß dieses bei Durchführung des dem Insolvenzplan zugrundeliegenden Sanierungskonzepts in absehbarer Zeit wieder Erträge erwirtschaften wird, die nach Befriedigung der Gläubiger wiederum den Gesellschaftern zustehen. Angesichts solch einer Prognose, die in der Regel auf der objektiven Einschätzung unabhängiger Sachverständiger beruht,

527 Lutter/Decher, UmwG § 207 Rn. 5.
528 Lutter/Decher, UmwG § 208 Rn. 9 ff.

wäre es widersinnig, bei der Bewertung der einzelnen Geschäftsanteile jeweils deren Liquidationswert von Null statt ihren positiven Fortführungswert anzusetzen.[529] Enthält der Umwandlungsbeschluß das erforderliche Barabfindungsangebot, können die betroffenen Minderheitsgesellschafter eine Klage gegen die Wirksamkeit des Beschlusses nicht mehr darauf stützen, daß das Angebot zu niedrig bemessen sei (§ 210 UmwG). Eine richterliche Überprüfung des Abfindungsangebots können sie lediglich zum Gegenstand eines gesonderten Verfahrens machen (§ 212 UmwG). Gleiches gilt auch für den Fall, daß ein Minderheitsgesellschafter den Formwechsel zwar grundsätzlich mittragen will, aber der Auffassung ist, daß die für ihn im Umwandlungsbeschluß vorgesehene Beteiligung an dem Rechtsträger neuer Rechtsform keinen ausreichenden Gegenwert zu seiner bisherigen Beteiligung darstelle (§§ 195 Abs.2, 196 UmwG). Diese Vorschriften können zwar eine treuwidrige Stimmabgabe der Minderheitsgesellschafter nicht verhindern, tragen aber dazu bei, ihnen die Motivation für eine solche zu nehmen, indem sie die Frage, ob für die Anteilseigner nicht „doch noch etwas mehr herauszuholen gewesen wäre", strikt von dem Problem einer wirksamen Beschlußfassung trennen. In der Praxis dürfte solch ein Umwandlungsbeschluß daher leichter durchzusetzen sein, als die für die Durchführung der anderen Sanierungsmaßnahmen erforderlichen Gesellschafterbeschlüsse.

bb) Formwechsel in eine Gesellschaft bürgerlichen Rechts, eine offene Handelsgesellschaft oder eine Partnerschaftsgesellschaft

Problematischer gestaltet sich die Situation dagegen, wenn die GmbH in eine Gesellschaft bürgerlichen Rechts, eine offene Handelsgesellschaft oder eine Partnerschaftsgesellschaft umgewandelt werden soll. Gemäß § 233 Abs.1 UmwG müssen dem Umwandlungsbeschluß in diesem Fall alle Gesellschafter zustimmen. Eine positive Stimmpflicht der Minderheitsgesellschafter erscheint hier mehr als fraglich, da mit der neuen Rechtsform eine unbegrenzte persönliche Haftung verbunden ist, die einer unbeschränkten Nachschußpflicht gleichkommt. Diese sollte dem einzelnen Gesellschafter nach dem eindeutigen Willen des Gesetzgebers aber nicht ohne sein Einverständnis aufgezwungen werden können.[530] Vielmehr

529 Diese Wertung findet sich auch in § 19 Abs.2 InsO, wonach im Rahmen der Überschuldungsprüfung bei der Bewertung des schuldnerischen Vermögens die Fortführung des Unternehmens zugrunde zu legen ist, wenn diese nach den Umständen überwiegend wahrscheinlich ist; für eine Berechnung des Abfindungsanspruchs auf der Grundlage des Liquidationswerts sprach sich dagegen die Insolvenzrechtskommission aus (Erster Bericht, Leitsatz 2.4.9.9 Abs.3, S. 287).

530 So ausdrücklich die Begr. des RegE zu § 233 UmwG, abgedruckt in Schaumburg/Rödder, UmwG/UmwStG, S. 388 (Rn.2).

hat der Gesetzgeber bei der Reform des Umwandlungsrechts bewußt darauf verzichtet, die nach altem Recht bestehende Regelung, die solch eine Umwandlung auch durch Mehrheitsbeschluß ermöglichte, zu übernehmen.[531] Die damit verbundene Erschwerung des Formwechsels einer Kapitalgesellschaft in eine Personengesellschaft solle im Interesse der Vereinheitlichung des Umwandlungsrechts und des Minderheitenschutzes hingenommen werden.[532] Diese Stellungnahme macht deutlich, daß der Gesetzgeber die Interessen einzelner Minderheitsgesellschafter sorgfältig gegen diejenigen der Mehrheit abgewogen hat. Als abschließendes Ergebnis dieser Abwägung zu Gunsten des Minderheitenschutzes darf das Erfordernis der Einstimmigkeit dann nicht mehr unter dem Gesichtspunkt gesellschaftsrechtlicher Treuepflichten in Frage gestellt werden. Insoweit kann nichts anderes gelten als in Zusammenhang mit der Vorschrift des § 53 Abs.3 GmbHG, wonach eine Nachschußpflicht ebenfalls nicht gegen den Willen des betroffenen Gesellschafters beschlossen werden kann. Eine Stimmpflicht der Minderheitsgesellschafter dahingehend, den Formwechsel der GmbH in eine offene Handelsgesellschaft, eine Partnerschaftsgesellschaft oder eine Gesellschaft bürgerlichen Rechts zu ermöglichen, besteht demnach nicht. Auch das Barabfindungsgebot ändert daran nichts. Dieses gilt nämlich gemäß §§ 194 Abs.1 Nr.6, 207 UmwG nur für die Fälle, in denen der einzelne Gesellschafter mangels ausreichender Stimmacht gerade nicht in der Lage ist, den Formwechsel zu verhindern. Verlangt das Gesetz Einstimmigkeit, bedeutete der Rückgriff auf diese Normen eine unzulässige Umgehung des vom Gesetzgeber in § 233 Abs.1 UmwG vorgesehenen Minderheitenschutzes. Die Weigerung eines Gesellschafters, dem Umwandlungsbeschluß zuzustimmen, erlaubt es in diesem Fall daher auch nicht, ihn unter dem Gesichtspunkt der gesellschaftsrechtlichen Treuepflicht aus der Gesellschaft auszuschließen.

---

531 Begr. des RegE zu §§ 233, 202 Abs.1 Nr.2 UmwG, abgedruckt in Schaumburg/Rödder, UmwG/UmwStG, S. 388 (Rn.2), 347 ff. (Rn.6 f.). §§ 19 Abs.1, 20 S.1, 22 Abs.1, 24 Abs.1 S.1 UmwG a.F. sahen noch vor, daß nicht zustimmende Gesellschafter zwingend aus dem formwechselnden Rechtsträger ausschieden.

532 Begr. des RegE §§ 233, 202 Abs.1 Nr.2 UmwG sowie vor § 228 UmwG, abgedruckt in Schaumburg/Rödder, UmwG/UmwStG, S. 388 (Rn.2), 347 ff. (Rn.7) sowie S. 379 f. (Rn.4). Im übrigen hatte auch die Insolvenzrechtskommission, die sich bekanntlich für die Zulässigkeit nicht unerheblicher Eingriffe in Rechtspositionen der Gesellschafter aussprach, ausdrücklich ausgeschlossen, daß ein beschränkt haftender Gesellschafter im Rahmen des Planverfahrens zu einem persönlich haftenden Gesellschafter gemacht werden könne.

cc) Zustimmungserfordernis seitens des Insolvenzverwalters?

Klärungsbedürftig im Zusammenhang mit der Beschlußfassung ist nunmehr noch die Frage, ob die Wirksamkeit des Beschlusses von der Zustimmung des Verwalters abhängig gemacht werden kann. Zwar läuft der gesamte Umwandlungsprozeß als rein organisationsrechtliche Maßnahme ausschließlich gemäß den einschlägigen gesellschaftsrechtlichen Vorschriften ab, so daß grundsätzlich keine Organkompetenzen an den Insolvenzverwalter fallen. Eine Ausnahme könnte jedoch im Hinblick auf das Firmenrecht des formwechselnden Rechtsträgers bestehen. Nach § 194 Abs.1 Nr.2 UmwG muß der Umwandlungsbeschluß auch die Firma des Rechtsträgers neuer Rechtsform enthalten. Als vermögenswerter Bestandteil der Insolvenzmasse unterliegt die Firma der insolventen GmbH aber der alleinigen Verwaltungs- und Verfügungsmacht des Verwalters.

Als Ausgangspunkt für die Lösung des Kompetenzkonflikts dient auch hier wiederum die aus dem Verfahrenszweck resultierende Vermögensbezogenheit des Verfahrens. Mit dem Formwechsel ändert sich lediglich die rechtliche Organisationsform ein und desselben Rechtsträgers. Die wirtschaftliche Identität des Rechtsträgers wird hingegen nicht berührt. Anders als bei einer Verschmelzung oder Spaltung, findet eine Vermögensübertragung also gerade nicht statt. Bezogen auf die Firma der GmbH bedeutet das, daß die Gesellschafter mit dem Umwandlungsbeschluß auch gar nicht über diese verfügen. Dies gilt jedenfalls solange die bisher geführte Firma beibehalten wird[533] und nur der die Rechtsform der Gesellschaft kennzeichnende Zusatz sich ändert. Soll aus der X-GmbH die X-AG oder X-OHG werden, so wird der der Firma innewohnende Vermögenswert dadurch nicht geschmälert. Auf die Zustimmung des Insolvenzverwalters kann es in diesen Fällen demnach nicht ankommen.[534] Etwas anderes muß freilich gelten, wenn mit dem Umwandllungsbeschluß zugleich die Firma geändert wird oder kraft Gesetzes erlischt, wie beim Formwechsel in eine Gesellschaft bürgerlichen Rechts (§ 200 Abs.5 UmwG). Hierbei wird gleichsam über die Firma verfügt, mit dem Ergebnis, daß der in ihr verkörperte Vermögenswert der Insolvenzmasse entzogen wird. In diesen Fällen ist die Zustimmung des Insolvenzverwalters zum Umwandlungsbeschluß daher unerläßlich.[535]

---

533 § 200 Abs.1 UmwG erlaubt dem formwechselnden Rechtsträger ausdrücklich, die bisher geführte Firma beizubehalten; Einschränkungen ergeben sich ausschließlich aus den folgenden Absätzen.

534 A. A. offenbar Kautz, S. 264, der davon ausgeht, daß die Zustimmung des Verwalters in jedem Fall schon deshalb erforderlich sei, weil die Firma des Rechtsträgers neuer Rechtsform im Umwandlungsbeschluß zu bestimmen sei.

535 Dies gilt insbesondere für Verschmelzungen und Spaltungen. Hierbei dürfte die Firma der insolventen GmbH regelmäßig geändert oder ganz aufgegeben werden.

b) Der Umwandlungsbericht (§ 192 UmwG)

Gemäß § 192 Abs.1 UmwG obliegt die Erstattung des Umwandlungsberichts dem Vertretungsorgan des formwechselnden Rechtsträgers, in der GmbH somit den Geschäftsführern. Die Norm bezweckt, die Anteilseigner vor ihrer Beschlußfassung ausführlich über die rechtlichen und wirtschaftlichen Gründe des Formwechsels zu informieren.[536] Im Hinblick auf die GmbH erlangt sie daher vor allem Bedeutung, wenn die Gesellschafter nicht zugleich geschäftsführungsbefugt sind. Da es sich bei der Berichterstattungspflicht der Geschäftsführer um eine Kompetenzzuweisung handelt, die sich nicht auf den Vermögensbestand der Gesellschaft auswirkt, kann grundsätzlich davon ausgegangen werden, daß die Eröffnung des Insolvenzverfahrens die Geschäftsführer nicht von der Erfüllung dieser Pflicht entbindet. Es gilt insoweit nichts anderes als bei Anmeldungen zum Handelsregister oder der Einberufung von Gesellschafterversammlungen.[537]

Fraglich ist somit lediglich, ob darüber hinaus auch eine konkurrierende Zuständigkeit des Insolvenzverwalters besteht. Auszugehen ist hierbei wiederum vom Verfahrensziel bestmöglicher Gläubigerbefriedigung. In der vorliegenden Situation haben sich die Gläubiger auf Grund der ihnen vom Gesetzgeber gewährten Autonomie dafür entschieden, dieses Ziel im Wege eines sanierenden Formwechsels der insolventen Gesellschaft zu erreichen. Auch wenn die Gläubiger die Umwandlung der GmbH gegen den mehrheitlichen Willen ihrer Gesellschafter nicht erzwingen können, muß es dem Insolvenzverwalter als ausschließlich dem Verfahrenszweck verpflichteten, gerichtlich bestellten Organ ermöglicht werden, alle vorbereitenden Maßnahmen durchzuführen. Für eine Parallelkompetenz des Insolvenzverwalters lassen sich aber auch praktische Erwägungen i.V.m. dessen Befugnis zur Vorlage eines Insolvenzplans anführen. Es spricht nichts dagegen, den Umwandlungsbericht in den darstellenden Teil des Plans aufzunehmen, z. B. wenn die Gläubiger den Verwalter beauftragt haben, einen Plan auszuarbeiten, der den Formwechsel des Schuldners vorsieht. Die Informationen, die den Gläubigern auf diese Weise zur Verfügung gestellt werden sollen, sind letztlich dieselben, die auch die Gesellschafter benötigen, um über den Formwechsel zu entscheiden. Insbesondere bei der dem Bericht gemäß § 192 Abs.2 UmwG beizufügenden Vermögensaufstellung[538] kann auf die vom Verwalter ohnehin nach § 153 InsO zu erstellende Vermögensübersicht zurückgegriffen werden. Im

536 Begr. des RegE zu § 192 UmwG, abgedruckt in Schaumburg/Rödder, UmwG/UmwStG, S. 328 (Rn.3).

537 Siehe dazu oben, 2. Teil A. IV. und V.

538 Gemäß § 238 S.2 UmwG ist eine Vermögensaufstellung allerdings nicht erforderlich, wenn die GmbH in eine Kapitalgesellschaft anderer Rechtsform umgewandelt werden soll.

Interesse eines effizienten Planverfahrens ist es daher sinnvoll, die Kompetenz zur Erstattung des Umwandlungsberichts zumindest in den Fällen, in denen die Planinitiative von den Gläubigern ausgeht, auch dem Insolvenzverwalter als Planverfasser einzuräumen. Die mit der Ausarbeitung des Berichts verbundenen Kosten sind dann aus der Insolvenzmasse zu begleichen. Im Idealfall arbeiten Verwalter und Geschäftsführer der GmbH bei der Erstellung des Berichts freilich vertrauensvoll zusammen, wobei nicht außer acht gelassen werden darf, daß die Geschäftsführer gemäß §§ 97 Abs.2, 101 Abs.1 InsO zur Mitwirkung verpflichtet sind.

c) Der Verschmelzungs- bzw. Spaltungsvertrag (§§ 4 ff., 125 f. UmwG)

Handelt es sich nicht um einen Formwechsel, sondern um eine Verschmelzung oder Spaltung, bedarf es zur Wirksamkeit der Umwandlung noch eines Verschmelzungs- bzw. Spaltungsvertrags, der gemäß §§ 4 Abs.1, 125 UmwG von den Vertretungsorganen der beteiligten Rechtsträger zu schließen ist. Ob den Geschäftsführern diese Kompetenz mit Eröffnung des Insolvenzverfahrens genommen wird, ist noch nicht geklärt. *Müsgen*[539] hält allein den Insolvenzverwalter zum Vertragsschluß befugt, da die Geschäftsführer bis zur Aufhebung des Verfahrens von der Vertretung ausgeschlossen seien. Dagegen wendet *U. Noack*[540] ein, der Verwalter könne den Vertrag nicht allein schließen, weil er nicht berechtigt sei, über die mit dem Vertragsschluß verbundene gesellschaftsrechtliche Umstrukturierung zu entscheiden. Der Vertrag sei daher von Geschäftsleitung und Verwalter gemeinsam zu schließen.

Zur Lösung des Kompetenzkonflikts ist es zunächst hilfreich, die Rechtsnatur des Vertrages zu klären. Nach herrschender Auffassung[541] besitzt der Verschmelzungs- bzw. Spaltungsvertrag eine Doppelnatur. In erster Linie ist er Teil eines gesellschaftsrechtlichen Organisationsaktes, der die Neuordnung der Strukturen der beteiligten Rechtsträger zum Ziel hat. Daneben beinhaltet der Vertrag als Austauschvertrag aber auch schuldrechtliche Elemente, da die beteiligten Rechtsträger sich gegenseitig zur Durchführung der Umwandlung verpflichten.

Sowohl Verschmelzung als auch Spaltung beinhalten stets einen Vermögensübergang; mit Vertragsschluß wird der Anspruch auf die Vermögensübertragung – vorbehaltlich der Zustimmung der Gesellschafter – begründet. Da die Geschäftsführer die GmbH während des Insolvenzverfahrens auf Grund des § 80

539 Müsgen, MittRhNotK 1997, 409 (426).
540 U. Noack, in Festschrift für Zöllner, S. 411 (427 f.).
541 Lutter, UmwG § 4 Rn. 4 f.; Kallmeyer/Marsch-Barner, UmwG § 4 Rn. 2 f., jeweils mit weiteren Nachweisen.

Abs.1 InsO insoweit nicht wirksam verpflichten können, kommt eine alleinige Abschlußkompetenz der Geschäftsführer von vornherein nicht in Betracht. Fraglich bleibt somit nur noch, ob diese Befugnis *uneingeschränkt* auf den Insolvenzverwalter übergeht oder ob er dabei auf die Mitwirkung der Geschäftsführer angewiesen ist. Zu Recht weist *U. Noack*[542] darauf hin, der Verwalter sei nicht berechtigt, über die gesellschaftsrechtliche Umstrukturierung der GmbH zu befinden. Dies entspricht der gesetzgeberischen Intention, von insolvenzrechtlichen Zwangseingriffen in die Verbandsstruktur der Schuldnergesellschaft abzusehen. *U. Noack* kann jedoch nicht darin gefolgt werden, die ausschließliche Abschlußkompetenz des Verwalters bedeute, daß dieser auch über die Umstrukturierung entscheide. Denn dieses Recht verbleibt auch im Insolvenzverfahren – lediglich eingeschränkt durch die gesellschaftsrechtliche Treuepflicht – bei den Gesellschaftern. Allein sie haben es in der Hand, die Verschmelzung bzw. Spaltung durch entsprechende Beschlüsse durchführen oder scheitern zu lassen. Im eröffneten Insolvenzverfahren ist dies nicht anders als außerhalb des Verfahrens. Dort läßt sich aus der Abschlußkompetenz der Geschäftsführer ebenfalls nicht schlußfolgern, daß sie weisungsfrei die Umwandlung der Gesellschaft betreiben können. Wirksam wird der Vertrag erst, wenn die Gesellschafter einen Zustimmungsbeschluß gefaßt haben. Der Vertragsschluß selbst ist lediglich vorbereitender Teilakt der gesellschaftsrechtlichen Umstrukturierung. Die Kompetenzzuweisung an den Insolvenzverwalter kann daher nicht mit dem Argument angegriffen werden, er könne dadurch über die Umwandlung entscheiden.[543] Die Qualifikation des Vertragsschlusses als vorbereitende – wenn auch organisationsrechtliche – Maßnahme spricht vielmehr dafür, dem Verwalter die ausschließliche Abschlußkompetenz zuzusprechen. Wie bei den übrigen begleitenden Maßnahmen – z. B. Erstellung des Umwandlungsberichts oder Anmeldung zum Handelsregister – kann eine Obstruktion seitens der Geschäftsführer nämlich nur auf diese Weise ausgeschlossen werden. Anderenfalls könnten einzelne geschäftsführende Gesellschafter, die bei der Abstimmung über die Umwandlung unterliegen, ihre Position dazu mißbrauchen, die Verschmelzung bzw. Spaltung zu vereiteln oder zumindest zu verzögern, indem sie sich weigern den Vertrag abzuschließen.[544] Das Verfahrensziel bestmöglicher Gläubigerbefriedigung kann – soweit es im Rah-

542 U. Noack, in Festschrift für Zöllner, S. 411 (427).

543 Daran ändert sich auch nichts, wenn der Vertragsschluß erst erfolgen soll, nachdem die Gesellschafter die erforderlichen Beschlüsse gefaßt haben (§ 4 Abs.2 UmwG). Dann steht nämlich bereits fest, daß die Gesellschafter der Umwandlung zustimmen und der Vertragsschluß durch den Verwalter erfolgt ohnehin im Einvernehmen mit den Gesellschaftern.

544 Diese Mißbrauchsmöglichkeit wird vor allem relevant, wenn die Satzung der GmbH Gesamtvertretung vorschreibt.

men eines Insolvenzplanverfahrens durch eine Verschmelzung oder Spaltung erreicht werden soll – daher nur verwirklicht werden, wenn der Verwalter beim Abschluß des Vertrags nicht von der Mitwirkung der Geschäftsführer abhängig ist.

V. Gesetzgebungsvorschlag

1. Zusammenfassung

Die Untersuchungen haben gezeigt, daß die gesellschaftsrechtliche Treuepflicht grundsätzlich geeignet ist, die Kompetenzen der Gesellschafter in einer Weise zu beschränken, die es den Minderheitsgesellschaftern nicht erlauben soll, sinnvolle Sanierungsmaßnahmen im Rahmen eines Insolvenzplanverfahrens zu verhindern. In der Praxis erweist sie sich freilich nur als stumpfes Schwert, da die aus der Treubindung unter den Gesellschaftern resultierenden Stimmpflichten innerhalb des eng gesteckten Zeitrahmens meist nicht durchsetzbar sind. Hierbei darf aber nicht übersehen werden, daß der BGH in seiner „Girmes"-Entscheidung das praktische Bedürfnis an der Durchsetzung mehrheitlich angestrebter Sanierungsmaßnahmen gegen eine obstruierende Minderheit durchaus anerkannt hat. Zwar hat der Gesetzgeber der Insolvenzordnung davon abgesehen, den Gläubigern die Sanierung des insolventen Unternehmensträgers auch gegen den Willen der Gesellschafter zu ermöglichen. Indem der BGH in der „Girmes"-Entscheidung die maßgeblichen Kriterien für das Bestehen von Stimmpflichten auf seiten der Gesellschafterminderheit festgelegt hat, hat das Gericht allerdings ein konkretes Obstruktionsverbot etabliert. Mag der Gesetzgeber auch auf die Normierung eines rein insolvenzrechtlich motivierten Obstruktionsverbots verzichtet haben, so hat dieses jedoch über die Hintertür der gesellschaftsrechtlichen Treuepflicht Eingang in die Praxis gefunden. Im Ergebnis ist die Situation somit zumindest materiell rechtlich den Vorschlägen der Insolvenzrechtskommission wieder erheblich angenähert worden. Der entscheidende Unterschied besteht darin, daß das von der Kommission bezüglich gesellschaftsrechtlicher Beschlußfassungen vorgesehene Obstruktionsverbot mittels einer gerichtlichen Ersetzungsbefugnis relativ unkompliziert durchzusetzen gewesen wäre, während die aus der Treubindung resultierenden Stimmpflichten insoweit versagen.

2. *Gesetzgebungsvorschlag zur Herabsetzung der Mehrheitserfordernisse für satzungsändernde Gesellschafterbeschlüsse im Insolvenzverfahren*

Damit die Reorganisation eines Unternehmens im Insolvenzfall nicht an einer Gesellschafterminderheit scheitere, zog bereits die Insolvenzrechtskommission in Erwägung, die nach materiellem Gesellschaftsrecht erforderlichen Mehrheiten im Reorganisationsverfahren herabzusetzen.[545] Sie entschied sich jedoch für das Modell einer gerichtlichen Ersetzungsbefugnis und verfolgte jenen Gedanken deshalb nicht weiter.[546] Auch der Gesetzgeber stellte in der Folgezeit keine Überlegungen mehr in jene Richtung an. Im Lichte der „Girmes"-Entscheidung gewinnt der Lösungsansatz jedoch durchaus wieder an Bedeutung. Nachstehend sollen deshalb die Vorzüge einer entsprechenden Gesetzesänderung kurz dargelegt werden.

Ausgangspunkt ist die vom BGH in seiner „Girmes"-Entscheidung zugrunde gelegte Prämisse, daß die Gesellschafterminderheit die Auflösung der Gesellschaft nicht erzwingen kann.[547] Deshalb darf die Minderheit eine sinnvolle und mehrheitlich angestrebte Sanierung der Gesellschaft auch nicht aus eigennützigen Gründen verhindern. Da praktisch alle zur Sanierung erforderlichen, satzungsändernden Gesellschafterbeschlüsse einer Dreiviertelmehrheit bedürfen, greifen die aus der gesellschaftsrechtlichen Treuepflicht resultierenden Stimmpflichten immer dann ein, wenn der Stimmenanteil der sanierungswilligen Gesellschaftermehrheit zwischen 50% und 75% liegt. De facto hält der BGH also – jedenfalls sofern die von ihm genannten Kriterien erfüllt sind – eine einfache Mehrheit zur Satzungsänderung für ausreichend. Mit der Herabsetzung der Mehrheitserfordernisse im Insolvenzverfahren auf 50% würde der Gesetzgeber letztlich nur nachvollziehen, was die höchstrichterliche Rechtsprechung bereits über den Umweg der gesellschaftsrechtlichen Treuepflicht praktiziert.

Dem könnte freilich entgegengehalten werden, daß die mit Hilfe der vom BGH zugrunde gelegten Kriterien vorzunehmende Interessenabwägung zwischen Gesellschafterminderheit einerseits sowie Gesellschaftermehrheit und Gläubigern andererseits entfällt. Statt einer Prüfung der Erforderlichkeit und Verhältnismä-

---

545 Erster Bericht, Begründung zu Leitsatz 2.2.20, S. 192.

546 Erster Bericht, Begründung zu Leitsatz 2.2.20, S. 192; gegen die Herabsetzung der Mehrheitserfordernisse sprach nach Auffassung der Kommission auch, daß es sich hierbei um einen Eingriff in das bewährte allgemeine Gesellschaftsrecht handele, den es zu vermeiden gelte. Zutreffend weist aber schon Kautz, S. 275 darauf hin, daß die Vorschläge der Kommission auch an anderer Stelle ganz erhebliche Eingriffe in das Gesellschaftsrecht vorsahen und dieses Argument daher nicht durchschlage.

547 BGH ZIP 1995, 819 (824) unter Verweis auf § 262 Abs.1 Nr.2 AktG; für die GmbH ergibt sich Gleiches aus § 60 Abs.1 Nr.2 GmbHG.

ßigkeit käme es allein auf das Abstimmungsergebnis an, mit der Folge, daß eine flexible Handhabung des Einzelfalls nicht mehr möglich wäre. Dieser Nachteil wird jedoch durch eine Reihe von Vorteilen mehr als aufgewogen.

Zunächst ist nochmals zu betonen, daß die vom BGH aufgestellten Kriterien im eröffneten Insolvenzverfahren regelmäßig erfüllt sind. Im Ergebnis führte die Herabsetzung der Mehrheitserfordernisse daher nur in absoluten Ausnahmefällen zu einer stärkeren Gewichtung der Interessen der Gesellschaftermehrheit und der Gläubiger. Im Gegenzug müßten die richterrechtlichen, in der Praxis nur schwer zu handhabenden Grundsätze der gesellschaftsrechtlichen Treuepflicht nicht mehr bemüht werden. Damit entfielen auch die Schwierigkeiten bei der Durchsetzung. Zudem wäre jeglicher weiterer Eingriff in das Gesellschaftsrecht entbehrlich.[548] Da sich das Insolvenzverfahren in erster Linie an den Interessen der Gläubiger orientiert, erscheint es durchaus legitim, ihnen im Rahmen ihres einverständlichen Zusammenwirkens mit dem Insolvenzverwalter und der Gesellschaftermehrheit auf diese Weise größeren und zugleich eindeutig begrenzten Einfluß auf die organisationsrechtlichen Geschicke der insolventen Gesellschaft zu gewähren.[549]

Dagegen greifen die von *Kautz*[550] gegen die Herabsetzung vorgebrachten Bedenken nicht durch. Er macht vor allem geltend, eine entsprechende Gesetzesänderung leiste dem kollusiven Zusammenwirken von Mehrheitsgesellschaftern und Insolvenzgläubigern unnötig Vorschub. Die Mehrheitsgesellschafter könnten die Eröffnung des Insolvenzverfahrens zielstrebig herbeiführen, um unliebsame Mitgesellschafter zu entmachten und zu entrechten. Nicht zuletzt sei es auch bedenklich, den Mehrheitsgesellschaftern, welche nicht selten die nunmehr gescheiterte Unternehmenspolitik entscheidend (mit-)bestimmt hätten, eine unbeschränkte Befehlsmacht einzuräumen. Diese Argumente können sämtlich auch gegen das Erfordernis einer Dreiviertelmehrheit angeführt werden. Denn zum einen verliert kollusives Zusammenwirken zwischen einer Gesellschaftermehrheit und den Gläubigern zu Lasten der Minderheitsgesellschafter seinen Charakter nicht dadurch, daß es von einer qualifizierten anstatt einer einfachen Gesellschaftermehrheit praktiziert wird. Zum anderen sind die denkbaren Konstellationen hinsichtlich der Zusammensetzung des Gesellschafterkreises zu vielfältig, als daß ein qualifiziertes Mehrheitserfordernis die Minderheitsgesellschafter hierbei stets in ausreichendem Maße schützen könnte. Schließlich erscheint es um so bedenkli-

548 Kautz, S. 275, hält den Vorschlag aus diesem Grund für bestechend, lehnt ihn im Ergebnis gleichwohl ab.
549 Vgl. hierzu auch Kautz, S. 274 ff.
550 Kautz, S. 276.

cher, einer unternehmenspolitisch gescheiterten Gesellschaftermehrheit das Zepter in die Hand zu geben, je größer diese Mehrheit ist.

Festzuhalten ist demnach, daß die Herabsetzung der Mehrheitserfordernisse für satzungsändernde Gesellschafterbeschlüsse im Insolvenzverfahren noch einmal gründlich überdacht werden sollte. Eine Ergänzung des § 53 Abs.2 GmbHG könnte in Anlehnung an *Kautz*[551] etwa wie folgt lauten:

Im Insolvenzverfahren bedürfen satzungsändernde Beschlüsse nur einer einfachen Mehrheit, wenn sie in den darstellenden Teil eines den Fortbestand der Gesellschaft vorsehenden Insolvenzplans aufgenommen wurden und die Gläubiger ihre Zustimmung zum Plan bereits erteilt haben.

Gegebenenfalls ist auch daran zu denken, eine inhaltsgleiche Bestimmung in die einschlägigen Vorschriften des UmwG aufzunehmen.

E. Die Kompetenzen des Aufsichtsrats und des Beirats

Soweit nicht eines der verschiedenen Mitbestimmungsgesetze[552] auf die GmbH anwendbar ist, ist ein Aufsichtsrat nicht zwingend für sie vorgeschrieben. Gemäß § 52 Abs.1 GmbHG steht es den Gesellschaftern dann vielmehr frei, einen solchen auf Grund einer entsprechenden Satzungsbestimmung zu bestellen. Desweiteren sehen § 52 Abs.1 und Abs.2 GmbHG für diesen fakultativen Aufsichtsrat ausdrücklich die entsprechende Anwendung einer Reihe aktienrechtlicher Bestimmungen vor. Damit ist freilich eine darüber hinausgehende Anwendung aktienrechtlicher Normen sowohl durch ausdrückliche oder konkludente Bezugnahme in der Satzung, als auch – bei Bestehen einer Regelungslücke – ohne Verweisungsgrundlage nicht ausgeschlossen.[553] Typischerweise hat daher auch der fakultative GmbH-Aufsichtsrat in erster Linie die Geschäftsführung zu überwachen.

Mitunter sieht die Satzung einer GmbH die Bestellung eines Beirats vor. Soll der Beirat Aufgaben wahrnehmen, die denen eines Aufsichtsrats vergleichbar sind, ist § 52 GmbHG entsprechend anwendbar.[554] Auf die Bezeichnung des Gremiums kommt es hierbei jedenfalls nicht an.[555]

Ausgehend davon, daß die mitbestimmte GmbH in der Praxis eine seltene Ausnahme bildet, sollen im Folgenden die Auswirkungen der Eröffnung des In-

551 Kautz, S. 274.
552 In Betracht kommen hier das BetrVG, das MitbestG, das MontanMitbestG und das MitbestErgG.
553 Zöllner in Baumbach/Hueck, GmbHG § 52 Rn. 20.
554 Zöllner in Baumbach/Hueck, GmbHG § 52 Rn. 13.
555 Vgl. Gottwald/Haas, § 92 Rn. 159; Robrecht, DB 1968, 471 (472).

solvenzverfahrens auf die Kompentenzen des fakultativen Aufsichtsrats untersucht werden. Die Ausführungen gelten dabei auch für den mit vergleichbaren Kompetenzen ausgestatteten Beirat.

I. Die Organstellung des Aufsichtsrats

Da die Insolvenzordnung nicht in die innergesellschaftliche Verbandsstruktur eingreift, bleibt auch die Organstellung des Aufsichtsrats durch die Eröffnung des Insolvenzverfahrens unberührt.[556] Konsequenterweise ist nach Verfahrenseröffnung auch nicht der Insolvenzverwalter, sondern weiterhin die Gesellschafterversammlung für die Bestellung und Abberufung von Mitgliedern des Aufsichtsrats zuständig;[557] denn die Organstellung allein hat keinerlei Auswirkungen auf die Insolvenzmasse.

II. Die Kompetenzbeschränkungen des Aufsichtsrats

Ausgangspunkt bei der Untersuchung, welche Kompetenzen dem Aufsichtsrat einer GmbH nach Verfahrenseröffnung noch verbleiben, ist wiederum die Tatsache, daß dem Insolvenzverwalter die uneingeschränkte Verwaltungs- und Verfügungsbefugnis über das Vermögen der Gesellschaft übertragen ist. Folglich fallen zunächst alle diejenigen Kompetenzen des Aufsichtsrats weg, die geeignet sind, auf den Bestand der Insolvenzmasse Einfluß zu nehmen. Dies bedeutet zunächst, daß ein gemäß § 52 Abs.1 GmbHG i.V.m. § 111 Abs.4 S.2 AktG vorgesehener Zustimmungsvorbehalt des Aufsichtsrats für bestimmte Maßnahmen der Geschäftsführung entfällt. Auch ist dann nicht mehr der Aufsichtsrat, sodern der Insolvenzverwalter berechtigt, dem Abschlußprüfer den Prüfungsauftrag für den Jahresabschluß zu erteilen[558] und die Gesellschaft in massebezogenen Angelegenheiten gegenüber den Geschäftsführern zu vertreten.[559]

---

556 Vgl. U. Noack, Gesellschaftsrecht, Rn. 342; W. Uhlenbruck/Hirte, InsO § 11 Rn. 186; Gottwald/Haas, § 92 Rn. 159; Lutter/Hommelhoff, GmbHG § 64 Rn. 23; Hachenburg/Ulmer, GmbHG § 63 Rn. 103; Scholz/K. Schmidt, GmbHG Vor § 64 Rn. 67; Schmidt-Leithoff in Rowedder/Schmidt-Leithoff, GmbHG § 63 Rn. 140 sowie zur KO: RGZ 81, 332 (335 ff.); Grüneberg, S. 159, jeweils mit Hinweis auf den mittlerweile aufgehobenen § 104 GenG.

557 RGZ 81, 332 (337 f.); Grüneberg, S. 159.

558 Vgl. § 52 Abs.1 GmbHG i.V.m. § 111 Abs.2 S.3 AktG.

559 Vgl. § 52 Abs.1 GmbHG i.V.m. § 112 AktG.

Daneben können dem Aufsichtsrat vor Verfahrenseröffnung Einsichts- und Prüfungsrechte,[560] eine allgemeine Überwachungs- und Kontrollbefugnis[561] sowie die dazu erforderlichen Informationsrechte zustehen. Die Ausübung dieser Befugnisse nach Verfahrenseröffnung muß nicht zwingend mit Belastungen für die Insolvenzmasse verbunden sein. Gleichwohl bedeutete ihr Fortbestehen gegenüber dem Insolvenzverwalter einen Eingriff in dessen Kompetenz, die Gesellschaft zu verwalten und deren Geschäfte zu führen. Gemäß § 80 Abs.1 InsO geht diese Befugnis aber *uneingeschränkt* auf den Verwalter über. Denn es handelt sich dabei nicht nur um ein Recht, sondern auch um eine mit dem Amt des Insolvenzverwalters verbundene Pflicht mit öffentlich rechtlichem Charakter, die nicht mit gesellschaftsrechtlichen Normen beschränkbar ist. Die Kontrolle und Überwachung des Insolvenzverwalters sind vielmehr abschließend der Gläubigerversammlung und dem Insolvenzgericht zugewiesen.[562] Im Ergebnis stehen dem Aufsichtsrat gegenüber dem Insolvenzverwalter hinsichtlich dessen Amtsführung daher weder ein Mitsprache- noch ein Beratungsrecht und ebensowenig ein Kontroll- oder Informationsrecht zu.[563]

Mit Eröffnung des Insolvenzverfahrens sind dem Aufsichtsrat demnach die ihm typischerweise übertragenen Kompetenzen genommen. Ihm verbleiben nur noch einige wenige Befugnisse im insolvenzfreien Bereich. Da insolvenzfreies Vermögen unter der Insolvenzordnung nicht mehr existiert, ist der insolvenzfreie Bereich und damit auch der Kompetenzbereich des Aufsichtsrats im Vergleich zum früheren Recht noch weitergehend beschränkt. Der Aufsichtsrat bleibt zuständig für die Bestellung und Abberufung von Geschäftsführern, soweit ihm diese Befugnis durch die Satzung übertragen ist.[564] Ebenso ist er weiterhin berechtigt, gemäß § 52 Abs.1 GmbHG i.V.m. § 111 Abs.3 AktG die Gesellschafterversammlung einzuberufen. Dies gilt freilich nur soweit dadurch keine Kosten zu Lasten der Insolvenzmasse entstehen.[565] Schließlich stehen dem Aufsichtsrat auch noch Informations-, Zustimmungs- sowie Überwachungsrechte gegenüber den Geschäftsführern im Rahmen des diesen verbliebenen, insolvenzfreien Kompetenzbereichs zu.

---

560 Vgl. § 52 Abs.1 GmbHG i.V.m. § 111 Abs.2 S.1 AktG.

561 Vgl. § 111 Abs.1 AktG.

562 Vgl. U. Noack, Gesellschaftsrecht Rn. 377.

563 Gottwald/Hass, § 92 Rn. 159; W. Uhlenbruck/Hirte, InsO § 11 Rn. 186; Hachenburg/Ulmer, GmbHG § 63 Rn. 103; RGZ 81, 331 (338).

564 Vgl. U. Noack, Gesellschaftsrecht Rn. 377 sowie W. Uhlenbruck/Hirte, InsO § 11 Rn. 187 zum Aufsichtsrat der AG.

565 Siehe hierzu oben 2. Teil A. II. Das zur Einberufungsbefugnis der Geschäftsführer Gesagte gilt für den Aufsichtsrat entsprechend.

Nach allgemeiner Meinung können die Aufsichtsratsmitglieder nach Eröffnung des Insolvenzverfahrens keine Vergütung mehr für ihre Tätigkeit beanspruchen.[566] Die Begründung dieses Ergebnisses ist jedoch umstritten. Zum einen wird vertreten, zwischen dem Aufsichtsrat und der Gesellschaft bestehe ein schuldrechtliches Dienstverhältnis, welches gemäß §§ 115, 116 InsO mit Verfahrenseröffnung keinerlei vermögensrechtliche Wirkungen mehr gegenüber der Gesellschaft entfalte.[567] Nach anderer Ansicht können die §§ 115, 116 InsO keine Anwendung auf das Rechtsverhältnis zwischen Aufsichtsrat und Gesellschaft finden, da jenes rein körperschaftlicher Art sei und dessen Inhalt sich aus Gesetz und Satzung ergebe.[568] Der Wegfall des Vergütungsanspruchs seitens der Aufsichtsratsmitglieder wird dabei mit dem nahezu vollständigen Verlust ihres Aufgabenbereichs begründet.[569] Im Hinblick auf die Kompetenzabgrenzung zwischen Aufsichtrat und Insolvenzverwalter muß hier nicht entschieden werden, welcher der beiden Ansätze die besseren Argumente für sich hat.[570] Entscheidend ist, daß auf Grund der Vermögensbezogenheit des Insolvenzverfahrens eine Belastung der Insolvenzmasse mit Vergütungsansprüchen der Aufsichtsratsmitglieder gegen den Willen des Insolvenzverwalters im Ergebnis nicht möglich ist. Beide Lösungswege erreichen dieses Ergebnis, ohne daß der Verwalter selbst aktiv werden muß. Denn auch wenn man §§ 115, 116 InsO für anwendbar hält, bedarf es – soweit sich der Vergütungsanspruch gegen die Masse richtete – keiner Kündigung nach § 113 InsO.

---

566 RGZ 81, 332 (338 ff.); Weber, KTS 1970, 73 (84); Grüneberg, S. 160 ff.; Schneider, in Festschrift für Oppenhoff S. 349 (363); Hachenburg/Ulmer, GmbHG § 63 Rn. 103; Gottwald/Haas, § 92 Rn. 159; W. Uhlenbruck/Hirte, InsO § 11 Rn. 188; Scholz/K. Schmidt, GmbHG Vor § 64 Rn. 67; Schmidt-Leithoff in Rowedder/Schmidt-Leithoff, GmbHG § 63 Rn. 140; U. Noack, Gesellschaftsrecht Rn. 342, einschränkend jedoch derselbe in Rn. 376 für den Aufsichtsrat der AG, wonach von dessen Mitgliedern nicht erwartet werden könne, daß sie umsonst tätig werden, wenn auf Grund ihrer in §§ 97, 101 Abs.1 InsO normierten Auskunfts- und Mitwirkungspflichten im Einzelfall noch erhebliche Aktivitäten zu entfalten sind.

567 Vgl. Scholz/K. Schmidt, GmbHG Vor § 64 Rn. 67; Schmidt-Leithoff in Rowedder/Schmidt-Leithoff, GmbHG § 63 Rn. 140 sowie zur Konkursordnung unter Heranziehung des § 23 KO: Weber, KTS 1970, 73 (82 ff.); Schneider, in Festschrift für Oppenhoff S. 349 (363).

568 Vgl. Hachenburg/Ulmer, GmbHG § 63 Rn. 103; W. Uhlenbruck/Hirte, InsO § 11 Rn. 188.

569 Vgl. RGZ 81, 332 (338 ff.); Gottwald/Haas, § 92 Rn. 159; U. Noack, Gesellschaftsrecht Rn. 342.

570 Im Hinblick auf § 113 Abs.1 S.2 AktG hat die letztgenannte Ansicht gleichwohl einiges für sich.

Entfällt somit ein eventueller Vergütungsanspruch des Aufsichtsrats, sind dessen Mitglieder freilich berechtigt, ihr Amt aus diesem Grunde mit sofortiger Wirkung niederzulegen.[571] Ihre insolvenzrechtlichen Auskunfts- und Mitwirkungspflichten entfallen gemäß §§ 97, 101 Abs.1 S.2 InsO dadurch gleichwohl nicht.

571 Vgl. Gottwald/Haas, § 92 Rn. 159; soweit man §§ 115, 116 InsO für anwendbar hält, haben die Aufsichtsratsmitglieder ein Recht zur sofortigen Kündigung des nicht massebezogenen Teils des schuldrechtlichen Dienstverhältnisses.

3. Teil: Die Kompetenzverteilung bei Eigenverwaltung

Eine wesentliche Neuerung der Insolvenzordnung besteht darin, dem Schuldner auf seinen Antrag hin auch noch nach Eröffnung des Insolvenzverfahrens unter bestimmten Voraussetzungen zu gestatten, sein Vermögen selbst zu verwalten. Ordnet das Insolvenzgericht Eigenverwaltung an, verschiebt sich das Kompetenzgefüge im Vergleich zum Regelinsolvenzverfahren zwangsläufig zu Gunsten des Schuldners. Die Einbuße von Kompetenzen auf seiten des Insolvenzverwalters wird schon dadurch deutlich, daß das Gesetz diesen in den §§ 270 ff. InsO nur noch als Sachwalter bezeichnet. Der Gesetzgeber hat in den §§ 270 ff. InsO seinen Willen hinsichtlich der Verteilung der Befugnisse zwischen Schuldner und Sachwalter mittels vereinzelter ausdrücklicher Kompetenzzuweisungen geäußert. Bezogen auf die Insolvenz der GmbH ist damit zunächst lediglich die Kompetenzverteilung zwischen dem Sachwalter und dem vertretungsberechtigten Organ der Gesellschaft erfaßt. Völlig offen ist hingegen die Frage, wie sich das mit der Anordnung der Eigenverwaltung verbundene Belassen der Verfügungsbefugnis beim Schuldner auf das innergesellschaftliche Kompetenzgefüge auswirkt und sich auf Grund dieser Auswirkungen wiederum Folgerungen für das Verhältnis zwischen dem Sachwalter und den Gesellschaftern der GmbH ergeben. Im Folgenden soll deshalb zum einen untersucht werden, wie sich die Verteilung der Befugnisse zwischen den Organen der GmbH und dem Sachwalter hinsichtlich der Vornahme wichtiger Maßnahmen gestaltet, zum anderen aber auch, wo die Kompetenzlinien zwischen den Geschäftsführern und den Gesellschaftern nach Anordnung der Eigenverwaltung verlaufen. Schließlich soll auch versucht werden, die Rechtsposition des Sachwalters dogmatisch einzuordnen.

A. Die mit der Anordnung der Eigenverwaltung verfolgten Ziele

Der Gesetzgeber begründete die Einführung des Instituts der Eigenverwaltung mit folgenden Erwägungen:[572] In der Unternehmensinsolvenz können die Kenntnisse und Erfahrungen der bisherigen Geschäftsführer auf diese Weise am besten genutzt werden und die Einarbeitungszeit, die jeder Fremdverwalter benötige,

572 Begr. des RegE zum 8. Teil, 1. Abschnitt = 7. Teil der InsO (BR-Drucks. 1/92 S. 222/223), abgedruckt in W. Uhlenbruck, Das neue Insolvenzrecht, S. 658.

werde vermieden. Das Verfahren verursache zudem insgesamt weniger Aufwand und Kosten. Schließlich biete es einen erheblichen Anreiz für den Schuldner, rechtzeitig den Antrag auf Eröffnung des Insolvenzverfahren zu stellen, wenn er damit rechnen könne auch nach Verfahrenseröffnung nicht völlig aus der Geschäftsführung verdrängt zu werden. Diese Beweggründe dürfen allerdings nicht den Blick dafür verstellen, daß oberstes Gebot des Insolvenzverfahrens – auch bei Anordnung der Eigenverwaltung – allein die bestmögliche Befriedigung der Gläubiger ist. Zweck der Eigenverwaltung ist somit nicht, dem Schuldner die Unternehmensfortführung nur um ihrer selbst Willen zu ermöglichen.[573]

B. Praktische Relevanz

Nach dem Willen des Gesetzgebers soll die Anordnung der Eigenverwaltung die Ausnahme bleiben.[574] Als entscheidende Voraussetzung für die gerichtliche Anordnung bestimmt das Gesetz, daß nach den Umständen zu erwarten ist, daß sie nicht zu einer Verzögerung des Verfahrens oder zu sonstigen Nachteilen für die Gläubiger führen wird (§ 270 Abs.2 Nr.3 InsO). Die Entscheidung des Gerichts ist allerdings nur vorläufig. Es hat die Anordnung wieder aufzuheben, sobald dies von der Gläubigerversammlung beantragt wird (§ 272 Abs.1 Nr.1 InsO). Hat ein Gläubiger den Antrag auf Eröffnung des Insolvenzverfahrens gestellt, darf das Gericht Eigenverwaltung von vornherein nur mit dessen Zustimmung anordnen (§ 270 Abs.2 Nr.2 InsO). Gegen den Willen der Gläubiger kann Eigenverwaltung somit lediglich bis zur ersten Gläubigerversammlung angeordnet werden, und auch nur dann, wenn der Schuldner selbst den Antrag auf Verfahrenseröffnung gestellt hat. Häufig werden die Gläubiger den Schuldner allerdings veranlassen, von einem Antrag auf Eigenverwaltung abzusehen, indem sie drohen, in diesem Fall eine vom Schuldner angestrebte Unternehmenssanierung zu boykottieren. Faktisch haben es demnach allein die Gläubiger in der Hand, über die Anordnung der Eigenverwaltung zu entscheiden. Fraglich ist, in welchen Fällen es dann überhaupt noch zu einem Verfahren mit Eigenverwaltung kommt.

---

573 So ausdrücklich in der Beschl.-Empfehlung des RechtsA zu § 331 Abs.2 RegE = § 270 Abs.2 InsO (BT-Drucks. 12/7302 S. 185), abgedruckt in W. Uhlenbruck, Das neue Insolvenzrecht, S. 661.

574 Beschl.-Empfehlung des RechtsA zu § 331 Abs.2 RegE = § 270 Abs.2 InsO (BT-Drucks. 12/7302 S. 185), abgedruckt in W. Uhlenbruck, Das neue Insolvenzrecht, S. 661; so auch Landfermann in HK-InsO, vor §§ 270 – 285 Rn. 7; Bork, Rn. 401; Häsemeyer, Rn. 8.02; ähnlich Pape, in Kölner Schrift zur Insolvenzordnung, 2. Auflage, S. 895 Rn. 2.

Die Zustimmung zur Eigenverwaltung verlangt von den Gläubigern Vertrauen gerade zu jenen Personen, denen es nicht gelang, das Unternehmen aus eigener Kraft auf Kurs zu halten. Aus Sicht der Gläubiger spricht daher wenig dafür, den Geschäftsführern des Schuldners nun auch noch die Sanierung oder Liquidation der Gesellschaft zu überlassen. Insbesondere bei der Abwicklung dürften die mit der Eigenverwaltung verbundenen Kostenvorteile das Risiko, möglicherweise irreversible, gläubigerschädigende Handlungen des Schuldners hinnehmen zu müssen, nicht kompensieren.[575] Welches Interesse sollen die Geschäftsführer an einem ausschließlich der optimalen Gläubigerbefriedigung verpflichteten Liquidationsverfahren noch haben? Die Gläubiger werden sich daher allenfalls dann für die Anordnung der Eigenverwaltung aussprechen, wenn der Schuldner bereits mit seinem Antrag auf Verfahrenseröffnung einen realisierbaren, auf die Sanierung der Gesellschaft gerichteten Insolvenzplan vorlegt und als Eröffnungsgrund allein drohende Zahlungsunfähigkeit in Betracht kommt.[576] Die Chancen können sich noch erhöhen, wenn die Geschäftsführer zuvor ausgewechselt wurden.[577] Dennoch muß auch bei dieser Konstellation bedacht werden, daß die Erfahrungen und Kenntnisse der Geschäftsführer auf Grund deren Mitwirkungspflicht (§§ 97 Abs.2, 101 Abs.1 InsO) im Insolvenzverfahren auch ohne Anordnung der Eigenverwaltung genutzt werden können.[578] Im Ergebnis wird die praktische Bedeutung der Eigenverwaltung im Vergleich zum Regelinsolvenzverfahren daher gering bleiben.[579]

575 Der Gesetzgeber selbst hält ein auf die Liquidation des Unternehmensträgers gerichtetes Verfahren im Hinblick auf die Anordnung der Eigenverwaltung für weniger geeignet als ein Verfahren, in dem die Sanierung des Schuldners angestrebt wird (Begr. zu § 343 RegE = § 282 InsO (BR-Drucks. 1/92 S. 226), abgedruckt in W. Uhlenbruck, Das neue Insolvenzrecht, S. 671 f.); vgl. auch Begr. zu § 333 RegE = § 272 InsO (BR-Drucks. 1/92 S. 224), abgedruckt in W. Uhlenbruck, Das neue Insolvenzrecht, S. 663; ebenso Landfermann in HK-InsO, vor §§ 270 – 280 Rn. 7; kritisch auch Smid, InsO § 270 Rn. 11; a. A. Koch, S. 268 f.; Pape, in Kölner Schrift zur Insolvenzordnung, 2. Auflage, S. 895 Rn. 59; Vallender, WM 1998, 2129 (2139).

576 Vgl. Smid/Rattunde, Der Insolvenzplan, Rn. 204; Vallender in K. Schmidt/W. Uhlenbruck, Rn. 1732; zurückhaltend auch AG Darmstadt, ZInsO 1999, 176 (177).

577 Vgl. hierzu allerdings auch AG Duisburg, ZIP 2002, 1636, wonach für die Anordnung der Eigenverwaltung eine gewisse personelle Kontinuität hinsichtlich der Vermögensverwaltung des Schuldners erforderlich sein soll.

578 Darauf weist A. Koch, S. 269 hin.

579 A. A. Graf Brockdorff/Huntemann, S. 378 sowie Grub, WM 1994, 880 (881), der vermutet, die Eigenverwaltung werde bei mittleren und größeren Wirtschaftsunternehmen zum Regelfall.

C. Die Kompetenzverteilung nach den §§ 270 ff. InsO

Die Eigenverwaltung zeichnet sich dadurch aus, daß der Schuldner die Verwaltungs- und Verfügungsbefugnis über das zur Insolvenzmasse gehörige Vermögen mit Eröffnung des Insolvenzverfahrens nicht verliert. Die Aufgaben des Sachwalters beschränken sich grundsätzlich auf die Überprüfung der wirtschaftlichen Lage des Schuldners sowie die Überwachung seiner Geschäftsführung (§ 274 Abs.2 InsO). Auf Antrag der Gläubigerversammlung hat das Insolvenzgericht allerdings anzuordnen, daß bestimmte Rechtsgeschäfte des Schuldners nur wirksam sind, wenn der Sachwalter ihnen zustimmt (§ 277 Abs.1 InsO). Im übrigen soll der Schuldner Verbindlichkeiten, die zum gewöhnlichen Geschäftsbetrieb gehören, nicht gegen den Willen des Sachwalters eingehen und bezüglich solcher, die nicht zum gewöhnlichen Geschäftsbetrieb rechnen, zuvor die Zustimmung des Sachwalters einholen (§ 275 Abs.1 InsO). Schließlich bedarf er – genau wie der Insolvenzverwalter im Regelverfahren – zur Vornahme besonders bedeutsamer Rechtshandlungen (§ 160 InsO) der Zustimmung des Gläubigerausschusses (§ 276 InsO). Verstöße gegen diese Beschränkungen werden mit Ausnahme des gerichtlich angeordneten Zustimmungserfordernisses jedoch nicht sanktioniert. Die Verfügungen des Schuldners bleiben wirksam.

Neben dieser Grundsatzentscheidung hat der Gesetzgeber die Kompetenzverteilung hinsichtlich einiger wichtiger Handlungen normiert. So steht das Wahlrecht in bezug auf die Erfüllung gegenseitiger Verträge ebenso wie das Recht zur Verwertung von Sicherungsgut dem Schuldner zu (§§ 279 S.1, 282 Abs.1 S.1 InsO).[580] Der Schuldner hat das Verzeichnis der Massegegenstände, das Gläubigerverzeichnis und die Vermögensübersicht zu erstellen und ist sowohl zur Berichterstattung im Berichtstermin als auch zur Rechnungslegung verpflichtet (§§ 281 Abs.1 S.1, Abs.2 S.1, Abs.3 S.1 InsO). Der Sachwalter hat die vom Schuldner erstellten Verzeichnisse, die Vermögensübersicht sowie die Rechnungslegung zu prüfen (§§ 281 Abs.1 S.2, Abs.3 S.2 InsO).

Das Recht zur Insolvenzanfechtung sowie zur Geltendmachung der Haftungsansprüche nach §§ 92, 93 InsO verbleiben hingegen uneingeschränkt beim Sachwalter (§ 280 InsO). Dieser kann auch die Kassenführung an sich ziehen (§ 275 Abs.2 InsO). Forderungen sind beim Sachwalter anzumelden, der auch die Insolvenztabelle führt (§ 270 Abs.3 S.2, Abs.1 S.2 InsO). Die Aufstellung des Verteilungsverzeichnisses sowie die Verteilung selbst obliegen dagegen wiederum dem Schuldner (§ 283 Abs.2 InsO).

---

580 Beide Rechte soll der Schuldner jedoch im Einvernehmen mit dem Sachwalter ausüben (§§ 279 S.2, 282 Abs.2 InsO).

D. Verhältnis von Insolvenzrecht und Gesellschaftsrecht bei Anordnung der Eigenverwaltung

Weder die Insolvenzordung noch die Materialien zum Gesetzgebungsverfahren enthalten einen Hinweis zu der mit der Kompetenzverteilung so eng verknüpften Frage des Verhältnisses von Insolvenzrecht und Gesellschaftsrecht in der Eigenverwaltung. Die Kompetenzabgrenzung zwischen dem Sachwalter und den Gesellschaftsorganen einerseits und zwischen den einzelnen Gesellschaftsorganen andererseits wird zudem dadurch erschwert, daß das im Regelinsolvenzverfahren bewährte Kriterium zur Kompetenzabgrenzung, nämlich die Massebezogenheit einer Handlung, auf Grund des Verbleibs der Verwaltungs- und Verfügungsmacht beim Schuldner – jedenfalls im Verhältnis zwischen Sachwalter und Geschäftsführung – nicht mehr brauchbar erscheint und sich die §§ 270 ff. InsO im übrigen lediglich mit der Kompetenzverteilung zwischen dem Schuldner und dem Sachwalter in bezug auf einzelne Maßnahmen befassen. Im Zuge der Anordnung der Eigenverwaltung in zwei auch von der Öffentlichkeit aufmerksam verfolgten Insolvenzverfahren[581] wird das Verhältnis von Insolvenzrecht und Gesellschaftsrecht in der Eigenverwaltung nunmehr kontrovers diskutiert.

I. Meinungsstand

Es werden im wesentlichen zwei konträre Positionen vertreten, wobei die eine den uneingeschränkten Vorrang des Insolvenzrechts vor dem Gesellschaftsrecht befürwortet,[582] die andere dagegen von einem ergänzenden Nebeneinander von Gesellschaftsrecht und Insolvenzrecht ausgeht.[583]

1. Vorrang des Insolvenzrechts

Prütting/Huhn begründen die Verdrängung gesellschaftsrechtlicher Bindungen zwischen den einzelnen Organen der Gesellschaft durch das Insolvenzrecht wie folgt:[584] Zunächst seien die in §§ 275 – 277 InsO normierten Zustimmungserfordernisse seitens des Sachwalters hinsichtlich wichtiger Rechshandlungen des Schuldners als abschließend anzusehen, so daß daneben kein Raum mehr für ge-

581 Es handelt sich um die Insolvenzverfahren über das Vermögen der KirchMedia GmbH & Co. KGaA und der Babcock Borsig AG.

582 Prütting/Huhn, ZIP 2002, 777; W. Uhlenbruck in W. Uhlenbruck, InsO § 270 Rn. 3.

583 Ringstmeier/Homann, NZI 2002, 406; Westrick, NZI 2003, 65 (68); Köchling, ZInsO 2003, 53 (54).

584 Siehe zum Folgenden: Prütting/Huhn ZIP 2002, 777 (778 ff.).

sellschaftsrechtlich motivierte Vetorechte einzelner Organe existiere. Weiterhin bedeuteten gesellschaftsrechtliche Bindungen regelmäßig einen sonstigen Nachteil i.S.d. § 270 Abs.2 Nr.3 InsO, da sich die Abwicklung der Eigenverwaltung im Vergleich zum Regelinsolvenzverfahren aus Gläubigersicht schon auf Grund der abstrakten Möglichkeit gesellschaftsrechtlichen Widerspruchs ungünstiger darstelle; folglich führe die Anerkennung gesellschaftsrechtlicher Bindungen in der Regel zum Ausschluß der Eigenverwaltung. Schließlich könne § 270 Abs.1 S.1 InsO nur so verstanden werden, daß dem Geschäftsleitungsorgan die Verwaltungs- und Verfügungsbefugnis zugewiesen werde, wie sie einem Insolvenzverwalter im Regelinsolvenzverfahren zustehen würde; dessen Verwaltungs- und Verfügungsmacht sei aber gerade nicht gesellschaftsrechtlich eingeschränkt.

Darüber hinaus sprechen nach Auffassung von *Prütting/Huhn* Praktikabilitätserwägungen gegen das Weiterbestehen gesellschaftsrechtlicher Bindungen in der Eigenverwaltung. So könnten interne Auseinandersetzungen zwischen den Gesellschaftsorganen die gerade im Hinblick auf die zügige Umsetzung von Sanierungsmaßnahmen so wichtige Handlungsfähigkeit der Geschäftsleitung beeinträchtigen. Zudem müsse das Insolvenzgericht sowohl im Rahmen seiner Prognoseentscheidung nach § 270 Abs.2 Nr.3 InsO als auch im Eigenverwaltungsverfahren selbst jeweils prüfen, ob und inwieweit gesellschaftsrechtliche Bindungen in dem insolventen Unternehmen bestehen bzw. ob die im jeweiligen Einzelfall in Frage stehende Verwalterkompetenz auch davon erfaßt wird. Die zusätzliche Belastung des Verfahrens mit diesen zeit- und arbeitsintensiven Prüfungen würde eine Insolvenz in Eigenverwaltung allein aus praktischen Gründen undurchführbar machen.

Im Ergebnis sei eine gesellschaftsrechtlich gebundene Verfügungsbefugnis des Eigenverwalters nicht mit dem übergeordneten Verfahrenszweck nach § 1 Abs.1 InsO vereinbar. Gesellschaftsrechtliche Beschränkungen könnten das Geschäftsleitungsorgan in der Eigenverwaltung deshalb nur dann binden, wenn sie auch einen Insolvenzverwalter in einem Regelinsolvenzverfahren an der Ausübung seiner Verfügungsbefugnis hindern könnten.

2. Nebeneinander von Insolvenzrecht und Gesellschaftsrecht

Dagegen wenden *Ringstmeier/Homann*[585] ein, daß § 270 Abs.1 S.1 InsO die Verwaltungs- und Verfügungsmacht zwar beim Schuldner, also bei der Gesellschaft belasse, hinsichtlich der Ausübung der Verfügungsmacht regele allerdings das Gesellschaftsrecht, welches Gesellschaftsorgan die jeweiligen Handlungen

585 Siehe zum Folgenden: Ringstmeier/Homann, NZI 2002, 406 (407 ff.).

ausüben könne und dürfe.[586] Entsprechend seien auch die §§ 275 – 277 InsO auszulegen, d.h. die allein nach gesellschaftsrechtlicher Kompetenzverteilung zu beschließenden Maßnahmen müßten dann in einem zweiten Schritt durch den Sachwalter oder den Gläubigerausschuß genehmigt werden. Auch dürfe die abstrakte Gefahr der Einmischung durch andere Gesellschaftsorgane nicht als sonstiger Nachteil i.S.d. § 270 Abs.2 Nr.3 InsO angesehen werden, da anderenfalls die Anordnung der Eigenverwaltung bei Gesellschaften mit Mitbestimmungsorganen grundsätzlich unzulässig sei und sich der Anwendungsbereich der §§ 270 ff. InsO auf Einzelunternehmer und Einmann-GmbHs beschränke. Schließlich fänden sich keine Anhaltspunkte dafür, daß das Insolvenzrecht der Geschäftsleitung in der Eigenverwaltung zusätzliche Kompetenzen verleihen wollte;[587] genau dies wäre aber die Folge, wenn man der Ansicht von *Prütting/Huhn* folge.

Im Ergebnis widerspreche die Aufrechterhaltung gesellschaftsrechtlicher Bindungen in der Eigenverwaltung auch nicht dem übergeordneten Verfahrenszweck bestmöglicher Gläubigerbefriedigung. Denn die Gefahr, daß der Schuldner nicht im Sinne der Gläubiger handele sei dem Rechtsinstitut der Eigenverwaltung inhärent und vom Gesetzgeber bewußt in Kauf genommen worden, und zwar im Hinblick darauf, daß die Gläubiger als Ausgleich die Eigenverwaltung jederzeit beenden lassen können.

II. Stellungnahme

Als Ausgangspunkt ist zunächst nochmals festzuhalten, daß das Eigenverwaltungsverfahren keinem Selbstzweck dient, sondern als vom Regelinsolvenzverfahren lediglich in den Abwicklungsmodalitäten abweichendes Verfahren uneingeschränkt dem Verfahrenszweck des § 1 S.1 InsO unterliegt. Aus dem gleichen Grund muß dann aber auch im Eigenverwaltungsverfahren gelten, daß die Verwaltung vermögensbezogen zu erfolgen hat und nicht etwa auch die Verbandsstruktur des Schuldners zur Disposition steht. Es besteht kein Anhaltspunkt dafür, daß der Gesetzgeber gerade bei der Eigenverwaltung von seinem Grundkonzept der Abstinenz von Eingriffen in die gesellschaftsrechtliche Organisation des Schuldners abweichen wollte.

Damit die Gläubiger die mit der Anordnung der Eigenverwaltung potentiell verbundenen Vorteile nutzen können, wurden dem Schuldner – im Falle der

---

586 Vgl. auch U. Noack, ZIP 2002, 1873 (1877), der die Auffassung von Ringstmeier/Homann mit dem Satz „§ 270 InsO inkorporiere „das gesamte Gesellschaftsrecht“ in die Vorschriften der Eigenverwaltung“ beschreibt.

587 So auch Köchling, ZinsO 2003, 53 (54); vgl. auch AG Duisburg, ZIP 2002, 1636 (1640).

GmbH vertreten durch die Geschäftsführer – seine Verwaltungs- und Verfügungskompetenzen im wesentlichen belassen, ihm zugleich aber auch übergeordnete insolvenzrechtliche Pflichten auferlegt. Hieraus kann jedoch nicht geschlossen werden, daß dem Schuldner die gleiche Rechtsstellung wie einem Insolvenzverwalter im Regelverfahren eingeräumt werden sollte; anderenfalls bedürfte es keines mit den Kontroll- und Überwachungsbefugnissen der §§ 275, 277 InsO ausgestatteten Sachwalters. Zudem ist nicht ersichtlich, daß damit zugleich die Kompetenzen der Gesellschafter im Vergleich zum Regelinsolvenzverfahren zusätzlich beschränkt oder erweitert werden sollten. Vor diesem Hintergrund erscheint die Auffassung von *Prütting/Huhn*, wonach gesellschaftsrechtliche Beschränkungen das Geschäftsleitungsorgan in der Eigenverwaltung nur dann binden könnten, wenn sie auch einen Insolvenzverwalter in einem Regelinsolvenzverfahren an der Ausübung seiner Verfügungsbefugnis hindern könnten, in ihrer Radikalität kaum haltbar. Das Gleiche dürfte allerdings für die das entgegengesetzte Extrem darstellende Ansicht von *Ringstmeier/Homann* gelten; diese führte nämlich zu einer außerordentlichen Kompetenzerweiterung auf seiten der Gesellschafter.[588]

Um brauchbare Abgrenzungskriterien zu finden, ist zunächst zwischen den Beziehungen der Organe und dem Sachwalter zu unterscheiden. Die Insolvenzordnung sieht einige, wenn auch unvollständige Regelungen zur Kompetenzverteilung zwischen dem Schuldner, im Falle der GmbH vertreten durch die Geschäftsführer, und dem Sachwalter vor; dagegen finden sich keine Bestimmungen, die das Verhältnis zwischen Gesellschaftern und Sachwalter oder die innergesellschaftliche Kompetenzverteilung zwischen Gesellschaftern und Geschäftsführern regeln. Gerade für die letztgenannte Beziehung ist aber die aufgeworfene Frage bedeutend.

1. Die Kompetenzabgrenzung zwischen den Gesellschaftern und der Geschäftsführung

Die Tatsache, daß die Verwaltungs- und Verfügungsmacht über das Vermögen der Gesellschaft beim Schuldner verbleibt, könnte dafür sprechen, daß auch das Innenverhältnis zwischen den Geschäftsführern und den Gesellschaftern in der Eigenverwaltung unberührt bleibt und somit ausschließlich gesellschaftsrechtlichen Regeln unterworfen ist. Dem ist jedoch entgegenzuhalten, daß bei Anordnung der Eigenverwaltung der Schuldner selbst zu einem ganz erheblichen Teil

588 Vgl. U. Noack, ZIP 2002, 1873 (1877), wonach sowohl die Verdrängungskonzeption von *Prütting/Huhn* als auch die Nebeneinanderkonzeption von *Ringstmeier/Homann* nicht widerspruchsfrei durchzuhalten seien.

mit der Wahrnehmung von Aufgaben betraut ist, deren Erfüllung im Regelinsolvenzverfahren dem Verwalter obliegt. Insbesondere hat er gemäß § 1 S.1 InsO sein gesamtes Handeln am Verfahrenszweck der bestmöglichen Gläubgerbefriedigung auszurichten. Da dieses Verfahrensziel ausschließlich vermögensbezogen ist, drängt sich konsequenterweise die Vermögens- bzw. Massebezogenheit seiner Maßnahmen als Kriterium zur Kompetenzabgrenzung im Verhältnis zu den Gesellschaftern auf. Gleichzeitig ist aber darauf zu achten, daß hierdurch die gesellschaftsinterne Verbandsstruktur nicht auf den Kopf gestellt wird. Dies dürfte am besten dadurch zu erreichen sein, daß die Geschäftsführer in dem ihnen gesellschaftsrechtlich originär zugewiesenen Aufgabenbereich ohne jegliche Einwirkungsmöglichkeit der Gesellschafter immer dann zur Vornahme einer Handlung befugt sind, wenn diese geeignet ist, sich auf den Bestand der Insolvenzmasse auszuwirken. Dabei wird mit der Beschränkung auf den den Geschäftsführern gesellschaftsrechtlich originär zugewiesenen Aufgabenbereich sichergestellt, daß es nicht zu einem gravierenden, vom Gesetzgeber unerwünschten Eingriff in die innergesellschaftliche Organisationsstruktur kommt.

Was der den Geschäftsführern gesellschaftsrechtlich originär zugewiesene Aufgabenbereich im Einzelnen umfaßt, ist zum Teil umstritten. Nach allgemeiner Meinung gehört aber in jedem Fall die Führung der laufenden Geschäfte zum originären Zuständigkeitsbereich der Geschäftsführer.[589] Dies bedeutet, daß die Geschäftsführer jedenfalls alle im Rahmen der bisherigen Geschäftstätigkeit der Gesellschaft typischerweise erforderlichen Maßnahmen auch ohne Zustimmung der Gesellschafter vornehmen dürfen. Etwas anderes kann allenfalls dann gelten, wenn die Gesellschafter sich bereits vorher ausdrücklich durch in der Satzung niedergelegte Zustimmungsvorbehalte vor einem etwaigen Kompetenzverlust geschützt haben.

Ein weiterer Lösungsansatz, mit dem in der Praxis wohl das gleiche Ergebnis erreicht werden könnte, besteht darin, den Gesellschaftern ihre gesellschaftsrechtlichen Kompetenzen gegenüber den Geschäftsführern in der Eigenverwaltung vollständig zu belassen, allerdings mit der Maßgabe, daß jene ebenfalls nur mit Bindung an den übergeordneten Verfahrenszweck bestmöglicher Gläubigerbefriedigung ausgeübt werden dürfen.[590] Dies bedeutete allerdings, daß auch die Gesellschafter formal als Verfahrensbeteiligte anerkannt würden. Gerade dies hat der Gesetzgeber aber bewußt schon für den Fall des Regelverfahrens ausgeschlossen und es ist kein Grund ersichtlich, warum von dieser Entscheidung bei Anordnung der Eigenverwaltung abgewichen werden sollte.

589 Zöllner in Baumbach/Hueck, GmbHG § 37 Rn. 6.
590 Vgl. AG Duisburg, ZIP 2002, 1636 (1640).

2. Die Kompetenzabgrenzung zwischen den Gesellschaftern und dem Sachwalter

Zwischen den Gesellschaftern und dem Sachwalter bestehen keinerlei gesellschaftsrechtliche Beziehungen, so daß sich die Frage der Überlagerung des Gesellschaftsrechts durch das Insolvenzrecht nicht so unmittelbar aufdrängt wie im Verhältnis zwischen Gesellschaftern und Geschäftsführung. Für die Kompetenzabgrenzung ist allerdings auch hier maßgebend, daß die Gesellschafter nicht berechtigt sein können, massebezogene Handlungen vorzunehmen. Insoweit können sich Schwierigkeiten bei der Kompetenzabgrenzung allenfalls zwischen der Geschäftsführung und dem Sachwalter ergeben. Darüber hinaus dürfen den Gesellschaftern als am Verfahren Unbeteiligte wiederum nicht mehr Kompetenzen zustehen als im Regelinsolvenzverfahren. Umgekehrt dürfen aber auch dem Sachwalter gegenüber den Gesellschaftern keine weiterreichenden Befugnisse zustehen als einem Insolvenzverwalter; denn wie den §§ 270 ff. InsO zu entnehmen ist, hat der Gesetzgeber dem Sachwalter bewußt eine insgesamt deutlich schwächere Rechtsposition zugedacht als dem Insolvenzverwalter im Regelverfahren.

3. Überprüfung der Abgrenzungskriterien

Nachstehend soll anhand einiger wesentlicher gesellschaftsrechtlicher Organkompetenzen in der GmbH überprüft werden, ob die oben gefundenen Abgrenzungskriterien in der Eigenverwaltung zu praktikablen Ergebnissen führen.

a) Die Bestellung und Abberufung von Geschäftsführern

Bei der Bestellung und Abberufung von Geschäftsführern handelt es sich um eine rein innergesellschaftliche Maßnahme, die keinerlei vermögensrechtlichen Bezug aufweist. Die Anordnung der Eigenverwaltung ändert daran nichts. Da der Gesetzgeber bewußt davon abgesehen hat, Eingriffe in die verbandsrechtliche Organisation des Schuldners zuzulassen, muß den Gesellschaftern ihre Kompetenz zur Bestellung und Abberufung von Geschäftsführern auch im Eigenverwaltungsverfahren belassen werden.[591]

b) Der Anstellungsvertrag des Geschäftsführers

Da die Insolvenzmasse durch die dem Geschäftsführer zu zahlende Vergütung geschmälert wird, ist im Regelinsolvenzverfahren der Insolvenzverwalter berech-

---

591 Vgl. AG Duisburg, ZIP 2002, 1636 (1640); Westrick, NZI 2003, 65 (70); Hess/Ruppe, NZI 2002, 577 (580); W. Uhlenbruck, BB 2003, 1185 (1188).

tigt, den Anstellungsvertrag des Geschäftsführers gemäß § 113 Abs.1 InsO zu kündigen. Stellt man zur Kompetenzabgrenzung auch in der Eigenverwaltung auf die Massebezogenheit einer Maßnahme ab, folgt daraus, daß die Befugnis zur Beendigung oder Abänderung des Anstellungsvertrags nicht bei den Gesellschaftern liegen darf. Mit der Anordnung der Eigenverwaltung verbleibt die Verwaltungs- und Verfügungsbefugnis zwar im wesentlichen beim Schuldner; es bietet sich jedoch kein Anhaltspunkt dafür, daß auch dessen Gesellschafter in die Lage versetzt werden sollten, Masseverbindlichkeiten zu begründen.[592] Dies ist umso wichtiger als die Interessen der Gesellschafter von denen der Gläubiger und auch des Schuldners erheblich abweichen können. Deshalb sollte allein der Sachwalter über die Beendigung oder Abänderung des Anstellungsvertrags des Geschäftsführers entscheiden.[593]

c) Die Weisungsbefugnis der Gesellschafter

Problematischer ist hingegen die Frage, ob und inwieweit den Gesellschaftern nach Anordnung der Eigenverwaltung ihr gesellschaftsrechtliches Weisungsrecht gegenüber den Geschäftsführern erhalten bleibt. Zwar könnten die Gesellschafter auf Grund ihrer Weisungsbefugnis nicht direkt Masseverbindlichkeiten begründen; über den Umweg entsprechender Weisungen an die Geschäftsführer wäre dies jedoch faktisch möglich. Andererseits bedeutete es einen vom Gesetzgeber nicht autorisierten Eingriff in das innergesellschaftliche Kompetenzgefüge, wenn man den Gesellschaftern mit der Anordnung der Eigenverwaltung pauschal jedes Weisungsrecht nähme.[594]

Um die potentiellen Konfliktfälle zwischen Gesellschaftern und Geschäftsführern im Hinblick auf den Verfahrenszweck zu lösen, bieten sich dogmatisch zwei Wege an: entweder behalten die Gesellschafter ihr Weisungsrecht umfassend aber werden zugleich im Hinblick auf dessen Ausübung – wie auch der Schuldner – durch den Verfahrenszweck gebunden; oder aber ihre Weisungsbefugnis wird von vornherein auf Maßnahmen beschränkt, die keinen Einfluß auf die In-

---

592 Vgl. Hess/Ruppe, NZI 2002, 577 (580); W. Uhlenbruck, BB 2003, 1185 (1188), der allerdings davon ausgeht, daß die Gesellschafter bzw. der Aufsichtsrat trotzdem für die Fortsetzung oder Abänderung des Anstellungsvertrags zuständig bleiben.

593 Die Frage nach der Beendigung oder Abänderung des Anstellungsvertrags dürfte nach Anordnung der Eigenverwaltung in der Praxis freilich weniger relevant sein als im Regelinsolvenzverfahren; denn mit Anordnung der Eigenverwaltung haben sich die Beteiligten regelmäßig für die Fortführung der Geschäfte gerade durch diesen Geschäftsführer verständigt; gleichzeitig kann eine Kürzung der Bezüge des Geschäftsführers nicht mit verringerten Zuständigkeiten begründet werden.

594 Vgl. Schlegel, S. 196, der zutreffend darauf hinweist, daß die Gesellschafter dann schlechter gestellt wären als im Regelfall der Insolvenzverwalterbestellung.

solvenzmasse haben können. Beiden Lösungsansätzen liegt die Prämisse zugrunde, daß die Verfolgung des Verfahrenszwecks nicht durch die Gesellschafter gefährdet werden darf. Folgt man dem erstgenannten Ansatz, führte dies dazu, daß auch die Gesellschafter formal zu Verfahrensbeteiligten würden. Im Hinblick auf das Regelinsolvenzverfahren hat der Gesetzgeber jedoch bewußt davon abgesehen, den Gesellschaftern eine solche Beteiligtenrolle zu gewähren. Begreift man auch das Eigenverwaltungsverfahren in erster Linie als Insolvenzverfahren, darf hier nichts anderes gelten. Der zweitgenannte Ansatz erscheint daher stringenter.

d) Die Gesellschafterkompetenzen des § 46 GmbHG und die Befugnis zu Satzungsänderungen

Wendet man die oben gefundenen Abgrenzungskriterien auf die übrigen Gesellschafterkompetenzen des § 46 GmbHG sowie die Satzungsänderungsbefugnis der Gesellschafter an, ergibt sich Folgendes:

Soweit ein Gesellschafterbeschluß geeignet ist, den Bestand der Insolvenzmasse zu berühren, sind die Gesellschafter auch im Eigenverwaltungsverfahren nicht mehr befugt, diesen zu fassen. Es fragt sich dann, wer anstelle der Gesellschafter für die Beschlußfassung zuständig ist. Nach dem oben Gesagten kämen hier sowohl die Geschäftsführer als auch der Sachwalter in Betracht; denn beiden ist es grundsätzlich erlaubt, anstelle der Gesellschafter massebezogene Handlungen vorzunehmen. Für die Kompetenz der Geschäftsführer spricht zunächst, daß der Gesellschaft die Verwaltungs- und Verfügungsbefugnis über ihr Vermögen belassen wurde. Es wäre jedoch mit dem gesetzgeberischen Willen, die innergesellschaftliche Organisationsstruktur der Gesellschaft grundsätzlich unangetastet zu lassen, nicht vereinbar, die Kompetenz zur Beschlußfassung nun den Geschäftsführern zu übertragen. Denn bei den in § 46 GmbHG genannten Kompetenzen handelt es sich ausschließlich um solche, die den Gesellschaftern gesellschaftsrechtlich ausdrücklich als originäre Befugnisse zugewiesen sind und die nicht in den Bereich der laufenden Geschäftsführung fallen. Deshalb erscheint es hier angebracht, diese Kompetenz nicht den Geschäftsführern sondern dem Sachwalter zuzuweisen. Dagegen spricht auch nicht, daß im Verhältnis zwischen Geschäftsführern und Gesellschaftern vermögensbezogene Handlungen grundsätzlich den Geschäftsführern als gesetzliche Vertreter der Gesellschaft vorbehalten sind, weil sie mit der Wahrnehmung von Verwalteraufgaben betraut und an den Verfahrenszweck des § 1 S.1 InsO gebunden sind. Denn dies gilt nur im Hinblick auf die den Geschäftsführern gesellschaftsrechtlich originär zugewiesenen Aufgaben, in erster Linie also für die Führung der laufenden Geschäfte, nicht aber für Befugnisse, die gesellschaftsrechtlich originär den Gesellschaftern vorbehalten sind, wie etwa die in § 46 GmbHG aufgeführten Kompetenzen. Im Ergebnis bedeutet dies, daß die Kompetenzverteilung zwischen Gesellschaftern und Sachwalter derjenigen zwischen Gesellschaftern und Insolvenzverwalter im Regelverfahren entspricht.

Nichts anderes gilt für die Satzungsänderungskompetenz der Gesellschafter. Auch hierbei handelt es sich um eine diesen originär zugewiesene Kompetenz, die, soweit sie die Gesellschafter in einem Insolvenzverfahren überhaupt verlieren können, nicht an die Geschäftsführer fällt, sondern an den Sachwalter.

E. Die Kompetenzabgrenzung zwischen den Geschäftsführern und dem Sachwalter

Angesichts der kaum systematisierten Auflistung einzelner Mitwirkungsrechte sowie Prüfungs- und Überwachungspflichten des Sachwalters fällt es schwer, seine Rechtsstellung gegenüber dem Schuldner bzw. dessen vertretungsberechtigtem Organ nach allgemeinen Kriterien abzugrenzen.[595] Der Gesetzgeber gibt an, er habe sich bei der Kompetenzzuordnung von dem Grundsatz leiten lassen, daß die laufenden Geschäfte vom Schuldner zu führen seien und der Sachwalter die Geschäftsführer einerseits kontrolliere und unterstütze, andererseits die Aufgaben wahrnehme, die dem Insolvenzverwalter in erster Linie im Interesse der Gläubiger übertragen seien, wie z. B. die Insolvenzanfechtung.[596] Dementsprechend sei auch die Aufteilung der Befugnisse in den nicht ausdrücklich geregelten Fällen vorzunehmen.[597] Die Formulierung des Gesetzgebers verdeutlicht, daß zwischen zwei Kompetenzbereichen klar unterschieden werden muß: der Führung der laufenden Geschäfte, welche mit der Verwaltungs- und Verfügungsmacht über das zur Masse gehörende Vermögen verknüpft ist einerseits und den im Regelverfahren dem Verwalter darüber hinaus übertragenen Aufgaben andererseits. Mit dieser Differenzierung hat der Gesetzgeber das dem Regelinsolvenzverfahren zugrunde liegende Abgrenzungskriterium der Masse- bzw. Vermögensbezogenheit einer Handlung verworfen. Denn in beiden Bereichen sind Maßnahmen denkbar, die den Bestand der Insolvenzmasse berühren können oder auch nicht. Klärungsbedürftig ist somit, ob und gegebenenfalls wie anhand der vom Gesetzgeber vorgesehenen Einteilung ein brauchbares Kriterium zur Abgrenzung der Befugnisse des Sachwalters von solchen der Geschäftsführer der GmbH entwikkelt werden kann.

---

595 Riggert in Nerlich/Römermann, InsO § 274 Rn. 2 hält dies sogar für unmöglich.

596 Begr. zu § 331 RegE = § 270 InsO (BR-Drucks. 1/92 S. 223), abgedruckt in W. Uhlenbruck, Das neue Insolvenzrecht, S. 660.

597 Als Beispiel nennt der Gesetzgeber, daß der Schuldner und nicht der Sachwalter zur Aufnahme eines Rechtsstreits (§§ 85, 86 InsO) berechtigt sei.

I. Die Doppelrolle der Geschäftsführer und damit verbundene Interessenkonflikte

Als Ausgangspunkt dient die besondere Stellung, die der Gesetzgeber dem Schuldner nach Anordnung der Eigenverwaltung zugedacht hat. Zum einen behält er zwar die Verwaltungs- und Verfügungsmacht über sein Vermögen und darf seine Geschäfte grundsätzlich eigenverantwortlich fortführen. Daneben übernimmt er aber auch Aufgaben, die im Regelverfahren dem Insolvenzverwalter übertragen sind und handelt somit als dem Verfahrenszweck verpflichteter Amtswalter in eigenen Angelegenheiten.[598] In der Insolvenz der GmbH werden beide Rollen von den Geschäftsführern als vertretungsberechtigtem Organ besetzt. Kompetenzen, die dem Sachwalter dann noch außer den genannten Prüfungs- und Aufsichtspflichten verbleiben, sind nach dem Willen des Gesetzgebers solche, die dem Insolvenzverwalter in erster Linie im Interesse der Gläubiger übertragen wurden. Diese Umschreibung ist freilich nicht mehr als eine Leerformel, denn der Insolvenzverwalter wird stets bestellt, um die Interessen der Gläubiger wahrzunehmen und alle ihm übertragenen Aufgaben zielen letztlich darauf ab, im eröffneten Verfahren die bestmögliche Gläubigerbefriedigung zu gewährleisten.

Um ein geeignetes Abgrenzungskriterium zu gewinnen, muß daher festgestellt werden, welche konkreten Gemeinsamkeiten zwischen den dem Sachwalter ausdrücklich übertragenen Befugnissen bestehen. Was verbindet die Insolvenzanfechtung, die Geltendmachung der Haftung nach §§ 92, 93 InsO sowie die Anzeige der Masseunzulänglichkeit über ihre Orientierung am Gläubigerinteresse hinaus, so daß der Gesetzgeber gerade diese Maßnahmen der ausschließlichen Kompetenz des Sachwalters unterstellt hat? Die Antwort findet sich, wenn man sich den Spagat vor Augen führt, den die Geschäftsführer auf Grund ihrer Doppelfunktion in der Eigenverwaltung zu vollführen haben. Grundsätzlich den Interessen der Gesellschaft verpflichtet und den Gesellschaftern gegenüber zum Teil noch weisungsgebunden, haben sie die Geschäfte der GmbH nunmehr im Sinne optimaler Gläubigerbefriedigung weiterzuführen. Interessenkonflikte sind hierbei vorprogrammiert.[599] Sie verdichteten sich bis zur Unauflöslichkeit, wenn es den Geschäftsführern auch noch obläge, im Interesse der Gläubiger Ansprüche geltend zu machen, die sich letztlich gegen sie selbst oder die durch sie vertretene

598 Vgl. Hess/Weis/Wienberg, InsO § 270 Rn. 17; Häsemeyer, Rn. 8.13 f.

599 Dies führt in der Literatur teilweise auch zu Zweifeln an der Funktionstüchtigkeit des Instituts der Eigenverwaltung an sich; vgl. hierzu Pape, in Kölner Schrift zur Insolvenzordnung, 2. Auflage, S. 895 Rn. 32; Landfermann in HK-InsO, vor §§ 270 – 285 Rn. 4 sowie die Nachweise bei Vallender, WM 1998, 2129 (2130).

GmbH[600] richten. Genau davon handeln aber die oben genannten Maßnahmen. So richtet sich der gemäß § 92 InsO geltend zu machende Schadensersatzanspruch wegen Insolvenzverschleppung aus § 823 Abs.2 BGB i.V.m. § 64 Abs.1 GmbHG direkt gegen die Geschäftsführer und mit der Insolvenzanfechtung sollen Vermögensverschiebungen rückgängig gemacht werden, die die Geschäftsführer selbst vorgenommen und von denen sie möglicherweise persönlich profitiert haben.[601] Ein ähnlicher Interessenkonflikt – wenn auch nicht so schwerwiegend – besteht in bezug auf die Anzeige der Masseunzulänglichkeit. Erkennen die Geschäftsführer, daß die vorhandene Masse voraussichtlich nicht ausreichen wird, alle Masseverbindlichkeiten im Zeitpunkt der Fälligkeit zu befriedigen, ist die von ihnen beantragte Eigenverwaltung gescheitert. In der Regel werden die Geschäftsführer ihre unternehmerische Fehleinschätzung aber nicht „öffentlich" eingestehen wollen und von einer Anzeige der Masseunzulänglichkeit absehen.[602] In all diesen Fällen wäre es den Geschäftsführern kaum zumutbar, bzw. kann in der Praxis nicht ernsthaft damit gerechnet werden, daß sie die entsprechende Maßnahme tatsächlich ergriffen, wenn dies im Interesse des Verfahrensziels angezeigt wäre. Der Gesetzgeber hat also eine Kompetenz immer dann ausdrücklich dem Sachwalter zugesprochen, wenn die im Hinblick auf das Verfahrensziel gebotene Maßnahme von den Geschäftsführern auf Grund eines schwerwiegenden Interessenkonflikts nicht durchgeführt zu werden droht. Dieses Kriterium ist für das Verhältnis zwischen den Geschäftsführern und dem Sachwalter verallgemeinerungsfähig und sollte daher auch als Maßstab zur Kompetenzabgrenzung in den nicht gesetzlich geregelten Fällen herangezogen werden. Es wird dem Verfahrenszweck bestmöglicher Gläubigerbefriedigung gerecht, kann aus der vom Gesetzgeber für Einzelfälle vorgenommenen Kompetenzverteilung abgeleitet werden und füllt die oben zitierte Leerformel des Gesetzgebers aus. Im Ergebnis wird die Anwendung dieses Abgrenzungskriteriums indes nur selten dazu führen, daß eine Kompetenz dem Sachwalter und nicht den Geschäftsführern zuzusprechen ist. Denn die Geschäftsführer werden sich nur ausnahmsweise in einem den oben geschilderten Situationen vergleichbaren Interessenkonflikt befinden. Im übrigen darf auch nicht außer acht gelassen werden, daß ein Großteil aller Kompetenzen schon deshalb bei den Geschäftsführern verbleibt, weil anderenfalls ihre

600 Dies gilt insbesondere für den Fall, daß die Geschäftsführer zugleich Gesellschafter sind.

601 Vgl. Hess/Weis/Wienberg, InsO § 280 Rn.3, 5; Wimmer/Foltis, InsO § 280 Rn. 2; A. Koch, S. 255, 258 f.

602 Vgl. A. Koch, S. 263 f.; durch die Vorschrift des § 285 InsO werden die Geschäftsführer freilich nicht davon entbunden, die voraussichtliche Masseunzulänglichkeit dem Sachwalter und dem Insolvenzgericht unverzüglich mitzuteilen, vgl. dazu Wimmer/Foltis, InsO § 285 Rn. 1; Smid/Haarmeyer, InsO § 285 Rn. 3.

Verwaltungs- und Verfügungsbefugnis unterlaufen würde und der Sachwalter insoweit nur als Aufsichtsperson fungiert.[603]

II. Die Kompetenzverteilung im einzelnen

Ausgehend von dem soeben erarbeiteten Abgrenzungskriterium nimmt der Sachwalter im direkten Verhältnis zu den Geschäftsführern lediglich eine Position am Rande des Geschehens ein. Wie schon im Regelinsolvenzverfahren bleibt die Organstellung der Geschäftsführer auch bei Anordnung der Eigenverwaltung unberührt. Der Sachwalter hat keine Möglichkeit, die Geschäftsführer abzuberufen. Da ihm die Verwaltungs- und Verfügungsmacht über das schuldnerische Vermögen nicht übertragen ist, ist er auch nicht berechtigt darüber zu entscheiden, ob Rechtsstreitigkeiten über das zur Insolvenzmasse gehörende Vermögen gemäß §§ 85, 86 InsO aufzunehmen sind.[604] Die insolvente GmbH wird sowohl in den bereits anhängigen als auch zukünftigen Prozessen grundsätzlich durch ihren Geschäftsführer und nicht vom Sachwalter vertreten. Etwas anderes gilt nur für die Fälle, in denen der Geschäftsführer selbst Prozeßgegner der Gesellschaft ist oder auf Grund eines schwerwiegenden Interessenkonfliktes davon ausgegangen werden muß, daß er die Belange der GmbH – und damit letztlich die der Gläubiger – nicht in dem gebotenen Maße vertreten wird.[605]

Anders als im Regelinsolvenzverfahren nehmen grundsätzlich die Geschäftsführer und nicht der Sachwalter die Mitgliedschaftsrechte der GmbH wahr. Da zur Führung der laufenden Geschäfte auch die Einberufung von Gesellschafter-

---

603 So im Ergebnis auch Pape, in Kölner Schrift zur Insolvenzordnung, 2. Auflage, S. 895 Rn. 37, der allerdings eine funktionale Sichtweise ablehnt und von einer *grundsätzlichen* Primärzuständigkeit des Schuldners bzw. seiner vertretungsberechtigten Organe ausgeht. Diese ergebe sich schon aus der Tatsache, daß dem Schuldner das Verwaltungs- und Verfügungsrecht zustehe und dieses nur durch eine ausdrückliche gerichtliche Anordnung (§ 277 InsO) beschränkt werden könne und umgekehrt § 280 InsO erkennen lasse, daß Sachwalterkompetenzen ausdrücklich geregelt werden müßten. Dem ist jedoch entgegenzuhalten, daß der Gesetzgeber auch Schuldnerkompetenzen ausdrücklich normiert hat (§ 279 InsO), obwohl diese durchaus auch aus dessen Verwaltungs- und Verfügungsbefugnis hätten abgeleitet werden können.

604 Dies hat der Gesetzgeber in der Begr. zu § 331 RegE = § 270 InsO (BR-Drucks. 1/92 S. 223), abgedruckt in W. Uhlenbruck, Das neue Insolvenzrecht, S. 660 ausdrücklich klargestellt.

605 Neben den in § 280 InsO geregelten Fällen, dürften hier insbesondere Rechtsstreitigkeiten über die Organstellung, das Anstellungsverhältnis und die Entlastung des Geschäftsführers in Betracht kommen; zusätzliche Interessenkonflikte – vor allem im Hinblick auf Anfechtungs- und Nichtigkeitsklagen – ergeben sich, wenn der Geschäftsführer zugleich Gesellschafter ist.

versammlungen sowie die Anmeldung von Eintragungen zum Handelsregister rechnen, verbleiben diese Kompetenzen ebenfalls ausschließlich beim Geschäftsführer. Auch die Befugnisse des Geschäftsführers im Zusammenhang mit der Einziehung von Geschäftsanteilen ergeben sich schon aus dessen Verwaltungs- und Verfügungsbefugnis.[606]

Problematisch ist hingegen die Frage, ob dem Sachwalter die gleichen Antragsbefugnisse zustehen wie dem Insolvenzverwalter im Regelverfahren. Konkret geht es um das Recht, beim Insolvenzgericht die Einberufung der Gläubigerversammlung zu beantragen (§§ 74 Abs.1, 75 Abs.1 Nr.1 InsO), die Befugnis, die Aufhebung eines Beschlusses der Gläubigerversammlung (§ 78 Abs.1 InsO) sowie die Kompetenz, eine Postsperre (§ 99 Abs.1 InsO) zu beantragen. Diese Maßnahmen rechnen nicht zur Fortführung der laufenden Geschäfte, so daß eine diesbezügliche Kompetenz der Geschäftsführer jedenfalls nicht aus deren Verwaltungs- und Verfügungsmacht abgeleitet werden kann. Auch hilft der Verweis des § 270 Abs.1 S.2 InsO auf die allgemeinen Vorschriften[607] hier nicht weiter, da der Schuldner im Eigenverwaltungsverfahren gerade auch Verwalteraufgaben wahrnimmt und eine Kompetenzzuweisung an den Insolvenzverwalter im Regelverfahren deshalb keinen Rückschluß auf die Kompetenzverteilung bei der Eigenverwaltung zuläßt.

Hinsichtlich der Einberufung der Gläubigerversammlung wird man den Geschäftsführern freilich schon deshalb ein Antragsrecht einräumen müssen, um ihnen in den Fällen, in denen ein Gläubigerausschuß nicht bestellt ist, zu ermöglichen, die Zustimmung der Gläubigerversammlung zu besonders bedeutsamen Rechtsgeschäften (§§ 276, 160 InsO) einzuholen.[608] Berücksichtigt man indes den Interessenkonflikt, der auf seiten der Geschäftsführer besteht, wenn die Anordnung der Eigenverwaltung aufgehoben werden soll, muß auch dem Sachwalter eine Antragsbefugnis zugesprochen werden. Denn es ist nicht davon auszugehen, daß die Geschäftsführer die Gläubigerversammlung einberufen, damit diese die Aufhebung der Eigenverwaltung beantragt, z. B. weil der Sachwalter angezeigt hat, daß er bei deren Fortführung mit Nachteilen für die Gläubiger rechnet (§ 274 Abs.3 InsO). Daß grundsätzlich auch einzelne Gläubiger gemäß § 272 Abs.1 Nr.2 InsO die Aufhebung beantragen können, wird der den Gläubigern vom Gesetzgeber zugestandenen Verfahrensautonomie nicht in ausreichendem Maße ge-

---

606 Anders freilich, wenn sich der Anspruch gegen ihn als Gesellschafter richtet; dann ist der Sachwalter zuständig.

607 Vgl. dazu auch die Begr. zu § 331 RegE = § 270 InsO (BR-Drucks. 1/92 S. 223), abgedruckt in W. Uhlenbruck, Das neue Insolvenzrecht, S. 660.

608 So zutreffend Pape, in Kölner Schrift zur Insolvenzordnung, 2. Auflage, S. 895 Rn. 38.

recht, da in diesem Fall die drohenden Nachteile stets glaubhaft gemacht werden müssen (§ 272 Abs.2 S.1 InsO).[609]

Bezüglich des Antrags auf Aufhebung eines Beschlusses der Gläubigerversammlung ist ein Interessenkonflikt seitens der Geschäftsführer hingegen ausgeschlossen, so daß dem Übergang der Antragsbefugnis auf die Geschäftsführer nichts entgegensteht. Die Insolvenzgläubiger sind zudem dadurch geschützt, daß jedem einzelnen von ihnen ebenfalls ein Antragsrecht zusteht.

Was den Antrag auf Anordnung einer Postsperre betrifft, so ist zunächst fraglich, ob solch eine Anordnung im Eigenverwaltungsverfahren überhaupt zulässig ist.[610] Dagegen ließe sich anführen, daß die Postsperre den Schuldner bei der Führung der laufenden Geschäfte behindere und deshalb mit der Grundsatzentscheidung des Gesetzgebers, ihm die Verwaltungs- und Verfügungsbefugnis zu belassen, nicht vereinbar sei. Andererseits ist die Postsperre ein geeignetes Mittel, die Geschäftsführung des Schuldners zu überwachen und häufig wird ihre Anordnung notwendig sein, um anfechtungsrelevante Tatbestände erst aufzudekken. Will man dem Sachwalter eine wesentliche Voraussetzung zur Wahrnehmung der ihm übertragenen Aufgaben nicht von vornherein nehmen, darf man auch im Rahmen der Eigenverwaltung nicht generell auf die Anordnung einer Postsperre verzichten. Um Verzögerungen bei der Geschäftsführung zu vermeiden, ist der Sachwalter dann aber zu verpflichten, die Post nach Durchsicht unverzüglich an den Schuldner weiterzuleiten. Hält man die Anordnung der Postsperre in der Eigenverwaltung grundsätzlich für zulässig, bereitet die Kompetenzverteilung hinsichtlich der Antragsbefugnis kein Problem mehr. Es versteht sich von selbst, daß die Geschäftsführer der GmbH niemals solch einen letztlich gegen sie selbst gerichteten Antrag stellen werden. Das Antragsrecht des Insolvenzverwalters geht daher auf den Sachwalter über.[611]

---

609 Anders Pape, in Kölner Schrift zur Insolvenzordnung, 2. Auflage, S. 895 Rn. 38, der meint, die Tatsache, daß § 274 Abs.3 InsO im Hinblick auf den Gläubigern drohende Nachteile lediglich eine Anzeigepflicht des Sachwalters vorsehe, spreche gegen dessen Antragsrecht. Auf welche Weise dann kurzfristig die Aufhebung der Anordnung erreicht werden soll, bleibt allerdings offen.

610 Vallender, WM 1998, 2129 (2138) verneint dies ohne nähere Begründung.

611 In der Praxis wird es freilich häufig schon deshalb nicht zur Anordnung einer Postsperre im Eigenverwaltungsverfahren kommen, weil die vom Sachwalter angeführten Gründe regelmäßig auch die Aufhebung der Eigenverwaltung selbst rechtfertigen.

III. Dogmatische Einordnung der Rechtsstellung des Sachwalters

Bei der Einführung des Rechtsinstituts der Eigenverwaltung hat das bisherige Vergleichsverfahren Pate gestanden.[612] Insbesondere bei der Festlegung der einzelnen Aufgaben und Kompetenzen des Sachwalters hat sich der Gesetzgeber an der Figur des Vergleichsverwalters orientiert. Im Hinblick auf die Geschäftsführung wurden die §§ 39, 40 VglO inhaltlich in § 274 Abs.2 InsO übernommen[613] und die in den §§ 275, 277 InsO normierten Mitwirkungsrechte des Sachwalters sind an die §§ 57 ff. VglO angelehnt. Es liegt deshalb nahe, den Sachwalter – wie zuvor den Vergleichsverwalter – als sachkundigen und unparteiischen Gehilfen des Insolvenzgerichts in amtsähnlicher Stellung zu qualifizieren.[614] Mit der Rechtsposition des Insolvenzverwalters ist die Stellung des Sachwalters trotz entsprechender Geltung der §§ 56 – 60 InsO sowie §§ 62 – 65 InsO schon wegen der fehlenden Verwaltungs- und Verfügungsmacht nicht vergleichbar. Zwar ist auch die Bezugnahme auf den Vergleichsverwalter nicht gänzlich unproblematisch. Denn anders als beim Vergleichsverwalter hängt die Bestellung des Sachwalters faktisch allein vom Willen der Gläubiger ab. Der Sachwalter ist im Rahmen eines einheitlichen Insolvenzverfahrens auch eindeutig dem Verfahrensziel bestmöglicher Gläubigerbefriedigung und damit vor allem den Interessen der Insolvenzgläubiger verpflichtet, wogegen der Vergleichsverwalter entsprechend dem der Vergleichsordnung primär zugrunde liegenden Zweck der Konkursabwendung in erster Linie dafür zu sorgen hatte, daß nur angemessene, ehrliche und ausführbare Vergleiche bestätigt werden.[615] Diese Abweichungen sind jedoch nicht so bedeutend, daß sie eine qualitativ völlig andere Einordnung der Rechtsposition des Sachwalters rechtfertigten.

612 Begr. des RegE zum 8. Teil, 1. Abschnitt = 7. Teil der InsO (BR-Drucks. 1/92 S. 222/223), abgedruckt in W. Uhlenbruck, Das neue Insolvenzrecht, S. 658.

613 Begr. zu § 335 RegE = § 274 InsO (BR-Drucks. 1/92 S. 224), abgedruckt in W. Uhlenbruck, Das neue Insolvenzrecht, S. 665.

614 So etwa Hess/Weis/Wienberg, InsO § 274 Rn. 6 unter Hinweis auf BGH KTS 1963, 170 (172).

615 So BGH KTS 1963, 170 (172).

4. Teil: Zusammenfassung der wesentlichen Ergebnisse

A. Kriterien zur Kompetenzabgrenzung und die dogmatische Einordung der Rechtsstellung des Insolvenzverwalters

Die seit *Weber*[616] vorherrschende Unterteilung in drei Kompentenzbereiche (Verdrängungsbereich, Gemeinschuldnerbereich, konkursfreier Bereich), kann im wesentlichen auch unter der Insolvenzordnung aufrecht erhalten werden. Dabei ist die Kompetenzverteilung zwischen den Organen der GmbH einerseits und dem Verwalter andererseits anhand der Ziele des Insolvenzverfahrens zu ermitteln. Insoweit sind im Vergleich zur Konkursordnung allerdings gewisse Änderungen vorgenommen worden. Die in diesem Zusammenhang für die Unternehmensinsolvenz relevanten Aspekte lassen sich thesenartig wie folgt zusammenfassen:

1. Unumstrittenenes Hauptziel des Verfahrens bleibt die bestmögliche Befriedigung der Gläubiger
2. Ein Nebenziel des Insolvenzverfahrens besteht in der Vollbeendigung insolventer Gesellschaften durch den Verwalter
3. Die Sanierung insolventer Gesellschaften ist kein eigenständiges Verfahrensziel
4. Die Liquidation insolventer Gesellschaften ist nicht mehr primärer Verfahrenszweck

Das Hauptziel des Verfahrens kann auf drei verschiedenen, grundsätzlich gleichberechtigten Wegen erreicht werden:

- Liquidation der insolventen GmbH
- Sanierung der insolventen GmbH
- Übertragende Sanierung

Der Umfang der Kompetenzeinbußen auf seiten der Gesellschaftsorgane kann dabei maßgeblich davon abhängen, ob die insolvente Gesellschaft saniert oder liquidiert wird.

Auf Grund der den Gläubigern vom Gesetzgeber eingeräumten Verfahrensautonomie (§§ 1, 157 InsO), sind diese berechtigt, darüber zu befinden, auf wel-

616 Weber, KTS 1970, 73.

chem der Wege die Haftung des Schuldners zu realisieren ist. Steht die Entscheidung der Gläubiger fest, muß der Verwalter konsequenterweise mit all jenen Befugnissen ausgestattet sein, die notwendig sind, um die bestmögliche Befriedigung der Gläubiger auf dem vorgegebenen Weg zu erreichen. Allerdings hat der Gesetzgeber die Gläubigerautonomie bezüglich der Verfahrenswahl mittelbar insoweit beschränkt, als rein gesellschaftsrechtliche Maßnahmen, welche zwar zur Sanierung des Unternehmensträgers erforderlich sind, die aber zugleich die verbandsrechtliche Organisation der Gesellschaft berühren, nicht gegen den Willen der betroffenen Organe durchgesetzt werden können. Beschränkungen der Organkompetenzen können sich hier somit nur aus dem Gesellschaftsrecht selbst, namentlich der gesellschaftsrechtlichen Treuepflicht, nicht aber aus dem Insolvenzrecht ergeben.

Der in der Insolvenzordnung nunmehr verankerte Vollbeendigungszweck führt zu einer Verschiebung des Kompetenzgefüges zu Gunsten des Verwalters. Dieses Verfahrensziel wird freilich nur relevant, wenn sich die Gläubiger gegen die Sanierung des Unternehmensträgers und damit für eine übertragende Sanierung oder eine vollständige Zerschlagung der GmbH entscheiden bzw. solange das Scheitern einer angestrebten Sanierung noch möglich ist. Die Existenz insolvenzfreien Vermögens, welches unter der Konkursordnung auch nach Verfahrenseröffnung uneingeschränkt vom Schuldner bzw. dessen Organen verwaltet wurde, ist damit nicht mehr vereinbar. Nach Verfahrenseröffnung erworbenes Vermögen fällt nunmehr ebenfalls in die Insolvenzmasse (§ 35 InsO), pfändungsfreies Vermögen (§ 36 InsO) existiert in der Unternehmensinsolvenz nicht und der Verwalter ist nicht mehr berechtigt, Vermögen aus der Masse an die Schuldnergesellschaft freizugeben. Letzeres gilt unabhängig davon, welcher Verfahrensweg eingeschlagen wird, da eine zunächst angestrebte Sanierung des Unternehmensträgers scheitern kann und der Verwalter dann dazu übergehen muß, die GmbH bis zur Löschungsreife abzuwickeln.

Das Verfahrensziel der Vollbeendigung sorgt aber nicht nur dafür, das den GmbH-Geschäftsführern die Verwaltung insolvenzfreien Vermögens als Betätigungsfeld genommen wird. Es bedeutet auch, daß die Gesellschafter kein berechtigtes Interesse mehr am weiteren Schicksal der insolventen GmbH geltend machen können, da deren Wiederbelebung nach Verfahrensende definitiv ausgeschlossen ist. Wollen die Gesellschafter ihre geschäftlichen Aktivitäten fortsetzen, müssen sie zu diesem Zweck eine neue Gesellschaft gründen.

Da Gegenstand des Verfahrens das Vermögen des Schuldners und nicht dessen verbandsrechtliche Organisation ist, nimmt der Verwalter den Gesellschaftsorganen zunächst immer dann ihre Kompetenzen, wenn es um Maßnahmen geht, die den Bestand der Insolvenzmasse berühren können (Verdrängungsbereich). Diese Regel wird nur durchbrochen, wenn der Verwalter bei der Wahrnehmung solch massebezogener Aufgaben in einen unauflöslichen Interessenkonflikt geriete. Der Übergang der Kompetenzen auf den Verwalter führt jedoch nicht dazu, daß die GmbH-Geschäftsführer ihre Stellung als Organ der Gesellschaft verlieren. Denn die Gesellschaft bedarf auch während des Verfahrens eines vertretungsberechtigten Organs, das ihre Verfahrensrechte gegenüber dem Verwalter, dem Gericht und den Gläubigern wahrnimmt (Schuldnerbereich).

Maßnahmen, die sich nicht auf den Bestand der Insolvenzmasse auswirken, verbleiben grundsätzlich im Kompetenzbereich der Gesellschaftsorgane (insolvenzfreier Bereich). Es handelt sich dabei meist um rein gesellschaftsinterne Maßnahmen, wie z.B. die Einberufung von Gesellschafterversammlungen oder Anmeldungen zum Handelsregister. Streben die Gläubiger die Haftungsverwirklichung im Wege der Sanierung der insolventen GmbH an, muß die zügige Durchführung derlei Maßnahmen im Hinblick auf das Verfahrensziel allerdings unbedingt gewährleistet sein. In Fällen, in denen die bestmögliche Befriedigung der Gläubiger durch die alleinige Kompetenz der Gesellschaftsorgane verhindert oder verzögert werden könnte, ist dem Verwalter daher eine Parallelkompetenz einzuräumen. Soweit die Durchführung der Maßnahme dem Verfahrensziel dient, sind die Kosten dafür aus der Masse zu begleichen.

Insgesamt ist der Kompetenzbereich des Verwalters mit Inkrafttreten der Insolvenzordnung nicht unerheblich erweitert worden. Den GmbH-Geschäftsführern bleiben nur die Wahrnehmung der Verfahrensrechte der Gesellschaft und wenige gesellschaftsinterne Kompetenzen, die teilweise aber auch dem Verwalter zustehen. Daneben kommen sie nur noch zum Zuge, wenn der Verwalter eine Kompetenz auf Grund eines unauflöslichen Interessenkonflikts nicht wahrnehmen kann. Dagegen läßt die Insolvenzordnung die Kompetenzen der Gesellschafter in bezug auf die körperschaftliche Organisation der Gesellschaft unangetastet soweit die Sanierung der insolventen Gesellschaft angestrebt wird. Kommt es zur Liquidation der Gesellschaft, müssen allerdings auch die Gesellschafter insoweit Kompetenzeinbußen hinnehmen, da der Vollbeendigungszweck dann keinen Raum mehr für ein berechtigtes Interesse der Gesellschafter an einer späteren Fortführung der Gesellschaft läßt.

Im Hinblick auf die dogmatische Einordnung der Rechtsposition des Verwalters spricht schon die Tatsache, daß ihm die Befugnisse der Geschäftsführer weitestgehend übertragen sind, für eine zumindest organähnliche Stellung des Verwalters. Hinzu kommt, daß der Verwalter nach der Insolvenzordnung nunmehr ausdrücklich verpflichtet ist, das Unternehmen zunächst fortzuführen. Optieren die Gläubiger nicht für eine Sanierung der insolventen GmbH, nimmt der Verwalter auf Grund seiner Pflicht, die Gesellschaft bis zur Löschungsreife abzuwickeln, die Aufgabe eines Liquidators, also wiederum die eines Gesellschaftsorgans wahr. Es ist folglich nur konsequent, mit *K. Schmidt*[617] den Verwalter innerhalb seines Kompetenzbereichs in der Unternehmensinsolvenz als vertretungsberechtigtes Organ der Gesellschaft zu begreifen. Daß er bei der Erfüllung seiner Aufgaben zuvörderst den Interessen der Gesellschaftsgläubiger verpflichtet ist, steht dieser Einordnung nicht entgegen.

B. Einzelne Kompetenzbeschränkungen der Gesellschaftsorgane nach Verfahrenseröffnung

Bei der Untersuchung der Frage, wer im eröffneten Insolvenzverfahren befugt ist, einzelne Maßnahmen durchzuführen und auf welche Weise dies zu geschehen hat, sind die oben dargelegten Kriterien zugrunde zu legen. Im Hinblick auf die in der Arbeit gesetzten Schwerpunkte können dabei die folgenden Ergebnisse festgehalten werden:

1. Der Verwalter ist berechtigt, das Anstellungsverhältnis sowohl der Fremdgeschäftsführer als auch der Gesellschafter-Geschäftsführer gemäß den §§ 108, 113 InsO bzw. § 626 BGB zu kündigen. Die Organstellung der Geschäftsführer wird durch die Kündigung nicht berührt.
2. Der Verwalter führt grundsätzlich alle massebezogenen Prozesse der GmbH als deren vertretungsberechtigtes Organ. Im Falle eines Interessenkonflikts auf seiten des Verwalters wird die GmbH ausnahmsweise weiterhin durch ihre Geschäftsführer vertreten. Dies gilt auch im Hinblick auf anhängige Anfechtungs- und Nichtigkeitsklagen. Darüber hinaus steht dem Verwalter auch ein massebezogenes Anfechtungsrecht zu; zudem ist er befugt, gegen Gesellschafterbeschlüsse eine Nichtigkeitsklage zu erheben.
3. § 85 InsO gilt in der Unternehmensinsolvenz nicht; stattdessen ist § 241 ZPO anzuwenden. Aussichtslose Aktivprozesse kann der Verwalter analog § 86 Abs.2 InsO beenden. Passivprozesse werden vom Verwalter nach den §§ 86, 87 InsO abgewickelt.
4. Der Verwalter ist berechtigt die Firma der insolventen GmbH als Massebestandteil zu verwerten. Er ist auch befugt die dadurch erforderliche Bildung einer Ersatzfirma vorzunehmen und zu diesem Zweck die Satzung der insolventen GmbH ohne Zustimmung der Gesellschafter zu ändern.
5. Die Insolvenzordnung bietet keine Handhabe, zur Sanierung der insolventen GmbH erforderliche gesellschaftsrechtliche Maßnahmen gegen den Willen einer qualifizierten Gesellschafterminderheit durchzusetzen. Beschränkungen der Gesellschafterkompetenzen, insbesondere die Pflicht das Zustandekom-

617 K. Schmidt, KTS 1984, 345.

men satzungsändernder Beschlüsse nicht zu verhindern, können allenfalls aus dem Gesellschaftsrecht selbst abgeleitet werden.

6. Die vom BGH in der „Girmes"-Entscheidung zur Konkretisierung der gesellschaftsrechtlichen Treuepflicht herangezogenen Kriterien sind auf die Situation der GmbH im eröffneten Insolvenzverfahren übertragbar. Danach ist die Gesellschafterminderheit bei Vorliegen der in der Entscheidung genannten Voraussetzungen nicht berechtigt, sinnvolle Sanierungsmaßnahmen durch eine entsprechende Stimmabgabe bei der Beschlußfassung zu verhindern. Auf Grund der tatsächlichen Situation im eröffneten Insolvenzverfahren sind diese Voraussetzungen noch häufiger erfüllt und somit effektiver als bei einer außergerichtlichen Sanierung.
7. Die konsequente Anwendung der Kriterien aus der „Girmes"-Entscheidung führt dazu, daß die Gesellschafterminderheit der Sanierung dienende Kapitalerhöhungs- und Kapitalherabsetzungsbeschlüsse nicht obstruieren darf. Dies gilt auch dann noch, wenn zugleich ihr Bezugsrecht ausgeschlossen wird. Ebensowenig ist die Gesellschafterminderheit berechtigt, das Zustandekommen eines Beschlusses, der die Umwandlung in eine KG oder Kapitalgesellschaft vorsieht, zu verhindern. Im äußersten Fall muß die Gesellschafterminderheit sogar ihr Ausscheiden aus der Gesellschaft – allerdings gegen eine angemessene Abfindung – hinnehmen. Dagegen werden die Gesellschafter auch durch die gesellschaftsrechtliche Treuepflicht nicht verpflichtet, im Rahmen einer Kapitalerhöhung eine Stammeinlage zu übernehmen oder einer Umwandlung der GmbH in eine Personengesellschaft, mit der eine persönliche Haftung der Gesellschafter verbunden ist, zuzustimmen.
8. In der Praxis sind die oben genannten Stimmpflichten der Gesellschafterminderheit jedoch auf Grund des knapp bemessenen Zeitrahmens, in welchem sich die Beteiligten im eröffneten Insolvenzverfahren Klarheit über die erfolgreiche Durchführbarkeit der Maßnahmen verschaffen müssen, kaum durchsetzbar. Bis die Treuwidrigkeit der Obstruktion festgestellt und sanktioniert worden ist, ist die Sanierungsmaßnahme im Hinblick auf die Frist des § 249 InsO regelmäßig gescheitert.
9. Das Problem mangelnder Durchsetzbarkeit der Sanierungsmaßnahmen könnte behoben werden, wenn der Gesetzgeber bezüglich der genannten Sanierungsmaßnahmen die zur Beschlußfassung erforderliche Mehrheit im eröffneten Insolvenzverfahren von 75% auf 50% plus eine Stimme herabsetzte. Der Rückgriff auf eine einfache Mehrheit entspräche der der „Girmes"-Entscheidung zugrunde liegenden Wertung, daß eine (auch qualifizierte) Gesellschafterminderheit die Auflösung und Liquidation einer Gesellschaft nicht erzwingen kann. Diese Lösung hätte den Vorteil, daß die komplizierten Grundsätze

gesellschaftsrechtlicher Treuepflicht nicht mehr bemüht werden müßten und damit zugleich ein Mehr an Rechtssicherheit gewonnen wäre.

C. Die Kompetenzverteilung bei Anordnung der Eigenverwaltung

Die unter A. aufgeführten Grundsätze zur Kompetenzverteilung können in der besonderen Verfahrenskonstellation nach Anordnung der Eigenverwaltung nicht uneingeschränkt aufrecht erhalten werden.

Da der schuldnerischen Gesellschaft, vertreten durch ihre Geschäftsführer, die Verwaltungs- und Verfügungsbefugnis über die Insolvenzmasse verbleibt, die Geschäftführer bei der Verwaltung jedoch zugleich wie ein Insolvenzverwalter an den Verfahrenszweck gebunden sind, wirkt sich die Anordnung der Eigenverwaltung zunächst maßgeblich auf das innergesellschaftliche Kompetenzgefüge zwischen Geschäftsführern und Gesellschaftern aus. Damit die Geschäftsführer ihre Aufgaben am Verfahrenszweck orientiert erfüllen können, muß einerseits ausgeschlossen werden, daß die Gesellschafter als am Verfahren Unbeteiligte massebezogene Handlungen vornehmen. Andererseits darf auch hier nicht in den Kern der Verbandsstruktur der Gesellschaft eingegriffen werden. Dies wird am ehesten dadurch erreicht, daß die Geschäftsführer in dem ihnen gesellschaftsrechtlich originär zugewiesenen Aufgabenbereich, wozu alle im Rahmen der bisherigen Geschäftstätigkeit der Gesellschaft erforderlichen Maßnahmen gehören, immer dann ohne Einwirkungsmöglichkeit der Gesellschafter zur Vornahme einer Handlung befugt sind, wenn diese geeignet ist, sich auf den Bestand der Masse auszuwirken.

Im Verhältnis des Sachwalters zu den Gesellschaftern ist ebenfalls entscheidend, daß Letztere keine massebezogenen Handlungen vornehmen dürfen. Im übrigen ist der jeweilige Kompetenzrahmen dadurch begrenzt, daß im Vergleich zum Regelinsolvenzverfahren weder den Gesellschaftern noch dem Sachwalter ein Mehr an Kompetenzen gegenüber dem jeweils anderen zustehen können.

Dagegen hat der Gesetzgeber hinsichtlich der Beziehung zwischen dem Sachwalter und dem Schuldner die Massebezogenheit von Maßnahmen als Abgrenzungskriterium zur Kompetenzverteilung aufgegeben. Soweit einzelne Kompetenzen in den §§ 270 ff. InsO nicht ausdrücklich dem Schuldner bzw. seinen vertretungsberechtigten Organen einerseits oder dem Sachwalter andererseits zugewiesen sind, kommt hierbei wiederum die Existenz von Interessenkonflikten – diesmal auf seiten des Schuldners – als praktikables Abgrenzungskriterium in Betracht. Danach steht dem Sachwalter die Befugnis zur Vornahme einer Maßnahme immer dann zu, wenn eine solche im Hinblick auf die bestmögliche Gläubigerbefriedigung zwar angezeigt wäre, den Geschäftsführern auf Grund eines Interessenkonflikts jedoch nicht zumutbar ist, bzw. nicht ernsthaft erwartet werden kann, daß sie diese Maßnahme tatsächlich ergreifen.

Insgesamt ist die Rechtsposition des Sachwalters bei angeordneter Eigenverwaltung vergleichbar mit der des Vergleichsverwalters nach der Vergleichsordnung.

Literaturverzeichnis

Aktiengesetz, Großkommentar, bearbeitet von Barz, Brönner, Klug, Mellerowicz, Meyer-Landrut, Schilling, Wiedemann, Würdinger; Erster Band, 1. Halbband (§§ 1 – 75), 3. Auflage, Berlin, New York 1973

Arbeitskreis für Insolvenz- und Schiedsgerichtswesen e.V., Köln (Hrsg.): Kölner Schrift zur Insolvenzordnung; Herne/Berlin 1997

Arbeitskreis für Insolvenz- und Schiedsgerichtswesen e.V., Köln (Hrsg.): Kölner Schrift zur Insolvenzordnung; 2. Auflage, Herne/Berlin 2000

Balz, Manfred: Sanierung von Unternehmen oder von Unternehmensträgern?; Köln 1986

Basty, Gregor: Die Interessen der Gläubiger in einem künftigen Sanierungs-/Reorganisationsverfahren; München 1988

Baumbach, Adolf/Hopt, Klaus: Handelsgesetzbuch; 31. Auflage, München 2003

Baumbach, Adolf/Hueck, Alfred: GmbH-Gesetz; 16. Auflage, München 1996

Baumbach, Adolf/Hueck, Alfred: GmbH-Gesetz; 17. Auflage, München 2000

Baumbach, Adolf/Lauterbach, Wolfgang/Albers, Jan/Hartmann, Peter: Zivilprozeßordnung; 62. Auflage, München 2004

Baums, Theodor: Der Geschäftsleitervertrag; Köln 1987

Baur, Fritz/Stürner, Rolf: Insolvenzrecht; 3. Auflage, Heidelberg 1991

Berscheid, Ernst-Dieter: Arbeitgeberstellung und –befugnis im Insolvenzeröffnungsverfahren und im eröffneten Insolvenzverfahren; in Festschrift für Peter Hanau, Köln 1999, S. 701

Boemke, Burkhard: Das Dienstverhältnis des GmbH-Geschäftsführers zwischen Gesellschafts- und Arbeitsrecht; ZfA 1998, 209

Bötticher, Eduard: Die Konkursmasse als Rechtsträger und der Konkursverwalter als ihr Organ; ZZP 77 (1964), 55

Bokelmann, Gunther: Das Recht der Firmen und Geschäftsbezeichnungen; 4. Auflage, Freiburg, München, Berlin 1997

Bokelmann, Gunther: Die Firma im Konkursverfahren; KTS 1982, 27

Bork, Reinhard: Einführung in das neue Insolvenzrecht; 3. Auflage, Tübingen 2002

Braun, Eberhard/Uhlenbruck, Wilhelm: Unternehmensinsolvenz; Düsseldorf 1997

Graf Brockdorff, Christian/Huntemann, Eva Maria (Hrsg.): Der Gläubiger im Insolvenzverfahren; Berlin, New York 1999

Bumiller, Ursula/Winkler, Karl: Freiwillige Gerichtsbarkeit; 7. Auflage, München 1999

Bundesministerium für Justiz (Hrsg.): Erster Bericht der Kommission für Insolvenzrecht; Köln 1985

Bundesministerium für Justiz (Hrsg.): Zweiter Bericht der Kommission für Insolvenzrecht; Köln 1986

Burger, Anton/Schellberg, Bernhard: Der Insolvenzplan im neuen Insolvenzrecht; DB 1994, 1833

Casper, Matthias: Diskussionsbericht zu den Referaten von Marcus Lutter, ZHR 162 (1998), 164 und Hartwig Henze, ZHR 162 (1998), 186; ZHR 162 (1998), 197

Dittrich, Carola: Bericht über die Diskussion im Anschluß an die Referate von Eberhard Braun, in RWS-Forum 14, Insolvenzrecht 1998, S. 53 und Heinz Vallender, in RWS-Forum 14, Insolvenzrecht 1998, S. 71; in RWS-Forum 14, Insolvenzrecht 1998, S. 93

Dorndorf, Eberhard: Zur Dogmatik des Verfahrenszwecks in einem marktadäquaten Insolvenzrecht; in Festschrift für Franz Merz, Köln 1992, S. 31

Dreher, Meinrad: Die gesellschaftsrechtliche Treuepflicht bei der GmbH; DStR 1993, 1632

Eickmann, Dieter/Flessner, Axel/Irschlinger, Friedrich/Kirchhof, Hans-Peter/Kreft, Gerhart/Landfermann, Hans-Georg/Marotzke, Wolfgang: Heidelberger Kommentar zur Insolvenzordnung; 2. Auflage, Heidelberg 2000

Emmrich, Sabine: Das Firmenrecht im Konkurs; Diss. Gießen 1992; Europäische Hochschulschriften: Reihe 2, Rechtswissenschaft; Band 1264; Frankfurt am Main, Berlin, Bern, New York, Paris, Wien 1992

Erdmann, Diethelm: Praktische Konsequenzen der Behandlung des Konkursverwalters als Organ der Konkursmasse; KTS 1967, 87

Erman (Hrsg.: Harm Peter Westermann): Bürgerliches Gesetzbuch; Band II, 10. Auflage, Münster, Köln 2000

Flume, Werner: Die Rechtsprechung des II. Zivilsenats des BGH zur Treuepflicht des GmbH-Gesellschafters und des Aktionärs; ZIP 1996, 161

Förster, Karsten: Klartext: Die Freigabe bleibt zulässig!; ZInsO 2000, 315

Gerkan, Hartwin von: Kurzkommentar zu BGH ZIP 1995, 28; EWiR 1995, 107

Glanegger, Peter/Güroff, Georg/Kirnberger, Christian/Kusterer, Stefan/Peuker, Monika/Ruß, Werner/Selder, Johannes/Stuhlfelner, Ulrich: Heidelberger Kommentar zum Handelsgesetzbuch; 6. Auflage, Heidelberg 2002

Goette, Wulf: Anmerkung zu BGH-Beschl. v. 06.06.1994, II ZR 221/93; DStR 1994, 1129

Gottwald, Peter (Hrsg.): Insolvenzrechtshandbuch, 2. Auflage, München 2001

Groschuff, (Hans): Anmerkung zu KG, JW 1937, 2976; JW 1937, 2978

Grub, Volker: Überjustizialisierung und die Eigenverwaltung des Pleitiers; WM 1994, 880

Grüneberg, Christian: Die Rechtspositionen der Organe der GmbH und des Betriebsrates im Konkurs; Diss. Bonn 1987; Europäische Hochschulschriften: Reihe 2, Rechtswissenschaft, Band 711; Frankfurt am Main, Bern, New York, Paris 1988

Grunewald, Barbara: Der Ausschluß aus Gesellschaft und Verein; Köln, Berlin, Bonn, München 1987

Haarmeyer, Hans/Wutzke, Wolfgang/Förster, Karsten: Handbuch zur Insolvenzordnung; 3. Auflage, München 2001

Haase, Wilhelm: Zur Klage der Feststellung auf Nichtigkeit des Jahresabschlusses im Konkurs der Aktiengesellschaft; DB 1977, 241

Hachenburg (Hrsg.: Peter Ulmer): GmbHG Großkommentar; Erster Band, 8. Auflage, Berlin, New York 1992

Hachenburg (Hrsg.: Peter Ulmer): GmbHG Großkommentar; Zweiter Band, 8. Auflage, Berlin, New York 1997

Hachenburg (Hrsg.: Peter Ulmer): GmbHG Großkommentar; Dritter Band, 8. Auflage, Berlin, New York 1997

Hanau, Peter: Möglichkeiten der Sanierung von Unternehmen durch Maßnahmen im Unternehmens-, Arbeits-, Sozial- und Insolvenzrecht; Gutachten E zum 54. Deutschen Juristentag; in Verhandlungen des 54. Deutschen Juristentages, Band I – Gutachten –, München 1982

Häsemeyer, Ludwig: Insolvenzrecht; 2. Auflage, Köln, Berlin, Bonn, München 1998

Häsemeyer, Ludwig: Obstruktion gegen Sanierungen und gesellschaftsrechtliche Treuepflichten; ZHR 160 (1996), 109

Heilmann, Hans: Arbeitsverhältnisse von Organen juristischer Personen im Konkurs; ZIP 1980, 344

Henze, Hartwig: Treupflichten der Gesellschafter im Kapitalgesellschaftsrecht; ZHR 162 (1998), 186

Hess, Harald/Pape, Gerhard: InsO und EGInsO – Grundzüge des neuen Insolvenzrechts; Köln 1995

Hess, Harald/Ruppe, Nicole: Die Eigenverwaltung in der Insolvenz einer AG oder einer GmbH; NZI 2002, 577

Hess, Harald/Weis, Michaela: Gesellschaftsrechtliche Regelungen im Insolvenzplan; InVo 1996, 169

Hess, Harald/Weis, Michaela/Wienberg, Rüdiger: Kommentar zur Insolvenzordnung; Band 1, 2. Auflage, Heidelberg 2001

Hirte, Heribert: Auflösung der Kapitalgesellschaft; ZInsO 2000, 127

Hofmann, Klaus: Der Prokurist; 7. Auflage, Heidelberg 1996

Höpfner, Alexander: Möglichkeiten des Insolvenzverwalters zur Rückgängigmachung oder wirtschaftlichen Kompensation der Freigabe; ZIP 2000, 1517

Hüffer, Uwe: Aktiengesetz; 6. Auflage, München 2004

Jaeger, Ernst: Lehrbuch des Deutschen Konkursrechts; 8. Auflage, 1932

Jaeger, Ernst/Henckel, Wolfram: Konkursordnung, Großkommentar; §§ 1 – 42, 9. Auflage, Berlin, New York 1997

Jauernig, Othmar: Bürgerliches Gesetzbuch; 10. Auflage, München 2003

Jauernig, Othmar: Zivilprozeßrecht; 27. Auflage, München 2002

Jauernig, Othmar: Zwangsvollstreckungs- und Insolvenzrecht; 21. Auflage, München 1999

Joussen, Edgar: Die Kompetenz zur Änderung einer GmbH-Firma im Konkurs; GmbHR 1994, 159

Kallmeyer, Harald: Umwandlungsgesetz; 2. Auflage, Köln 2001

Kautz, Oliver: Die gesellschaftsrechtliche Neuordnung der GmbH im künftigen Insolvenzrecht; Diss. Regensburg 1994; Europäische Hochschulschriften:

Reihe 2, Rechtswissenschaft, Band 1712; Frankfurt am Main, Berlin, Bern, New York, Paris, Wien 1995

Kilger, Joachim/Schmidt, Karsten: Insolvenzgesetze, KO/VglO/GesO; 17. Auflage, München 1997

Kilger, Joachim : Rechtsanwendung im Konkurs; in Festschrift für Franz Merz, Köln 1992, S. 253

Klasmeyer, Bernd/Kübler, Bruno: Buchführungs-, Bilanzierungs- und Steuererklärungspflichten des Konkursverwalters sowie Sanktionen im Falle ihrer Verletzung; BB 1978, 369

Knoche, Dietrich: Die sog. „Verzichtswirkung“ der Entlastung im privaten und im öffentlichen Recht; Diss. Mainz 1993; Berlin 1995

Koch, Asja: Die Eigenverwaltung nach der Insolvenzordnung; Diss. Hamburg 1997; Europäische Hochschulschriften: Reihe 2, Rechtswissenschaft, Band 2276; Frankfurt am Main, Berlin, Bern, New York, Paris, Wien 1998

Köchling, Marcel: Fremdverwaltung im Kostüm der Eigenverwaltung?; ZInsO 2003, 53

Koller, Ingo/Roth, Wulf-Henning/Morck, Winfried: HGB Kommentar; 4. Auflage, München 2003

Koppensteiner, Hans-Georg: Treuwidrige Stimmabgaben bei Kapitalgesellschaften; ZIP 1994, 1325

Kübler, Bruno/Prütting, Hanns (Hrsg.): Kommentar zur Insolvenzordnung; Band I und II, Köln, Stand März 2004

Kuhn, Georg/Uhlenbruck, Wilhelm: Konkursordnung, Kommentar; 11. Auflage, München 1994

Limmer, Peter: Unternehmensumstrukturierungen vor und in der Insolvenz nach neuem Umwandlungsrecht; in Kölner Schrift zur Insolvenzordnung, 1997, S. 929

Lohr, Martin: Die Beschränkung der Innenhaftung des GmbH-GF; NZG 2000, 1204

Lüke, Gerhard/Wax, Peter (Hrsg.): Münchener Kommentar zur Zivilprozeßordnung; Band 1, 2. Auflage, München 2000

Lüke, Wolfgang: Umweltrecht und Insolvenz; in Kölner Schrift zur Insolvenzordnung, 1997, S. 683

Lutter, Marcus: Das Girmes-Urteil; JZ 1995, 1053

Lutter, Marcus: Gescheiterte Kapitalerhöhungen; in Festschrift für Wolfgang Schilling, Berlin, New York 1973, S. 207

Lutter, Marcus: Treuepflichten und ihre Anwendungsprobleme; ZHR 162 (1998), 164

Lutter, Marcus (Hrsg.): Umwandlungsgesetz; Band I, 2. Auflage, Köln 2000

Lutter, Marcus (Hrsg.): Umwandlungsgesetz; Band II, 2. Auflage, Köln 2000

Lutter, Marcus/Hommelhoff, Peter: GmbH-Gesetz; 15. Auflage, Köln 2000

Marsch-Barner, Reinhard: Treuepflicht und Sanierung; ZIP 1996, 853

Marsch-Barner, Reinhard: Treuepflichten zwischen Aktionären und Verhaltenspflichten bei der Stimmrechtsbündelung; ZHR 157 (1993), 172

Maus, Heinz: Der Insolvenzplan; in Kölner Schrift zur Insolvenzordnung, 1997, S. 707

Medicus, Dieter: Allgemeiner Teil des BGB; 8. Auflage, Heidelberg 2002

Meyer-Landrut, Joachim/Miller, Georg/Niehus, Rudolf: GmbH-Gesetz; Berlin, New York 1987

Michalski, Lutz: GmbH-Gesetz, Band II, München 2002

Mohrbutter, Jürgen/Mohrbutter, Harro: Handbuch der Insolvenzverwaltung; 7. Auflage, Köln, Berlin, Bonn, München 1997

Müller, Hans-Friedrich: Der Verband in der Insolvenz; Köln, Berlin, Bonn, München 2002

Müsgen, Thomas: Die GmbH in Konkurs und Insolvenz; MittRhNotK 1997, 409

Nerlich, Jörg/Römermann, Volker: Insolvenzordnung; München, Stand: März 2004

Noack, Ulrich: „Holzmüller" in der Eigenverwaltung – Zur Stellung von Vorstand und Hauptversammlung im Insolvenzverfahren; ZIP 2002, 1873

Noack, Ulrich: Kommentar zur Insolvenzordnung; Sonderband 1: Gesellschaftsrecht, Köln 1999

Noack, Ulrich: Reorganisation der Schuldnergesellschaft nach neuem Insolvenzrecht; in Festschrift für Wolfgang Zöllner, Band I, Köln, Berlin, Bonn, München 1998, S. 411

Oelrichs, Carsten: Muß der Versammlungsleiter bei der Feststellung von Haupt- oder Gesellschafterversammlungsbeschlüssen treuwidrig abgegebene Stimmen mitzählen?; GmbHR 1995, 863

Palandt, Otto: Bürgerliches Gesetzbuch; 65. Auflage, München 2006

Pape, Gerhard: Die Eigenverwaltung des Schuldners nach der Insolvenzordnung; in Kölner Schrift zur Insolvenzordnung, 2. Auflage 2000, S. 895

Pape, Irmtraut/Pape, Gerhard: Vorschläge zur Reform des Insolvenzverfahrens, insbesondere des Verbraucherinsolvenzverfahrens; ZIP 2000, 1553

Pech, Janine: Die Einbeziehung des Neuerwerbs in die Insolvenzmasse – Konsequenzen und Probleme des § 35 InsO; Diss. Hamburg 1998; Europäische Hochschulschriften: Reihe 2, Rechtswissenschaft, Band 2556; Frankfurt am Main, Berlin, Bern, New York, Paris, Wien 1999

Pink, Andreas: Insolvenzrechnungslegung; Düsseldorf 1995

Pink, Andreas: Kurzkommentar zu KG ZIP 1997, 1511; EWiR 1997, 755

Pohlmann, Ulrich: Befugnisse und Funktionen des vorläufigen Insolvenzverwalters; Diss. Hamburg 1998, Beiträge zum Insolvenzrecht, Band 19; Köln 1998

Priester, Hans-Joachim: Die eigene GmbH als fremder Dritter – Eigensphäre der Gesellschaft und Verhaltenspflichten ihrer Gesellschafter; ZGR 1993, 512

Prütting, Hanns/Huhn, Christoph: Kollision von Gesellschaftsrecht und Insolvenzrecht bei der Eigenverwaltung; ZIP 2002, 777

Purps, Thorsten/Schumann, Gunda: Die Freigabe in der Insolvenz im Falle getrennten Boden- sowie Gebäudeeigentums; VIZ 1999, 385

Raffel, Matthias: Die Verwertbarkeit der Firma im Konkurs; Diss. Saarbrücken 1994, Prozeßrechtliche Abhandlungen Heft 93; Köln, Berlin, Bonn, München 1995

Raiser, Thomas: 100 Bände BGHZ: GmbH-Recht – Die Treuepflichten im GmbH-Recht als Beispiel der Rechtsfortbildung; ZHR 151 (1987), 422

Rebmann, Kurt/Säcker, Franz Jürgen/Rixecker, Roland (Hrsg.): Münchener Kommentar zum Bürgerlichen Gesetzbuch; Band 1, 4. Auflage, München 2001

Ringstmeier, Andreas/Homann, Stefan: Nebeneinander von Gesellschaftsrecht und Insolvenzrecht bei der Eigenverwaltung; NZI 2002, 406

Robrecht, Friedrich: Die Rechtsposition der Organe der GmbH, der Personengesellschaft und eingetragenen Genossenschaften nach Eröffnung des Konkursverfahrens über das Gesellschaftsvermögen; DB 1968, 471

Robrecht, Friedrich: Kapitalerhöhungsbeschluß und Konkurseröffnung bei der GmbH; GmbHR 1982, 126

Röhricht, Volker/Graf von Westphalen, Friedrich: HGB Kommentar; 2. Auflage, Köln 2001

Rosenberg, Leo/Schwab, Karl Heinz/Gottwald, Peter: Zivilprozeßrecht; 16. Auflage, München 2004

Roth, Günter/Altmeppen, Holger: GmbHG; 3. Auflage, München 1997

Roth, Günter/Altmeppen, Holger: GmbHG; 4. Auflage, München 2003

Rowedder, Heinz: GmbHG; 3. Auflage, München 1997

Rowedder, Heinz/Schmidt-Leithoff, Christian (Hrsg.): GmbHG; 4. Auflage, München 2002

Sagasser, Bernd/Bula, Thomas/Brünger, Thomas: Umwandlungen; 3. Auflage, München 2002

Schäfer, Carsten: Diskussionsbericht zu den Referaten von Meinrad Dreher, ZHR 157 (1993), 150 und Reinhard Marsch-Barner, ZHR 157 (1993), 172; ZHR 157 (1993), 192

Schaub, Günter: Arbeitsrechtshandbuch; 11. Auflage, München 2005

Schaumburg, Harald/Rödder, Thomas: UmwG/UmStG – Strukturierte Textausgabe des Umwandlungsgesetzes und Umwandlungssteuergesetzes mit Materialien und ergänzenden Hinweisen; Köln 1995

Schlegel, Stephan: Die Eigenverwaltung in der Insolvenz; Diss. Rostock 1999, Rostocker Rechtswissenschaftliche Abhandlungen Band 9, Berlin 1999

Schmidt, Karsten: „Altlasten in der Insolvenz“ – unendliche Geschichte oder ausgeschriebenes Drama?; ZIP 2000, 1913

Schmidt, Karsten: Das Insolvenzrecht und seine Reform zwischen Prozeßrecht und Unternehmensrecht; KTS 1988, 1

Schmidt, Karsten: Das Insolvenzverfahren neuer Art – Kernprobleme der Insolvenzrechtsreform nach dem Kommissionsbericht; ZGR 1986, 178

Schmidt, Karsten: Der Konkursverwalter als Gesellschaftsorgan und als Repräsentant des Gemeinschuldners – Versuch einer Konkursverwaltertheorie für heute und morgen; KTS 1984, 345

Schmidt, Karsten: Der Konkursverwalter: Streitgenosse seiner selbst? Zu den Absonderlichkeiten der Amtstheorie; KTS 1991, 211

Schmidt, Karsten: Die Behandlung treuwidriger Stimmen in der Gesellschafterversammlung und im Prozeß; GmbHR 1992, 9

Schmidt, Karsten: Die Prokura in Liquidation und Konkurs der Handelsgesellschaften; BB 1989, 229

Schmidt, Karsten: Gesellschaftsrecht; 4. Auflage, Köln, Berlin, Bonn, München 2002

Schmidt, Karsten: Insolvenzordnung und Gesellschaftsrecht; ZGR 1998, 633

Schmidt, Karsten: Insolvenzordnung und Unternehmensrecht – Was bringt die Reform?; in Kölner Schrift zur Insolvenzordnung, 1997, S. 911

Schmidt, Karsten: Labyrinthus creditorum – Gesellschaftsrechtliche Haftung im Insolvenzverfahren nach §§ 92, 93 InsO; ZGR 1996, 209

Schmidt, Karsten: Möglichkeiten der Sanierung von Unternehmen durch Maßnahmen im Unternehmens-, Arbeits-, Sozial- und Insolvenzrecht; Gutachten E zum 54. Deutschen Juristentag; in Verhandlungen des 54. Deutschen Juristentages, Band I – Gutachten –, München 1982

Schmidt, Karsten (Hrsg.): Münchener Kommentar zum Handelsgesetzbuch; Band 1, München 1996

Schmidt, Karsten: Organverantwortlichkeit und Sanierung im Insolvenzrecht der Unternehmen; ZIP 1980, 328

Schmidt, Karsten: Unterbrechung und Fortsetzung von Prozessen im Konkurs einer Handelsgesellschaft – Fragen und Thesen zu §§ 240 ZPO, 10 ff. KO (96 ff. InsO); KTS 1994, 309

Schmidt, Karsten: Wege zum Insolvenzrecht der Unternehmen; Köln 1990

Schmidt, Karsten: Zur Ablösung des Löschungsgesetzes – Was ändert die Insolvenzrechtsreform für GmbH bzw. GmbH & Co.?; GmbHR 1994, 829

Schmidt, Karsten/Uhlenbruck, Wilhelm (Hrsg.): Die GmbH in Krise, Sanierung und Insolvenz; 3. Auflage, Köln 2003

Schneider, Dieter: Der Aufsichtsrat im Konkurs der Aktiengesellschaft; in Festschrift für Walter Oppenhoff, München 1985, S. 349

Scholz, Franz: Kommentar zum GmbH-Gesetz; Band I, 9. Auflage, Köln 2000

Scholz, Franz: Kommentar zum GmbH-Gesetz; Band II, 8. Auflage, Köln 1995

Scholz, Franz: Kommentar zum GmbH-Gesetz; Band II, 9. Auflage, Köln 2002

Schulz, Wolf: Anmerkung zu BGHZ 85, 221 = BGH ZIP 1983, 193; ZIP 1983, 194

Schulz, Wolf: Zur Verdrängung und Ersetzung der Gesellschaftsorgane durch den Konkursverwalter; KTS 1986, 389

Smid, Stefan: Die Aufgaben des neuen Insolvenzverfahrens; DZWir 1997, 309

Smid, Stefan (Hrsg.): Insolvenzordnung; 2. Auflage, Stuttgart, Berlin, Köln 2001

Smid, Stefan: Grundzüge des neuen Insolvenzrechts; 4. Auflage, München 2002

Smid, Stefan/Rattunde, Rolf: Der Insolvenzplan; Stuttgart, Berlin, Köln 1998

Soufleros, Ilias: Ausschließung und Abfindung eines GmbH-Gesellschafters; Köln 1983

Staub (Hrsg.: Claus-Wilhelm Canaris/Wolfgang Schilling/Peter Ulmer): HGB Großkommentar; Erster Band, 4. Auflage, Berlin, New York 1995

Stenographische Berichte über die Verhandlungen des Reichstages, 8. Legislaturperiode, I. Session 1890/92, Fünfter Anlageband, Berlin 1892; Begründung zum zweiten Entwurf des GmbH-Gesetzes vom 11. Februar 1892, Aktenstück Nr. 660, S. 3724

Stürner, Rolf: Aktuelle Probleme des Konkursrechts; ZZP 94 (1981), 263

Thomas, Heinz/Putzo, Hans: Zivilprozeßordnung; 25. Auflage, München 2003

Timm, Wolfram: Gesellschafter-Geschäftsführer im Pfändungs- und Insolvenzrecht; ZIP 1981, 10

Timm, Wolfram: Kündigung des Gesellschafter-Geschäftsführers im Konkurs der GmbH; ZIP 1987, 69

Timm, Wolfram: Kurzkommentar zu LG Heidelberg, ZIP 1988, 1257; EWiR 1988, 945

Timm, Wolfram: Treuepflichten im Aktienrecht; WM 1991, 481

Tschernig, Klaus: Der Ausschluß eines GmbH-Gesellschafters durch Gesellschafterbeschluß; GmbHR 1999, 691

Uhlenbruck, Wilhelm: Das neue Insolvenzrecht; Insolvenzordnung und Einführungsgesetz nebst Materialien; Herne/Berlin 1994

Uhlenbruck, Wilhelm: Die Durchsetzung von Gläubigeransprüchen gegen eine vermögenslose GmbH und deren Organe nach geltendem und neuem Insolvenzrecht; ZIP 1996, 1641

Uhlenbruck, Wilhelm: Die Kündigung und Vergütung von Beratern, Vorständen und Geschäftsführern in der Unternehmensinsolvenz; BB 2003, 1185

Uhlenbruck, Wilhelm: Gesellschaftsrechtliche Aspekte des neuen Insolvenzrechts; in Kölner Schrift zur Insolvenzordnung, 1997, S. 879

Uhlenbruck, Wilhelm: Insolvenzordnung, Kommentar; 12. Auflage, München 2003

Uhlenbruck, Wilhelm: Rechtsfolgen der Beendigung des Konkursverfahrens; ZIP 1993, 241

Ulmer, Peter: Die gesellschaftsrechtlichen Regelungsvorschläge der Kommission für Insolvenzrecht; ZHR 149 (1985), 541

Ulmer, Peter: Die Kompetenz zur Bildung einer Ersatzfirma bei Firmenveräußerung im Konkurs der GmbH; NJW 1983, 1697

Vallender, Heinz: Eigenverwaltung im Spannungsfeld zwischen Schuldner- und Gläubigerautonomie; WM 1998, 2129

Weber, Friedrich: Die Funktionsteilung zwischen Konkursverwalter und Gesellschaftsorganen in Konkurs der Kapitalgesellschaft; KTS 1970, 73

Westpfahl, Lars: Umweltschutz und Insolvenz; Köln 1998

Westrick, Ludger: Chancen und Risiken der Eigenverwaltung nach der Insolvenzordnung; NZI 2003, 65

Wilhelm, Jan: Kurzkommentar zu OLG Düsseldorf, ZIP 1996, 1211; EWiR 1996, 779

Wimmer, Klaus (Hrsg.): Frankfurter Kommentar zur Insolvenzordnung; 4. Auflage, Neuwied, Kriftel 2006

Winter, Martin: Mitgliedschaftliche Treuebindungen im GmbH-Recht; München 1988

Zeuner, Albrecht: Referat vor der Abteilung Unternehmenssanierung des 54. Deutschen Juristentages; in Verhandlungen des 54. Deutschen Juristentages, Band II – Sitzungsberichte –, München 1982

Zöller, Richard: Zivilprozeßordnung; 24. Auflage, Köln 2004

Kolibri 360 GmbH
Ferdinand-Jühlke-Straße 7
99095 Erfurt, Deutschland
produktsicherheit@kolibri360.de

Druck:
CPI Druckdienstleistungen GmbH
im Auftrag der
Kolibri 360 GmbH
Ferdinand-Jühlke-Str. 7
99095 Erfurt